京师艺术教育丛书

肖向荣　总主编

京师艺术教育丛书

美育与大学生审美修养

史可扬　编

中国国际广播出版社

京师艺术教育丛书
编委会名单

总主编：

肖向荣

编委会主任：

王卓凯

编委会副主任：

邓宝剑　杨乘虎　张　璐　陈嘉婕

编委会委员：（按照姓氏拼音排序）

陈　刚　郭必恒　吕　兵　王　鹏　虞晓勇　张　苏

周蓬勃　周　雯　朱　杰

教学指导委员会主任：

邓宝剑

教学指导委员会委员：（按照姓氏拼音排序）

蒯卫华　李　岩　梁　玖　路春艳　汪　莉　王　熙

虞晓勇　张　苏　张　燕　甄　巍　周　雯

执行主编：

甄　巍

执行副主编：

王兰侠

序 一

凝聚百年师大美育力量，培育花甲杏坛艺术芬芳

肖向荣

北京师范大学艺术与传媒学院院长、教授

春秋百廿矢志教化，桃李万千育人兴邦。2022年是北京师范大学120周年华诞，学校自1902年京师大学堂师范馆创立至今，始终秉承"爱国进步、诚信质朴、求真创新、为人师表"的优良传统和"学为人师，行为世范"的校训精神，坚守师范底色，不断推动着中国教育事业的科研创新与实践发展。

北京师范大学艺术学科的百年历史是中国高等艺术教育发展的缩影，它的起步伴随着20世纪中国高等教育的开始，成为中国高等艺术教育的开创者之一。1992年，根据艺术教育的发展态势，北京师范大学艺术教育开始了新的发展阶段。2022年，历经30年的发展，北京师范大学在艺术教育专业领域已经成为中国艺术教育的重要基地，地位独具、历史悠久、学术之风优长。

站在120周年校庆和30周年学科发展的时间节点上，"京师艺术教育丛书"应运而生。通过"以美育人"的艺术教育理念，"知行合一"的艺术研究原则，本套丛书从不同的艺术学科出发，汇聚形成一套兼具理论研究价值与实践应用价值，涵盖艺术专业知识和教学应用技法的艺术教育领域的

专业著作。

以美育人：开拓美育视域下艺术教育的创新路径

所谓"美育"，是审美教育、情操教育、心灵教育，也是丰富想象力和培养创新意识的教育，通过艺术之美，把学生导向求真、向善、尚美的境界。从整个教育来说，美育是磨刀石，助力教育事业健康、长远地发展。2020 年，中共中央办公厅、国务院办公厅在《关于全面加强和改进新时代学校美育工作的意见》中明确提出，要把美育纳入学校人才培养全过程，贯穿学校教育各学段，强化学校美育育人功能，推进新时代学校美育工作迈上新台阶。

本套丛书的编写，整合了北京师范大学多艺术学科优势，会集美育学科领域的众多专家学者，凝聚多方力量，共商美育视域下艺术教育未来之发展。通过以强化新时代学校美育工作为出发点，以审美教育中的不同艺术学科的基础教育板块作为切入点，以实现以文化人、以美育人为己任，广泛探索学校美育的相关理论与实践问题，力求促成全覆盖、多样化、高质量的具有中国特色的现代化学校艺术教育体系研究丛书，真正用美育去服务大众，实现艺术教育的价值重构与路径创新。

知行合一：理论与实践结合，全面服务基础教育版图

北京师范大学在艺术教育领域，致力于培养艺术创作与研究能力并重、人文与艺术素养深厚、具有国情意识和国际视野的艺术创作与艺术教育高级专门人才。理论与实践相结合的综合性，科研与教学的互促转化，也是本套丛书编写的重要理念之一。

可以看到，本套丛书融合了艺术史学理论、艺术基础技巧、学科研究方法、教学原理与设计、教学实训案例等不同方面的教材编写。通过艺术理论与实操实践的双重面向，科研与教学的转化互促，平衡艺术教育中

"术"与"学"的重视程度。双翼同展，知行合一，才能更好地发挥高等院校艺术教育的学科价值，服务于国家的基础教育，为中小学义务教育阶段的美育事业建设培养出更多复合型艺术教育人才。

凝聚百年师大美育力量，培育花甲杏坛艺术芬芳。相信本套丛书可以为广大艺术教育人提供诸多既有高屋建瓴之格局，又有行之有效之方法的有益知识。同时，也相信通过众多艺术教育研究者的不辍笔头，本套丛书可以为续写社会主义文艺事业、教育事业发展的新篇章提供一份源源不断的坚实力量。

2022年8月

序 二

做更好的艺术教育

甄 巍

北京师范大学艺术与传媒学院副院长、教授

恰逢北京师范大学120周年校庆，"京师艺术教育丛书"出版在即。我们做老师的，能够用教材、教辅、教育研究的成果作为献给北京师范大学的生日礼物，相信母校是会感到欣慰的。

北京师范大学的艺术教育与人文学科底蕴深厚，经由120年前的京师大学堂师范馆延续至今。艺术与传媒学院成立于2002年，是中国高校第一个全艺术学科汇聚、艺术与传媒结合的新兴学院，下设影视传媒系、音乐系、舞蹈系、美术与设计系、书法系、数字媒体艺术系、艺术学系。教师们在"影·视·剧·音·舞·书·画·设计·新媒体"相互交融的氛围中教书育人、濡染从游，将"学为人师，行为世范"的校训，化作每一堂艺术课的汗水，成为每一次创作、展演、写生或写作指导中教学相长的默契与感悟。

历史的书写，无论是以物质、文本还是影像为载体，终究是关于人的故事。我们今天所做的一点一滴，哪怕看起来多么微不足道，只要用心、认真，以传道授业解惑为本，也会像我们的先辈一样泽被后人。京师美育的思想、情怀、知识、方法、技巧，师生们的创新实践与个性表达，需要以当代的书写与出版不断积累，以文字、图像或数字教材的形式，镌刻进北京师范大学艺术教育的赓续年轮。作为中国美育和艺术教育的策源地，北京师范大学艺术学科可谓大家云集，陈师曾、经亨颐、萧友梅、李抱忱、贺绿汀、洪深、老志诚、张肖虎、蒋风之、雷振邦、焦菊隐、卫天霖、吴冠中、启功等一大批享有盛誉的艺术家和艺术教育家曾在此任教或学习，我们能够与他们成为校友，立身京师美育教师队伍中，多么的荣幸。

新时代的美育取得了很多好的、宝贵的经验，也面临诸多的挑战和疑惑。此次入编"京师艺术教育丛书"的图书，均体现出老师们对艺术教育中真实问题的切身感悟与深入思考。无论是学术研究还是艺术创作，大家都有一种共同的"师范"信仰，这是学院弥足珍贵的独特气质。艺术教育的实践与研究，需要这种实事求是、育人为本的态度。真正质朴的伟大，正是来自这样一些创造教育的美和美的教育的普通老师。

祝贺"京师艺术教育丛书"出版！致敬所有在杏坛路田家炳艺术教育书院辛勤耕耘的老师！感谢你们将美育之道播撒四方，感谢你们为雕塑一个更好的艺术教育的未来所做出的不懈努力。

2022 年 8 月

目 录
CONTENTS

绪　论　美学与大学生人格完善　　　　　　　　　001

第一章　什么是美学　　　　　　　　　　　　　003
　　第一节　美学的研究对象争论　　　　　　　003
　　第二节　美学原理教材建设问题　　　　　　005
　　第三节　美学的研究对象　　　　　　　　　010

第二章　什么是美育　　　　　　　　　　　　　012
　　第一节　美育的含义　　　　　　　　　　　012
　　第二节　美育的特征　　　　　　　　　　　014
　　第三节　美育的任务　　　　　　　　　　　015

第三章　美学的转向　　　　　　　　　　　　　018
　　第一节　海德格尔与传统哲学的转向　　　　018
　　第二节　海德格尔与传统美学的转向　　　　021
　　第三节　海德格尔解释学的现象学美学　　　023
　　第四节　海德格尔美学的启发　　　　　　　025

第四章　美学的精神　　　　　　　　　　　　　028
　　第一节　美学的精神　　　　　　　　　　　028
　　第二节　美学史的相关论述　　　　　　　　030
　　第三节　审美和艺术是对理想的无限逼近　　033

第一编　认识美 　　　　　　　　　　　　　　　　037

第一章　什么是美 　　　　　　　　　　　　　039
第一节　美学史上对美的本质探讨 　　　　　039
第二节　什么是美 　　　　　　　　　　　　046
第三节　美与人生 　　　　　　　　　　　　050

第二章　自然美 　　　　　　　　　　　　　062
第一节　自然美的本质 　　　　　　　　　　062
第二节　人类认识自然美的三个阶段 　　　　065
第三节　自然美的层次 　　　　　　　　　　069
第四节　自然美的特点 　　　　　　　　　　073

第三章　社会美 　　　　　　　　　　　　　075
第一节　人体美 　　　　　　　　　　　　　075
第二节　内在美 　　　　　　　　　　　　　082
第三节　日常生活美 　　　　　　　　　　　093

第四章　形式美 　　　　　　　　　　　　　103
第一节　形式美的构成要素 　　　　　　　　103
第二节　形式美的规律 　　　　　　　　　　111

第五章　美的范畴 　　　　　　　　　　　　117
第一节　优美与崇高 　　　　　　　　　　　117
第二节　悲剧和喜剧 　　　　　　　　　　　129
第三节　丑与荒诞 　　　　　　　　　　　　145

第二编　培养审美心胸 　　　　　　　　　　　　153

第六章　审美心理学理论 　　　　　　　　　155
第一节　西方审美心理学理论 　　　　　　　155
第二节　中国审美心胸理论 　　　　　　　　165

第七章 审美心理过程 175
　第一节 审美准备阶段 175
　第二节 审美实现阶段 177
　第三节 审美效应阶段 186

第八章 美感的特点 189
　第一节 美感的非功利性 189
　第二节 美感的直觉性 196
　第三节 美感的超越性 202
　第四节 美感的愉悦性 205

第三编 欣赏艺术 211

第九章 艺术的起源和本质 213
　第一节 艺术起源的主要学说 213
　第二节 艺术作品的层次 221
　第三节 意境 227
　第四节 艺术功用 233
　第五节 把艺术教育放在更加平等的位置 238

第十章 实用艺术 242
　第一节 建筑艺术 242
　第二节 园林艺术 248

第十一章 表情艺术 258
　第一节 音乐艺术 258
　第二节 舞蹈艺术 268

第十二章 造型艺术 277
　第一节 雕塑 278
　第二节 绘画 284

第三节　书法　　289

第十三章　综合艺术　　298

第一节　影视艺术　　298

第二节　戏剧艺术　　324

第三节　中国戏曲　　331

第四编　名著导读　　341

第十四章　《文艺对话集》导读　　343

第一节　美的本质论　　343

第二节　审美论　　344

第三节　艺术论　　345

第十五章　《诗学》导读　　347

第一节　艺术理论　　347

第二节　悲剧理论　　352

第三节　喜剧和史诗　　354

第十六章　《神曲》导读　　356

第一节　地狱　　357

第二节　炼狱　　357

第三节　天堂　　358

第十七章　《判断力批判》导读　　360

第十八章　《浮士德》导读　　362

第一节　《浮士德》梗概　　362

第二节　《浮士德》的主要观念　　364

第三节　"浮士德精神"　　365

第十九章　《美育书简》导读　　368

第一节　美的根源在人性中　　368

第二节　对人的"断片"化存在的警醒 369

第三节　审美可以使人提升 370

第四节　美育的效果 370

第二十章　《美学》导读 372

第一节　美是理念的感性显现 373

第二节　艺术美 374

第三节　史诗和悲剧理论 375

第四节　艺术的终结问题 377

第二十一章　《悲剧的诞生》导读 378

第一节　以叔本华的悲观主义为解释方式 379

第二节　追求真理和审美之间的关系 380

第三节　日神和酒神的对立 381

第二十二章　《艺术》导读 383

第一节　艺术与"意味" 383

第二节　艺术与生活 385

第三节　艺术与人的解放 386

第二十三章　《西方美学史》导读 389

第一节　《西方美学史》主要内容 389

第二节　《西方美学史》主要特色 390

第二十四章　《美学散步》导读 393

第二十五章　《美的历程》导读 395

后　记 398

绪　论
美学与大学生人格完善

美学的精神是超越，美育的核心是健康人格的培育，即人格完善问题。在这个意义上，对美学和美育精神的阐释，就是讨论人格完善问题。

第一章 什么是美学

美学自1750年由德国哲学家鲍姆嘉登以"Aesthetics"（本义是感性学、情感学）之名作为一门独立学科提出以来，才不过200多年的历史。短暂的历史在给了美学以巨大的活力和发展空间的同时，也必然伴随着体例不完备、逻辑线索不清晰的缺陷。而且，美学作为边缘学科，涉及多个领域，也为美学的发展和成熟带来了困扰。美学是与哲学、艺术理论、伦理学、社会学、心理学、教育学等学科密切联系的学科。一方面，这些学科的发展给美学带来了养分，促进了美学的发展；另一方面，这种多学科的交叉又使得美学往往影响到自身特性的形成和保持，也使得其专业深度很难开掘。

第一节 美学的研究对象争论

对一门学科来说，最基本的问题莫过于其研究对象问题，美学在这一问题上也未有一致意见，较为流行的就有诸如"美的本质说""审美关系说""艺术说""审美活动说"等。这样一种混乱状况，给这门学科所带来的困扰或困惑是不难想见的。

从当代中国美学史来看，对于美学的对象和范围进行了两轮的集中讨论①。第一轮是在20世纪五六十年代"美学大讨论"时期，在探讨"美的本质"的同时对美学的对象也进行探讨。其中有三种基本观点：一是认为美学以研究美为中心，二是认为美学以研究艺术为中心，三是认为美学以美感为研究中心，从而形成"美—美感—艺术"研究的基本构架。到了20世纪80年代前期至中期，在美学学科得以重建的时期，对于美学的对象和范围又再度进行了探讨，当然这种探讨是以20世纪五六十年代的学术成果为历史基础的，美学只是作为"美的科学"的说法逐渐衰落，"艺术—美学"与"审美经验—美和艺术"的两种美学的内在逻辑逐渐占据了上风。随着"实践美学"逐渐位居主流，无论是"审美关系论"还是"审美活动论"，都形成了具有中国特色的观点，其中具有客观取向的"审美活动论"要求从"一般认识论走向实践本体论"，并在实践基础上把历史上各主要美学学科形态集合、统一起来。②

　　从整体来看，美学是"美的科学"这一观点，是美学研究的古希腊传统，属于美学的本体论研究，它的基本特点在于它是使美学具有哲学形态的一个根本要素。但有两个缺陷：一是在语义上，同义反复；二是过于形而上，即它必然超越归纳与综合而进入纯粹思辨的王国，会忽略许多重要的研究课题。因此，美的本质研究属于美学研究中的最高层次，而不应该代表美学研究对象的全部。例如，"丑"以及一些不美的艺术表现就被排除在美学之外。与这种看法相联系，有一种看法认为美的本质问题是整个美学的基本问题，因而一切美学问题的解决，应该以美的本质问题的解决为前提。这种看法的根本缺陷在于脱离人类审美实践的思辨性。按这种看法，似乎世界上先存在一种自在的美，然后才有人类的审美活动。而事实是，美绝不是预成的而是生成的——美只能产生和形成于审美活动中，美是一

① 参见刘悦笛，李修建.当代中国美学研究：1949—2009［M］.北京：中国社会科学出版社，2011：54.
② 蒋培坤.审美活动论纲［M］.北京：中国人民大学出版社，1988：6.

种价值事实。

美学是"艺术哲学"的观点，优点是抓住了审美的最核心的对象，缺点在于仅囿于艺术而忽视了美学的广阔领域；而且，美学对艺术的研究有特定的含义和角度，不能把美学的艺术研究和一般艺术学研究、艺术理论研究相混淆，简言之，美学对艺术的研究，是把艺术当作人的审美活动的集中表现来研究，核心是探讨艺术的审美本性，即艺术的超越性和哲理性内涵，探讨艺术对人的生存的意义。

美学就是"美感学"，这种观点与近代以来美学研究的重点转到审美心理学有很大关系，优点是高度关注于审美主体的经验，缺点在于仍有以偏概全之嫌，而且用美的主观性替代其客观性，无论从逻辑上还是审美实践中，都是很难说通的。

在20世纪90年代之后，当代中国美学对于美学研究对象有了更新的理解。最先出现的观点，质疑实践美学忽视个体，进而认定生命即审美，审美即生命。这种观点承继的是审美活动论的余脉，只不过将审美活动定位于生命，于是美学就是"审美生命学"，但"生命美学"在审美与生命的关联上却始终难以讲清楚。其次出现的观点，似乎回到了人与现实的审美关系上面，强调在市场社会条件下审美向文化挺进，在这种审美化生存的观点看来，美学就是"审美文化学"，但是"审美文化"的泛化观点却往往流于空泛。最新出场的观点，表面上回到了现实生活美的广博领域，将美学定位为生活之学，从而以"生活美学"的姿态认定——美学是"审美生活学"，但是这种回到生活世界的理论尚有待于深入发展。

第二节　美学原理教材建设问题

当代中国美学原理教材的建设，大体可以分为两个阶段：20世纪70年代末至80年代中后期为第一阶段，以人民出版社出版、王朝闻主编的《美学概论》作为代表，此书为众多同类教本提供了"克隆"的"基因"，随后大批低水平、雷同、没有突破的教材纷纷面世，也使得美学逐渐内容陈旧、体例僵化，直至形成了某种模式。第二次美学教材热从20世纪90年代至今，美学研究趋于冷寂，但美学原理著作却高达数百部，平均每年出版10余本。直到现在，一直保持着这个速度，有的年份甚至达20余部。

一、主要出版社出版的有代表性的美学原理教材

人民出版社：王朝闻主编的《美学概论》，1981年版；杨恩寰主编的《美学引论》，2005年修订版；朱立元主编的《美学》，2001年版；杨春时撰写的《美学》，2004年版；王一川主编的《大学美学》，2007年版。

北京大学出版社：杨辛、甘霖撰写的《美学原理》及《美学原理新编》，1983年版、1996年版；叶朗主编的《现代美学体系》，1988年版；叶朗撰写的《美学原理》，2009年版。

中国人民大学出版社：蒋培坤撰写的《审美活动论纲》，1988年版；司有仑主编的《新编美学教程》，1993年版；张法撰写的《美学导论》，1999年版；牛宏宝撰写的《美学概论》，2003年版；张法、王旭晓主编的《美学原理》，2005年版。

上海人民出版社：刘叔成、夏之放、楼昔勇等撰写的《美学基本原理》，1984年版；王旭晓撰写的《美学原理》，2000年版；凌继尧、张燕主编的《美学与艺术鉴赏》，2001年版。

中国社会科学出版社：复旦大学、南开大学、北京师范大学等院校合编的《美学教程》，1986年版。

二、部分有代表性的教材的简单分析

王朝闻《美学概论》的来头非凡，属于那个年代名副其实的"国家项目"。1961年，中宣部和高教部联合成立了全国文科教材办公室，直接负

责教材的规划与协调。该书的理论基础是马克思主义反映论和实践论的观点，全书包含三大部分：审美对象、审美意识和艺术，即通常所说的三大块：美、美感和艺术。从章节安排来看，第一章讲的是审美对象（美），第二章讲的是审美意识（美感），第三、第四、第五、第六章都是在论艺术，涉及艺术家、艺术创作活动、艺术作品、艺术的欣赏和批评。《美学概论》全书共340页，审美对象部分有56页，审美意识部分有49页，艺术部分占了221页，艺术成为论述的重心，这与主编王朝闻雕塑家和艺术评论家的身份有直接关系。该书编写队伍强大，几乎囊括了当时国内美学理论界的大部分专家，"北大的老师有杨辛、甘霖、于民、李醒尘，人大的老师有马奇、田丁、袁振民、丁子霖、司有仑、李永庆、杨新泉，后来陆续调入的有中国科学院哲学所的李泽厚、叶秀山，武大的刘纲纪，山大的周来祥，《红旗》杂志社的曹景元，北师大的刘宁，中央美院的佟景韩，音乐所的吴毓清，《美术》杂志的王靖宪，中宣部文艺处的朱狄，兰州师院的洪毅然等"①，共有20余人，其中不乏早已成名的美学家，可谓集一时之盛，这也是该书能够成为相当时期国内美学原理教材"蓝本"的原因之一，并不可复制。

　　杨辛、甘霖的《美学原理》，是在北京大学所用美学原理教材基础上整理而成。整体框架与王朝闻的《美学概论》一样，将美学的研究对象分为美、美感和艺术三大块。但三块所占比例很不均衡，该书共有17章，对这17章内容加以归纳，第一章是导论性质的"什么是美学"；第二章"西方美学史上对美的本质的探讨"、第三章"中国美学史上对美的本质的探讨"、第四章"美的本质的初步探索"讨论的是美的本质；第五章"真善美和丑"探讨美与真和善的关系以及美和丑的关系；第六章"美的产生"是从具体的艺术作品中分析美的出现；第七章"社会美"、第八章"自然

---

① 李世涛.中国当代美学史上的"教科书事件"：关于编写《美学概论》活动的调查［J］.开放时代，2007（4）：128-140.

美"、第九章"形式美"、第十章"艺术美"是在研究美的形态;第十一章
分析的是"意境与传神";第十二章"从故宫、人民大会堂看不同时代美
的创造"是在探讨美的时代性;第十三章"优美与崇高"、第十四章"悲
剧"、第十五章"喜剧"仍是在探讨美的形态(审美范畴);第十六章"美
感的社会根源和反映形式的特征"、第十七章"美感的共性与个性和客观标
准"讨论的是美感。由此可以看出,该书绝大部分篇幅是论美(美的本质、
美的形态、美的创造、美的范畴)。该部分占了14章,美感部分占了最后
两章,至于专论艺术的篇章,可以说没有。在1993年的修订版中,该书将
第十二章替换为"艺术的分类及各类艺术的审美特征",一定程度上弥补了
这种缺陷。该书的基本观点是实践派美学观,虽有所发挥,但总体理论基
础是李泽厚的实践美学基本观点。该书之所以在诸多美学原理著作中占据
一席之地,与其写作特色有关。该书的写作特色一是结合中国美学史探讨
美;二是具体论述中引用了大量中西文学艺术的实例,以及日常生活中的
事例。

刘叔成等人编写的《美学基本原理》是华东地区几所师范大学美学教
师合作的产物。该书最大的特点是有着较强的体系性,其研究内容同样包
含三大领域:美、美感、美的创造。与王朝闻等人的三大领域相比,该书
以"美的创造"代替了"艺术"。作者认为,美的创造不仅包括艺术美的创
造,还包括现实美的创造,诸如环境的美化、社会生活的美化、人的美化
都属现实美的创造之列。其中,作者将人的美化等同为美育。这就将美学
研究的第四大领域——美育纳入了美的创造之中。对应三大领域,该书分
为三编:第一编研究美,共有四章内容,第一章论美的本质,第二章论形
式美,第三章论美的形态(自然美、社会美和艺术美),第四章论审美范畴
(崇高、滑稽与优美);第二编研究美感,共含三章内容(第五至第七章),
先论美感的本质与特性,再论美的欣赏与判断,后论美感的心理要素;第
三编论美的创造,共有五章内容(第八至第十二章),第八章论美的创造的

一般规律，第九章论现实美的创造，第十章论艺术美的创造，第十一章论各类艺术的审美特征，第十二章论美育。综合来看，三部分之间比例均衡、结构严整，称得上"四平八稳"。该书从实践的观点出发，提出"美是人的本质力量的感性显现"，强调了人的本质力量的形成和发展是以生产劳动和整个社会实践为基础的，这是实践美学的核心所在。该书之所以能够被广泛用作教材或参考书，主要原因在于其所采用的实践派美学观是当时国内美学理论界的主流，而其体例的规整，也是原因之一。

《美学原理》和《美学基本原理》具有可比性，两书都首版于20世纪80年代初，发行量巨大且都进行过修订，尤其是《美学基本原理》，至今已修订三次（1987年第2版，2001年第3版，2010年第4版）。可以说，两书是除《美学概论》外，有代表性的20世纪80年代的美学原理类教材。

此外，复旦大学、南开大学、北京师范大学等院校合编的《美学教程》与上面两本书也有相当的相似性。该书于1986年由中国社会科学出版社出版，编写者主要有复旦大学的樊莘森、南开大学的童坦、北京师范大学的李范、辽宁大学的杨恩寰、河北大学的梅宝树、山西大学的郑开湘，而且编写过程中得到了李泽厚的关心和帮助。该书是根据马克思主义历史唯物论的实践观点，遵循理论与实践相统一的原则而编写的一部供大专院校使用的美学教材。书中对美和美感的根源、本质和特征，各种艺术美的创作、欣赏，尤其对审美心理过程及其组合方式、积淀和历史、审美教育等都有深入的分析和论述。该书出版以后，受到了美学界和文艺理论界以及美学爱好者的欢迎，也得到了一些美学家的高度评价，许多高校的本科生和研究生都使用了这本教材。因当时用量较大，出版社和书店一度脱销，供不应求，后又再版。该书还于1992年5月由中国台湾的晓园出版社出版繁体字版。该书广泛吸收了国内外美学研究的新成果，具有历史感和现实感；较为突出的特色是侧重于从哲学角度，力图对美学进行新的探讨，因而，比较适合于哲学系科用作教材。

第三节　美学的研究对象

从古代起，就有关于美和艺术的哲学争论和理论探讨，就有今天的美学研究对象。近代西方美学基本上由三部分组成：德国的哲学、英国的心理学、法国的文艺批评。至今，美学的研究无外乎由审美哲学（美的本质）、审美心理学（美感经验）和艺术或审美（艺术）社会学三大部分再加点美育组成，是三者的混合。

美学作为一个学科来说，可以分为三大部分：基础美学、实用美学和历史美学。

基础美学包括哲学美学、心理学美学、艺术学美学。实用美学包括文艺批评和欣赏的一般美学，文艺部类美学——音乐美学、电影美学等，建筑美学（含环境），装饰美学，科技、生产美学，社会美学——社会生活、组织、文化、风俗习惯中的美学问题，教育美学。历史美学包括审美意识史或趣味流变史、艺术风格史、美学思想史。①

本书认为，美学的研究对象是审美活动，围绕审美活动，大体可分为审美活动的内向研究和外向研究两大部分。前者主要涉及审美活动的本体问题，即它要对审美活动的本性做出阐释，将审美活动与人生意义问题联系起来进行探讨，主要包含审美活动的主体、审美活动的对象和审美活动本身三方面。审美活动的主体方面，包含审美主体的审美心理因素、审美心理过程和审美感受形态的探讨；审美活动对象方面，包含美的存在、美的范畴及美的本质和特性的哲学美学探讨；审美活动本身方面，包含对审美活动的产生、审美活动的过程和审美活动的性质、特性的探讨。审美活

---

① 参见考雅克.美的哲学［M］.诺曼：俄克拉荷马州大学出版社，1947：218.李泽厚.美学四讲［M］//华夏美学·美学四讲.增订本.北京：生活·读书·新知三联书店，2008：242-243.

动的外向研究部分，主要探讨审美活动赖以进行的社会历史条件，实质是对审美活动的社会学探讨，核心是审美文化研究，并将审美活动具体化为艺术活动进一步探讨。最后，将审美活动原则应用于社会生活领域和人格建构，即对审美设计、审美教育进行探讨。

第二章　什么是美育

美育，也称审美教育，是美学的重要内容，也是教育的组成部分，在一定意义上，美育是美学和教育的统一。

第一节　美育的含义

一般认为，"美育"概念是由18世纪德国古典美学家席勒提出来的。但是美育实践和美育思想，无论中外，古已有之。中国的西周奴隶制社会，便有周公"制礼作乐"，其中的"乐"就是包括诗、歌、舞在内的综合艺术。孔子的教育体系中，有"六艺"，即礼、乐、书、数、射、御。这里的乐，就接近于美育。可以说，孔子是中国古代美育奠定者。近代，蔡元培把康德、席勒美育思想与中国"礼乐相济"的传统融会贯通，从资产阶级民主主义立场出发，有力地扬弃了旧教育传统，为中国近代美育体系的建设作出了卓越的贡献。而西方，古希腊哲学家如苏格拉底、柏拉图、亚里士多德等，在其教育思想和教育主张中，都认识到美育的重要性。柏拉图既看到诗歌对人的情性培育的负面作用，又格外重视音乐教育，认为音乐可以使人变得高尚；亚里士多德系统地总结了艺术审美教育的功能，包括教育、陶冶和精神享受，并提出音乐、史诗、悲剧等能提高认识、陶冶感情。中世纪，宗教神学家把古希腊罗马的教育内容归结为"七艺"，即文法、修辞、辩证法（逻辑）、算术、几何、音乐、天文，并贯彻到宗教学校教育中。近代，席勒的《美育书简》，已经不限于教育的角度，而是从变革社会、实现人性复归等维度来探讨美育。他提出通过审美自由活动，来培养全面发展的人。席勒美育思想，对中国近代美育思想的发展产生过巨大的影响。

美育思想与实践，虽然具有悠久的历史，但对于什么是美育，至今仍未形成普遍公认的定义。在中国，较早给美育下定义的人是蔡元培，他在《教育大辞书》的美育条目中说："美育者，应用美学之理论于教育，以陶养感情为目的者也。"这个定义概括了美育与美学和教育的关系，但是并没有明确美育的特殊性质。

本书认为，应在人的全面自由发展这一教育的最终宗旨的前提下，认识美育的性质。美育具有人类工程学的含义，也就是说，它是根据审美和艺术原则对人自身进行培养和塑造的。从社会的主体是人的角度言，审美教育是审美文化的归宿和目的。或者直截了当地说，审美教育就是人道主义教育。

人道主义代表了古希腊罗马和文艺复兴时期的最高理想，在这里，教育是被看作一个整体，以这样一个教育的整体来培养整体上完整的人；到了18世纪席勒将审美教育从人道主义教育系统中分离出来，使其成为一个独立的范畴；马克思主义经典作家们虽然没有关于美育的专门论述，但都多次谈到过共产主义新人、强调人的全面自由发展，并以"个性得到自由发展"作为理想社会的标志，因此把审美教育界定为人道主义教育也是符合马克思主义关于共产主义的总体构想的。

从历史上看，这种完善的人格理想在古希腊罗马和文艺复兴时期曾得到极大的弘扬，如阿历山德罗斯的《米洛斯的维纳斯》、波提切利的《维纳斯的诞生》、拉斐尔的《西斯廷圣母》、达·芬奇的《蒙娜丽莎》、米开朗琪罗的《圣家族》等，肉体的圆满和精神的灵光、神与俗、灵与肉都得到了统一。

但是到了近代，人却越来越分裂，所以审美教育的人道主义内涵，在当下不是削弱了，而是增强了。

第二节 美育的特征

美育的特征，植根于对美的认识，也与教育的方式和手段紧密相关。从不同的角度看，学者们对美育特征的认识有些微差别，但以下四点，基本上是在学界可以达成共识的。

一、形象性

美育的形象性是由美的形象性所决定的，也是它区别于智育的抽象性的主要特征。美的对象总是丰富多样、具体可感的，它们以形象作用于人的感知，例如大自然中的高山流水、苍松翠柏，文学中的唐诗宋词和希腊神话，绘画中的人物、山水及花鸟鱼虫，均以生动多彩的形象，唤起人的审美情感，使人领略其中的意味，获得审美愉悦和审美享受，从而实现审美教育的目的。

二、情感性/体验性

美育是以审美形象诉诸人的感官，激起人的情感体验，陶冶情操、涵养人性，从而完成和谐健全人格的建构，最终提升人生境界。例如"格式塔"的"同形原理""异质同构"，强调对象的整体性和表现性，以及与人的情感的联结。

三、娱乐性

美育的娱乐性是指美育的进程对受教育者应具有的吸引力，使其始终对审美的创作与欣赏保持浓厚的兴趣。从主题方面看，美育的娱乐性源自美对个性差异的充分尊重，这并不意味着放纵或容忍，而是一种积极的意义：它意味着满足每一个受教育者的个性情感生活需要；鼓励学生个性和独创性的充分发展。从对象方面看，美育的娱乐性来自美育的感性、形象性，美育进程始终伴随着生动可感的形象和对生命形象的体验。在这个过程中，个体明显地感受到某种程度的愉悦，得到某种满足，与游戏相似。

四、自发主动性

美育具有主动性，即参加美育活动的人是自发自愿的，而非强迫的，这与美育的情感性（体验性）和娱乐性是直接相关的。

第三节　美育的任务

蔡元培在1912年2月所著《对于新教育之意见》中，主张军国民主义（体育）、实利主义（智育）、德育主义（德育）、世界观教育和美育"五育"并举，认为通过美育，可以提升人的趣味和情操，树立美好的人生观和世界观，因为"美感者，合美丽与尊严而言之，介乎现象世界与实体世界之间，而为之津梁"。在《以美育代宗教说》中，蔡元培再次集中论述了美育，认为纯粹的美育，能陶冶人们的感情，使人有高尚纯洁的习惯，使人超越人我之见，渐灭自私自利之心。他认为"鉴激刺感情之弊，而专尚陶养感情之术，则莫如舍宗教而易以纯粹之美育"。

美育的根本目标是塑造全面发展的人，而绝不仅仅是某种艺术特质或艺术知识的灌输和培养。通俗地说，审美教育的目标就是"免俗"。所谓"免俗"，就是有一点超越精神，如《论语·先进》记载的孔子所谓"吾与点也"的人生态度。

王夫之在《俟解》中说的"兴",也符合有一点超越精神:

> 能兴即谓之豪杰。兴者,性之生乎气者也。拖沓委顺当世之然而然,不然而不然,终日劳而不能度越于禄位田宅妻子之中,数米计薪,日以挫其志气,仰视天而不知其高,俯视地而不知其厚。虽觉如梦,虽视如盲,虽勤动其四体而心不灵。惟不兴故也。圣人以《诗》教以荡涤其浊心,震其暮气,纳之于豪杰而后期之以圣贤,此救人道于乱世之大权也。

黑格尔也说:"审美带有令人解放的性质。"具体来说,美育有如下目标[①]。

一、培养体悟能力

体指体验,悟是感悟,体悟能力即在体验中感悟的能力,核心是体验生命的能力,体验生活中的美的能力。美作为自由的形式,蕴含生命和生活的奥义,对美的体悟程度,直接影响生命的丰富程度。美育,是提高体悟能力的最佳途径,通过美育,人们可以培养和训练体悟能力,从而在对美的欣赏中,充实生命、体验生命。

二、培养想象力

想象力是最重要的审美能力。美育是一种形象和情感的教育,这就决定美育可以直接训练人的想象力。在美育中,审美对象的反复展现可以促进感官对形式的感知,使其反应敏锐,从而形成高度的审美感知,并在此基础上提升想象力。

---

① 参见叶朗.现代美学体系[M].北京:北京大学出版社,1988:377-381.该书归纳了10个美育"综合指标"。

三、培养珍惜美好事物的情操

艺术具有不可重复性、独特性、自由性等特点，通过美育，可以培养我们对美好事物的珍惜和爱护情感，认识到这些品性对于我们生活的意义。

四、培养对个性的尊重

在美学、艺术中，个性具有本质性意义，既指艺术家创作活动与众不同的独特性，包括艺术家对世界、艺术的独特的理解，艺术家独特的性格、气质、爱好，对表现对象的不同兴趣、注意点，习惯使用的技巧和表现方式等，也指艺术形象的个别性，其中主要指人物形象鲜明、独特的性格特征，还指作品中出现的独特情绪、意境和事件。无论何种意义上的个性，都是人的本质力量的显现，通过它们，可以培养对个性的尊重。

五、精神人格的建构

精神人格的建构，即培养人们美好、和谐、完整的心灵、情操和个性。

首先是自由观照的能力——感性的自由，感性不再仅仅是欲望的满足，更应该能从对象的形式中发现美，如吃饭不仅是为了充饥，而是为了品尝美食本身。

其次是情感的塑造，使情感脱离或超越动物的、本能的层面而上升到社会文化的层面，如两性之间的吸引、取悦不仅是为了繁衍后代，还因为爱情。

为了完成这五个目标，需要提高人们的审美鉴赏力。而对于如何提高，前人总结了如下的经验：一是从分析最好的作品过程中提高；二是从杰出艺术家的创作过程中来提高；三是善于比较，不仅比较不同的作家、作品，而且对同一作家的不同作品也可以进行比较；四是从一门特定的艺术入手，朱光潜说："不通一艺莫谈艺，实践实感是真凭。"宗白华对绘画的精彩见解，与他有丰富的艺术鉴赏经验有密不可分的联系。

第三章　美学的转向

　　20世纪90年代以来，国内美学界掀起对传统美学重新审视并构建新体系的热潮，概其要者，有"超越美学""生命美学""存在论美学""修辞论美学""生活美学"等。①然细观这些观点则不难发现，他们大多与存在主义及现象学和解释学美学，尤其与海德格尔哲学和美学存在着难以割舍的联系。这就引发了本节主题的诞生：考察海德格尔在传统哲学美学中的转向作用及对当代美学的启发。

第一节　海德格尔与传统哲学的转向

　　所谓传统哲学，指由柏拉图开其端，笛卡尔正式确立、黑格尔发展到极端的西方哲学传统。它的基本特征是把追问普遍最高的本质作为目的，把人作为认识的主体，世界作为认识的对象，要求主体认识和把握客体的本质，因而其思想方法是主客二分或主体性原则。

　　这一普遍最高的本质在柏拉图那里是"理念"，理念是人要认识的抽象本质，人则被抽象成思维者。他又把理念世界和感性世界对立起来，在一定意义下分离了思维与存在、主体与客体，从而开创了以理性方式认识人

---

　　①　参见丁磊，李西建.当代中国美学的前沿：关于实践论美学争鸣情况的述评[J].学术月刊，1995（9）：79-88.

的传统。

笛卡尔确立了"我思故我在"的第一哲学原理，由"我思"来确认人，并由此推论出世界存在，使主体与客体明确区分并确立起来，人与世界的关系变成了征服与被征服、认识与被认识的关系。人成为一切事物的中心，同时一切存在者都是在主体的作用下经对象化才被把握认识的，主体性原则也正式确立起来。

康德的理论理性和实践理性分别是客体性原则和主体性原则分离的必然结果，以主体性原则建立对象性、客体化的世界，是康德哲学变革的中心。

黑格尔从积极方面发展康德理性概念的学说，把辩证法置于哲学思维的中心，创立了以思辨理性为核心的世界观体系。但这种超乎主体与客体，实践理性与理论理性之上的"综合"（绝对、绝对理念），本身仍是一种理论理性。黑格尔的哲学表面上客体性原则占主导地位，实际上仍以主体性原则为核心。理念为事物之全体或总体、总和，仍是"事实"。因此，黑格尔的绝对哲学把一个生动活泼的、在他看来是"辩证"的过程纳入最形式化、最僵硬的逻辑系统，旧形而上学的虚幻性和内部的不可调和的矛盾，在黑格尔哲学中暴露无遗。

总之，传统哲学不是从主体中引出客体就是从客体中引出主体，海德格尔看出了传统哲学的这一局限，认为传统哲学所追问的这个普遍最高的本质，只不过是作为全体存在者的存在，或说"存在性"，而恰恰遗忘了"存在"本身，也就是使存在者作为存在者的那种东西，存在是使一切存在者得以可能的基础和先决条件。因此，只有先弄清存在者的存在的意义，才能懂得存在者的意义。而要做到这一点，就必须重新寻找理论的突破点，这也就是"此在"，即要揭示存在的意义须通过揭示人自己的存在来达到。因为只有人这种特殊的存在者才能成为存在问题的提出者和追问者，只有人才能揭示存在的意义。这样，"此在"就成了海德格尔突破传统哲学、建立其存在体系的逻辑起点，而揭示此在的基本存在状态的过程，也就是对传统哲学主客之分思维方式的转向过程。

"此在"的存在状态又如何？

一、"此在在世界中"

"此在在世界中"，即此在与世界浑然一体。此在在世并不是一种孤立的、单独的存在，它总是处于世界中。此在和其世界是不可分割的，此在并不是首先孤立存在，然后才与世界接触，而是与世界同时出现，同时在此。"在世"是此在的最根本的存在状态，是此在的先验规定性。这样，海德格尔就拒斥了主客之分传统。在海德格尔看来，主客之分图式的实质错误恰恰是首先人为地设定一个孤立的主体，然后去论证、认识与之相对立的作为客体的所谓客观世界。在海德格尔看来，这完全是对实际存在状态的虚构，在哲学史上也是自柏拉图才开始的，在前苏格拉底阶段并无此区分，海德格尔就是要承续前苏格拉底哲学之宗。

二、"此在是烦"

"此在是烦"的原因是此在为时间性的存在，时间无非由过去、现在、未来三个维度构成，而这三个维度上，此在的本质就是烦。就过去而言，人是沉沦，即丧失其本质性，陷入"焦虑"状态，人不得不依赖于历史存在，沉沦于由过去的全部历史所构成的世界之中；就现在而言，人则处于"被抛状态"，因人在世总要与他物和他人打交道，与他物打交道构成烦忙，与他人打交道构成烦神。因此，此在的现在就意味着烦忙加烦神；就未来而言，人则总是可能性的正在展开，而未来最确定的可能性是一种极其严酷的可能性，即死亡，所以就未来而言，由必死而生，为会死而烦。

三、畏启示"无"，把人引回本真

此在因与他人共在而丧失本真陷于沉沦，即失去了独立性和个体性。

要使人恢复本真、免于沉沦，就必须使此在领悟到自己的独立性和个体性。而对于此在来说，死亡是最本己的，也是唯一别人无法替代的，因而也最能说明此在的独立性和个体性。"畏"就将此在带到虚无面前，使此在领会到死，也就是领会个人存在的可能性和个体性，从而通过个体化使此在回到本真。

　　综上可知，一方面，海德格尔彻底摒弃了传统哲学的主体概念，因为所谓本真即从共在回到个体性，此在并不是主观意识之类的精神性存在；畏启示的"无"则是无主客之分的境界。另一方面，海德格尔在这里也抛弃了传统哲学的理性思维方式的烦、畏、沉沦、意识等概念，从而避免了人与世界对立起来的二元论倾向。这样，通过对此在的追问，对此在在世方式的分析，海德格尔表达了一种新的哲学观和哲学追求，这种新的哲学打破了传统哲学长期以来的主体性为前提的主客之分图式，使哲学的基本问题转移到对存在意义的追问上来。

第二节　海德格尔与传统美学的转向

　　美学长期隶属哲学，而近代美学主要是一种认识论美学。一方面，它处在二元分裂的格局中，充当着类似知识论或认识论的角色，从主体与客体的镜像关系上来说明美与美感，或者以感性与理性分离为前提，把审美看作在感性与理性不同环节之间的反复循环；另一方面，它又以形而上学的方式对待诸如美的本质、审美关系之类问题，撇开了美的现象去探索美的"本质"，寻问美的事物之所以为美的根据，并把美的规定性当作实体看待，而传统美学不可避免地把美抽象为理念或观念，要让它在感性中显现，结果往往顾此失彼，终究不得不通过一系列对立概念的组合对美进行说明，恰恰又失落了美的真谛。

　　因此，克服传统美学的失误，必须抛弃实体概念，如马克思所说："既然人和自然界的实在性，亦即人对人说来作为自然界的存在和自然界对人说来作为人的存在，已经具有实践的、感性的、直观的性质，所以，关于某种异己的存在物，关于凌驾于自然界和人之上的存在物的问题，亦即包含着对自然界和人的非实在性的承认的问题，实际上已经成为不可能的了。"①

而海德格尔正是在这一方向上前行的，美学上的转向意义也主要在这里。他的美学有两个目的：一是要确定美学的本体论地位，找到它的本源；二是想找到它的归宿，为美学开辟更为广阔的前景。认识论关注美学只是在认识和反映的角度，认识论美学的人的二重性把人的现象与本体、感性与理性划分为截然对立的两极，美和真理无关。而海德格尔的美学，是把人放在一个具有超越其他一切存在物和自身作为存在物进入存在状态的优先地位来考虑的。人作为特殊的、具有超越性的存在物，海德格尔也称为此在，是一切科学的根据。美学以及"各种科学都是此在的存在方式，在这些存在方式中，此在也对那些本身无须是此在的存在者有所作为。此在本质上就是：存在在世界之中"②。

那么，美学作为一门科学是如何具有此在的存在方式，或者说作为此在存在方式的美学的特性是什么？海德格尔认为，这是因为它和真理有关。传统美学的一个基本观点是美和真理无关，那种认识论的二重性把美和真理分隔在相互不可及的此岸和彼岸。相反，在海德格尔看来，真理不独归科学享有，他说："真理是'存在'的真理……美的东西属于真理和显现，真理的定位。"③这是海德格尔美学和传统美学的根本区别。海德格尔的真理亦与传统的真理观不同："真理本质上就具有此在在世的存在方式，由于

---

① 马克思.1844年经济学—哲学手稿［M］.刘丕坤，译.北京：人民出版社，1979：84
② 海德格尔.存在与时间［M］.陈嘉映，王庆节，译.北京：生活·读书·新知三联书店，1987：15.
③ 海德格尔.诗·语言·思［M］.彭富春，译.北京：文化艺术出版社，1991：75.

这种存在方式，一切真理都同此在的存在相联。唯当此在存在，才有真理。唯当此在存在，存在者才是被展开的。唯当此在存在，牛顿定律、矛盾律才在，无论什么真理才在。此在根本不存在之后，任何真理都将不在。"①至此真相大白：不论美学还是其他任何科学，都必须还原于人，即此在的存在才有意义。这样，海德格尔就在存在论上奠定了美学的本体论。

海德格尔美学的实质是想通过对存在的重新分析向人们表明，近代认识论的本质主义美学没有基础，它强调和重视存在物的实存对于其本质方面的优先性、决定性，而实存乃是一个事物现实的、具体的、实际的、时间性的变化的方面，因此一个事物就不可能有隐蔽、永恒、普遍的本质或本体，本体只能是存在，此在又是一种特殊的、具有超越性的、能够理解其他存在物和存在物自身而进入存在状态的理解者，人永远是前提，也是目的。也正是在这样的意义上，我们才认为海德格尔美学是传统美学的终结；也正是在这样的意义上，我们才认为海德格尔的哲学美学在西方美学史上具有转折意义。

第三节　海德格尔解释学的现象学美学

海德格尔一手拿着现象学，从现在进入存在；一手拿着解释学，从存在到存在者，创立"解释学的现象学"，他所追求的就是说出存在的意义。

海德格尔曾是现象学代表人物胡塞尔的学生，并一度成为现象学运动的主导人之一。

但是海德格尔对胡塞尔的现象学有继承更有批判，他主要继承了胡塞尔的意向性理论和关于意义的观点。胡塞尔的意向性理论从本质上说排除了传统哲学所研究的对象，传统哲学称为存在的东西只能是在纯粹的意识

---

① 海德格尔.存在与时间［M］.陈嘉映，王庆节，译.北京：生活·读书·新知三联书店，1987：273.

活动中才能被理解。海德格尔认为，这是彻底克服旧的实体观的关键所在，因为存在虽然不能从概念和理论上来把握和理解，但确实能被意识到，实体的活动被消溶于意识的活动中。胡塞尔把意义理论作为现象学研究的对象，在他看来，所谓意义的不确定正是"意味"不确定，被主观能力的局限性制约，不能说出存在的无限众多的意义。海德格尔把胡塞尔关于意义的纯粹逻辑理论扩展到他所研究的存在领域，从中得出了人的存在意义是不能用概念和理论加以表述的，存在的意义体现在生存状态之中的结论。在承认以上胡塞尔现象学功绩的基础上，海德格尔对现象学也进行了批判。海德格尔认为，胡塞尔的现象学虽然在批判传统哲学上大有建树，但也在一定程度上受着传统哲学的影响，因而是不彻底的批判哲学。他主要是从两个方面不满于胡塞尔：一是胡塞尔始终把先验还原与先验唯心结合在一起，而海德格尔从一开始就不愿接受先验唯心论的立场；二是胡塞尔主张一切意义的终极源泉需在先验主观中去寻找，而海德格尔却拒绝接受一个与世界相脱离的主体。因此，海德格尔在坚持现象学的基本原则，即不承认主体与客体分立这一原则的前提下，把它与"存在论"结合起来进行思考。如果说在胡塞尔那里还有"心理"和"物理"、主体和客体的对立，仍有笛卡尔心物二元论的痕迹，那么海德格尔寻求的则不是主体性原则，而是一种真正超乎二者之上的"存在"。

海德格尔对胡塞尔现象学的改造更新，更主要地表现在把现象学推进到解释学阶段，这种经过加工改造的现象学方法，按海德格尔的意见，可称为"解释学的现象学"，解释学不是意识领域的反思，而是对意识领域赖以建立的本体论基础的说明。传统哲学遗忘了"存在"，对存在意义的揭示实质是对它的解释。建立新的本体论实质就是一种新的解释工作。只有把现象学发展到解释学，才能克服传统哲学的缺陷。通过解释学，存在的本真状态及其意义才能表现出来。存在原来是被遮盖着的，现象学的任务是通过去蔽达到存在的澄明。在去蔽的过程中，传统哲学的实体观消解溶化了，存在的意义显露了出来。可见，海德格尔不满于胡塞尔现象学否定传统逻辑化和形式化，而是借助解释学，从深层实质方面揭示传统哲学的弊端，展现存在的意义，使本体论有了新的根基，即在存在者的存在中来思考存在者。

海德格尔对传统解释学进行了本体论转向，这也就使他的基本本体论此在与存在的基本关系就是理解存在，此在就是对存在的理解，理解构成了人的一切活动的基础，是此在本体论存在方式，而非仅是人文科学的某种研究方法。也就是说，他进一步扩大了解释学的范围，加深和加重了解释学的地位。解释学不仅涉及具有历史学性质的文本，而且扩展到了对具有历史性的存在即此在的解释。显然在海德格尔这里，解释学的现象学不是胡塞尔总体现象学的一个分支，而是一种本质上不同的现象学。胡塞尔本人不认为自己的哲学具有解释学性质，他强调的是科学性。而海德格尔则强调的是人文性质、精神特质，或者说历史性质。在海德格尔看来，解释学美学主要不再为审美理解提供一套具体方法和规则，而是从存在的角度来思考美学问题。

第四节　海德格尔美学的启发

从以上分析可以得出：传统美学正面临着深刻的转向，而且这一转向集中体现在美学的学科定位问题上，或者说是对美学学科定位的重新思考。历史上，美学一直依附于哲学，近代则变成了一种认识论。要实现美学的转向，必须将美学定位于人文科学中，而高扬人文精神也是当代中国美学建构和发展的关键。

无论是从中国文化还是西方文化角度，人文精神都是指以人为中心的思想，与人的本质和全面发展密切相关。

根据马克思的有关论述，人的本质最主要的有三个层次：第一，"自由自觉的活动恰恰是人类的特性"①，这是从人的活动的角度，表明人的本性就是自由，这一层次的规定是根本性的，自由自觉的创造活动是人的本质的主导方面；第二，"在其现实性上，人的本质是一切社会关系的总和"②，这表明人是社会关系的产物和主体，人的本质的产生和确立不能离开社会关系；第三，人是自然、社会和精神的统一体，相应地，人的需要包括自然需要、社会需要和精神需要。

人是由自然因素、社会因素和精神因素构成的。因此，人的发展也就是人在社会生活基础上，自然、社会和精神素质的发展。综合马克思的三个论断，人的本质就是具有自然、社会和精神素质的人的自由自觉活动。简言之，人的本质就是自由。

因此，可以简括起来，人文精神就是充分肯定人的自由自觉的创造的价值观念和人生态度。如此，人文精神应为中国当代美的应有之义。首先，美学应定位于人文科学中，美学是以审美活动为其研究对象的、作为人的一种活动形态。审美活动是以"两个尺度"，即马克思在《1844年经济学—哲学手稿》中提出的"内在固有尺度"和"任何种的尺度"为依据，遵循"美的规律"的创造活动。在人的活动形态中，审美活动最为集中地表征着人的自由自觉的活动的特性。因而，对审美活动的研究，同时也就是对人的自由本质的揭示。其次，美学研究的一切具体问题都与人文精神相关。审美活动可分为审美主体、审美客体两个方面，它们与人类精神是密不可分的。再次，审美内涵的人文精神在当前的社会转型过程中日益显示出来。经济的转轨和转型、社会主义市场经济的确立，使得商品的审美

---

① 马克思.1844年经济学—哲学手稿［M］.刘丕坤，译.北京：人民出版社，1979：51.

② 马克思.关于费尔巴哈的提纲［M］//马克思，恩格斯.马克思恩格斯选集：第1卷.中共中央马克思恩格斯列宁斯大林著作编译局，编译.北京：人民出版社，1995：56.

价值成了市场竞争的重要参数。尤其当拜金主义、极端个人主义、享乐主义等沉渣泛起时，人文精神的重申有特殊的意义。而在这方面，美学、美育有着不可替代的作用。

21世纪，中国美学对于人文精神的高扬使其已明显地在人的本体性生存自由的层次上提出和思考问题。这样，美学在其本体论的视界上也就取得了决定性的超越，审美活动被看作一种生存价值的创造、一种旨在实现人类生存超越的基本精神活动。与此相应，美也不再屈尊于真善，不再局限于非本体的手段方面，而是作为一种更高品位的真正独立的价值，为人类的生存超越树立标尺。因此，人文精神的高扬、美学人文学科的定位就意味着中国美学已开始进行着革命性的转向，开始跨入人文美学的新时代！

第四章　美学的精神

所谓美学的精神，就是美学的宗旨和实质，是对美学的"本性"的认识。

第一节　美学的精神

美学是在感性现实基础上解决人类生存的方式之一。而人类生存或存在的最基本方面，从根本上来讲就是理想和现实的关系问题。理想作为人类生存的最高目标，是人的生存的终极意义所在，因而对这一境界的追求，就必然是对人的自由全面发展的追求，但它又必须落实在人的现实存在的基础上。因此，解决理想与现实的关系，探求人类生活终极意义，这就是美学的精神。

把美学定位于对人类生存意义和终极价值的探询方式，是因为它要解决的根本问题是理想和现实的关系，而理想和现实的关系对人类的存在来说具有根本的或者说本体论意义。马克思曾揭示人的存在具有二重性，而人存在的二重性是人之为人的根本精神。也就是说，人一方面是与自然物同一的，直接就是自然物；另一方面，人又不同于动物，不仅受"外在尺度"的制约，更追求自己的"内在尺度"的实现。在此意义上，人不仅是现实的自然存在物，更是为理想而存在。人生存于天地之间，其下是人之源出的大地即自然界，其上是人所神往的理想世界，这"'两者'之间是赋予人居住的"①，自然界为自然必然性所笼罩，是一个必然性王国，不可能存在自由；理想界则是由人的意识所设想出来的世界，因而是扬弃了必然性的自由王国，自由是理想世界存在的法则。人类世界，既然立足于自然界，就不能不受制于自然界的必然性；而人类既然超出了自然世界而指向理想世界，便不能不同时受作为理想界存在规律的自由的支配。这样，如何超越现实而奔向理想，超越必然而达到自由，就成了人的生存的根本问题。人注定要在现实与理想之间挣扎，为解决二者之间的矛盾而殚精竭虑。

理想与现实构成人生存的根本矛盾，还在于人是肉体和灵魂的统一体。作为感性自然的存在物，人与动物一样要寻求物质需要的满足，以使自身得以存在和繁衍；作为精神的存在物，人又远远超出了动物界，具有意识、语言、情感和想象能力，在满足生存需要后，他还要为了精神需要、享受需要和发展需要而从事活动。在给定的自然物和必然性之上，人要创造出一个人造物及人化的世界，以满足更高的精神需要。人还借助于想象，构想出一个理想的世界，树立一个"意义"的尺度，以安抚人类永不满足、永远寻求人生意义的灵魂。如海德格尔所言，人要"诗意地栖居"。"诗意乃是一种尺度"，"诗意的尺度乃是人用以衡量自身的神性"②，"神性是人衡量它居住、居于大地之上天空之下的尺度。只是因为人以此种方式运用它所居住的尺度，它才能与他的本性相当"③。因此，人的真正的存在和生存，并不是要游离于自然和现实，相反，人必须在大地之上，在现实世界寻找和想望人生的诗意。此种想望，直达天空，同时，又停留于大地。人的生

---

① 海德格尔.诗·语言·思［M］.彭富春，译.北京：文化艺术出版社，1991：192.

② 海德格尔.诗·语言·思［M］.彭富春，译.北京：文化艺术出版社，1991：193.

③ 海德格尔.诗·语言·思［M］.彭富春，译.北京：文化艺术出版社，1991：192.

存意义在于人对理想的向往，他等待理想、承受理想，更追求理想和超越，用理想的尺度度量自己。因此，"……人诗意地居住……"，"充满劳绩，但人诗意地居住在此大地之上"①。

总之，人存在的二重性，人性的二元结构，人的自然性和超自然性，生命本性与超生命本性，说到底即理想和现实的矛盾本源性地存在于人的生存中，并在人的活动中实现着否定性的统一，这种否定性统一的历史生成和实现，就意味着人的价值的确立和人生意义的生成。它昭示着：人之为人，人与其他一切存在物的根本不同，就在于他不满足于现实世界，更要追求和创造一个理想世界，或者说，人在根本上就是为理想而存在的。

理想指的是人的生活目标，是对当下现实生活的不满和抗争。它像一个标尺，总是存在于人类现实生活之上，作为一种人生境界和追求，作为生命的本真和渴望，导引着人类的现实生活，或者理想也可以被视作一个"召唤结构"，召唤人与其合一，召唤人的生命的永恒和生命力的升腾。理想更像人的一种内在动力，总在激励人为它的实现而抗争。因而，如何实现理想，如何将理想与现实统一起来，就成了古往今来人类生活的头等大事，成了萦绕于人心的"情结"。

第二节　美学史的相关论述

在西方，古希腊的柏拉图也许是看到审美与理想境界关系的第一人。他用一系列的范畴来表示理想与现实的矛盾，如本质与现象、灵与肉、理性与情欲、神与人等。在柏拉图看来，理念世界乃理想的本体界，在这个理念世界，安住着一个"无始无终、不生不灭、不增不减"的"美本身"：

---

① 海德格尔.诗·语言·思 [M].彭富春，译.北京：文化艺术出版社，1991：188.

（对）这种美本身的观照是一个最值得过的生活境界，比其他一切都强。如果你将来有一天看到了这种境界，你就会知道比起它来，你们的黄金、华装艳服……这一切使你和许多人醉心迷眼，不惜废寝忘食，以致常看着而且常守着的心爱物——都卑微不足。请你想一想，如果一个人有运气看到那美本身，那如其本然、精纯不杂的美，不是凡人皮肉色泽之类凡俗的美，而是那神圣的纯然一体的美，你想这样一个人的心情会是什么样的呢？朝这境界看，以适当的方式凝视它，和它契合无间、浑然一体，你想，这对于一个凡人是种可怜的生活么？只有循这条路径，一个人才能通过可由视觉看到的东西窥见美本身，所产生的不是影像而是真实本体，因为它所接触的不是影像而是真实本体……①

然而，如此令人神往的美的本体世界，在柏拉图这里过于高高在上了，要靠回忆来达到，而回忆的触引则在于尘世的美，由尘世的美而忆起上界里的美的本体、本体的美："只有借妥善运用这种回忆，一个人才可以常探讨奥秘来使自己完善。"②凡夫俗子对之只能仰望，并无亲身体验一番的荣幸。

18世纪德国哲学家、美学家席勒则从康德出发，试图以古希腊人的理想人格为标本对现实中人性的分裂状态进行修补。他痛苦地看到，古希腊的那种完满人性在现实中已经不复存在，代之的是感性与理性、物质与精神的分裂："正是教养本身给现代人性造成了这种创伤。只要一方面积累起来的经验和更明晰的思维使科学更明确地划分成为必然，另一方面国家越来越复杂的机构使等级和职业更严格地区别成为必然，那么人的本性的内

---

① 柏拉图.文艺对话集［M］.朱光潜，译.北京：人民文学出版社，1963：273-274.
② 柏拉图.文艺对话集［M］.朱光潜，译.北京：人民文学出版社，1963：112.

在纽带也就断裂了，致命的冲突使人性的和谐力量分裂开来。直观的知性和思辨的知性现在敌对地占据着各自不同的领地，互相猜忌地守卫着各自的领域。人们的活动局限在某一个领域，这样人们就等于把自己交给了一个支配者，他往往把人们其余的素质都压制了下去。不是这一边旺盛的想象力毁坏了知性辛勤得来的果实，就是那一边抽象精神熄灭了那种温暖过我们心灵并点燃过想象力的火焰。"他还提出："由艺术和学术在人的内心所开始造成的这种混乱失调，又由近代统治的精神贯彻下去并普遍化了。"①而要使人性恢复完整，只有通过审美才能做到，因为只有通过游戏冲动才可以弥合人感性冲动和理性冲动的分裂。在人的一切状态中，正是游戏而且只有游戏才使人成为完整的人，而游戏冲动的对象就是美。所以结论是：在审美中，人是完整的人，"人只应同美游戏"，"只有人是完整的人时，他才游戏；只有当人游戏时，他才是完整的人"②。"只有游戏，才能使人达到完美并同时发展人的双重天性"③，并且，"只要这样两种天性（指感性冲动和理性冲动——引者注）结合起来，人就会赋有最丰满的存在和最高度的独立和自由，他自己就不会失去世界，而以其现象的全部无限性将世界纳入自身之中，并使之服从于他的理性的统一体"④。那么，游戏为什么能完成感性冲动和理性冲动的融合？原因在于其对象是感性冲动的对象（生活、生命）和理性冲动的对象（形象、形式）的完美融合——活的形象。活的形象是生命的形象，形象的生命，或说是生命的形象化，形象的生命化。因而游戏的意义在于感性与理性的审美生成。与此相应，人有三种存在形

①　席勒.美育书简［M］.徐恒醇，译.北京：中国文联出版公司，1984：第六封信.

②　席勒.美育书简［M］.徐恒醇，译.北京：中国文联出版公司，1984：第十五封信.

③　席勒.美育书简［M］.徐恒醇，译.北京：中国文联出版公司，1984：第十五封信.

④　席勒.美育书简［M］.徐恒醇，译.北京：中国文联出版公司，1984：第十三封信.

态，而审美状态是使人由自然状态上升到道德状态的中介，经由审美，人达到人的存在的终极境界——道德的人、"神性"的人。

席勒之后，不少美学家在新的工业和后工业社会的社会背景和新的异化现实中，开始逐渐将人的视野转向人的个体的存在状态，从个体的存在出发来建立起新的美学探求，如叔本华的"生命意志"、尼采的"永恒生命"、狄尔泰的"生命流"、柏格森的"绵延"、弗洛伊德的"原欲"、马尔库塞的"爱欲"等，其共同倾向都在于求得人的生命力的解放和充盈，而这也正是生命之源。它充溢于宇宙万物之中，显现于一切生命现象之中，生生不息，奔腾不已，是一种永恒的、绝对的、终极的存在，从而也就具有了人之生存本体论的意义，成为人类所有生命活动包括艺术和审美的终极性追求，艺术和审美也被他们推举为救人于水火的良药秘方。

由此，被纯思辨性的哲学解决方式肢解了的人的生命整体得以复合，在宗教解决方式中压制的现世的美好生活亦获得实现和满足的可能，哪怕是替代性、补偿性满足。

总之，无论是古代的柏拉图，近代的席勒，还是现当代德国的浪漫派，都将审美和艺术视为人性完整、人生意义获得实现的重要甚至唯一途径，尽管他们对这一意义的理解并不完全相同。

第三节　审美和艺术是对理想的无限逼近

那么，艺术是否可以承担起弥补现实和理想的鸿沟的职责，换句话说，理想与审美和艺术究竟有什么本质性的相通之处？

虽然理想以及生存的终极意义恰如"镜中像，水中月"，"羚羊挂角，无迹可求"。它如"韵外之致，味外之旨"，只有"不着一字"，才可"尽得风流"。也许它就像中国道家的"道"，魏晋玄学的"无"，西方美学中的"形而上的质"（茵加登）、"终极存在"（克莱夫·贝尔）、"高峰体验"

（马斯洛）……总之，对它，我们难以用平常的理智去把握，只能诉诸以情感的体验。但这种理想之境，却必然通过如下环节展现出来。

第一，理想之为理想，意味着对现实的超越和否定，对更为"符合人性""应当如此"的生活的肯定。而这种否定和肯定的辩证法又必须植根于现实世界之中。正因为如此，审美和艺术成为其最适当的存在领域。在艺术中，一方面离不开对现实人生的关爱，另一方面又以对人类理想的想望为价值尺度来超越现实，召唤人向人生最高境界攀升。也就是说，艺术既是现实的，更是理想的，理想和现实的矛盾存在于古今中外一切伟大的艺术作品之中。艺术也正因为有了这个性质，才有如此的灵魂震撼力和打动人心的力量。

第二，理想之境是一个包容性极大的范畴。它不仅包含着真与善，更包含着真与善相统一的美。也正因为如此，它是对人的本质力量的全面肯定，是人的理想境界也是人的全面发展之境。而审美和艺术，正为人的理想的这种包容性和全面性提供了最好的诗性空间，艺术离不开对真的认识、对善的追求，并在二者之上创造出一个美的世界。正是在这美的世界中，人们可以体验到一种审美的情感——不仅是感性的快乐，更有对宇宙、人生和永恒无限的感悟，从而直达生命的整体。也正是艺术的这种整体性、包容性，使得审美的体验成为对人生终极意义和价值的领悟，并反过来规定了审美和艺术的人生价值所在。"在艺术的体验中，就存在着一种意义的充满，这种意义的充满不单单是属于这种特殊的内容或对象，而且，更多的是代表了生命的意义整体。某个审美的体验，总是含有着对某个无限整体的经验，正由于这种体验没有与其他的达到某个公开的经验进程之统一体的体验相连，而是直接再现了整体，这种体验的意义就成了无限的意义"，"由此，艺术作品就被理解为生命之完美的象征性表现"①。

---

① 伽达默尔.真理与方法［M］.王才勇，译.沈阳：辽宁人民出版社，1987：100.

第三，理想必须落实于个体性上，或说它必须以肯定每个个人的独特性为前提。因为，对个体的尊重，对个体独立性和尊严的关心和培养，本是人的生命自由及全面发展的题中应有之义。因为，"任何人类历史的第一个前提无疑是有生命的个人的存在"[①]。人类社会也总是由不同个体性的人组成和推动的，人的活动的根本矛盾也是为了使每个个体均尽可能地获得全面发展。在这个意义上，理想与个性甚至是可以等同的。不容置疑，个体性和创造性是审美和艺术的本质特征，这不仅对于艺术家、艺术创造过程、艺术品是这样，而且对于审美接受和体验也是如此。正是个性和创造性，使得艺术获得其独特的光辉和魅力。在人类的所有活动形态和生存领域、精神领域中，审美和艺术以个性化、创造性而卓然挺立。所以可以说，人类的理想境界、生命的自由本性与审美和艺术达到了完全的合一。

第四，理想从本质上说，只能存在于观念、意识领域，是对于未来的美好期冀和向往，是人类生存按照自然和社会规律，充分发挥自己的才能、创造性、个体性的"可能性"之域。也正因为有了理想，才使得我们的生活有了希望之灵、意义之魂，使得我们可以对现实世界采取一种批判和否定性的态度，而否定和批判，正是对人的提升。因为，没有否定，就没有进步。而艺术和审美正是想象的领域。借助于想象，人建构了一个自由的精神世界、一个情感的世界。在这里，一切现实的丑恶和黑暗受到无情的鞭挞，人的灵魂和情感得到净化和提升，现实中被挤压成了"单面性"存在的人得以恢复完整和批判的向度，"新感性"得以培育和生成，正如法兰克福学派的马尔库塞所揭示的。

第五，理想标示着人的自由发展的无限之境。在现实世界中，人的发展和实现总是有限的，就个体来讲，他的生命有限、活动范围有限、发展

---

① 马克思，恩格斯.马克思恩格斯选集：第1卷［M］.中共中央马克思恩格斯列宁斯大林著作编译局，编译.北京：人民出版社，1995：24.

的程度也有限；就整个人类来说，如何协调好人与自然、人与社会的关系也是它要处理的基本问题。人类存在一天，就一天不能摆脱这两大矛盾。因而，对人来说，无论是从个体角度还是从人类整体角度，只要其处于现实世界中，也就总处于理想和现实、无限与有限的矛盾之中。而在艺术世界，其本质特征却恰是从有限形式中表现出无限的内容。对于艺术的这一特征，中国古典美学认识得尤为细致。清代的叶燮在《原诗》中说："可言之理，人人能言之，又安在诗人之言之；可徵之事，人人能述之，又安在诗人之述之。必有不可言之理，不可述之事，遇之于默会意象之表，而理与事无不灿然于前者也。"这"不可言之理，不可徵之事"，就是艺术所要表现的无限深邃而高远的境界。艺术虽然植于现实之中，而它的精神却伸到理想的光明的高超的天空，揭示着生命的真谛、宇宙的"奥境"、艺术的世界。

总之，理想和审美及艺术存有极大的相似性，艺术成为理想得以展示自身和实现自身的最好的空间。因而，既与哲学性的对现实的无穷追逐不同，也与宗教性的将现实归之于虚幻信仰相区别，美学在一个"可感的世界"中，为人类生存的理想提供了一种精神性满足。在人们进入艺术世界并真正为其所浸染时，人生的"高峰体验"汹涌而至，整个的身心因之而迷醉、战栗、升腾而高飞。

第一编　认识美

对于美的认识，可以从其本质和特征入手，进而分析其不同的范畴和表现形态。

　　这部分属于传统美学的"美论"，在人类长达两千多年的美学探索中，一直居于中心地位，同时也是争议最多的美学领域。

第一章　什么是美

　　什么是美，即美的本质问题，一度被认为是美学的基础，也是传统美学讨论的中心，直至今天，仍是学习美学绕不过去并且首先要探讨的问题。

第一节　美学史上对美的本质探讨

　　西方美学中，关于美的本质的探讨有两千多年的历史。中国美学建设之初，首先讨论的也是美的本质问题，并在20世纪五六十年代形成高潮，影响至今。

一、西方美学对美的本质的探讨①

西方美学对美的本质的探讨，主要有以下三种途径。

（一）从精神角度探讨美的本质

　　柏拉图在西方美学史上，第一个提出美的本质问题。英国哲学家阿弗烈·诺夫·怀特海（Alfred North Whitehead，1861—1947）说过一句流传

---

① 参见朱光潜.《关于四个关键性问题的历史小结》之《美的本质问题》[M]//西方美学史：下卷.北京：人民文学出版社，1964：656-676.

甚广的话:"公正地说,关于西方哲学最令人信服的特征就是一系列对于柏拉图思想的注脚。在哲学领域内,没有一个问题不能从他的作品中找到一些观点的。"[①]可以补充说,这也包括美学,柏拉图的美学思想为后世美学的发展涂上了厚重的底色。在《大希庇阿斯篇》中,他区分了"什么是美的"与"美是什么",把美的本质问题提升到了哲学的层面。柏拉图明确指出美的本质就是世界的理式,美的理式不是一个具体的事物,我们心灵之外的、客观存在的一个实体,而是所有美的事物的第一属性、第一本源。柏拉图还指出,美是有等级的,分为身体的美、形体的美、心灵的美、行为的美、知识的美、典章制度的美等,而最高的美是绝对美。绝对美是真善美一体的,也就是上帝。在基督教那里,上帝是一切美的根源,美的事物往往是分有了上帝的荣光。实际上基督教的美就是来自柏拉图的美学;美的本源是统一的、普遍的、一致的、不变的。

新柏拉图学派的创始人、古罗马哲学家、美学家普洛丁(Plotinus,205—270,又译普罗提诺),肯定理念世界的存在,把最高的理念称作"太一"。他认为物质世界里的美不在于事物的对称、和谐,而在于分享了来自神明的理性,当理念流溢到混乱的事物中,使之取得整一的形式时,便产生美,"神才是美的来源,凡是和美同类的事物也都是从神那里来的"[②]。美有等级之分,人以感官觉察的物体美属于最低级的美,然后是"事业、行动、风度、学术和品德"的美,在这些之上,才是跳出一切物质负累的纯粹理念的美。它真善合一,靠纯粹心灵或理性去观照。

英国经验主义哲学家大卫·休谟(David Hume,1711—1776),从感觉论观点考察人的情感,认为情感的本性是关于快乐和痛苦的感觉,快乐和痛苦既是德和恶的本质,也是美和丑的本质。他说:"美并不是事物本身

---

① 怀特海.过程与实在[M].杨富斌,译.北京:中国城市出版社,2003:70.

② 北京大学哲学系美学教研室.西方美学家论美和美感[M].北京:商务印书馆,1980:290.

里的一种性质。它只存在于观赏者的心里，每一个人心见出一种不同的美。这个人觉得丑，另一个人可能觉得美。每个人应该默认他自己的感觉，也应该不要求支配旁人的感觉。要想寻求实在的美或实在的丑，就像想要确定实在的甜与实在的苦一样，是一种徒劳无益的探讨。"[①] "各种味和色以及其他一切凭感官接受的性质都不在事物本身，而是只在感觉里，美和丑的情形也是如此。"[②] 在《人性论》中，休谟写道："美是一些部分的那样一个秩序和结构，它们由于我们天性的原始组织，或是由于习惯，或是由于爱好，适于使灵魂发生快乐和满意。这就是美的特征，并构成美与丑的全部差异，丑的自然倾向乃是产生不快。因此，快乐和痛苦不但是美和丑的必须伴随物，而且还构成它们的本质。"这里休谟指出美不是对象的一种属性，而是某种形状在人心上所产生的效果，并且指出这种效果之所以产生，是由于"人心的特殊构造"。

黑格尔关于美的本质的定义："美是理念的感性显现。"理念是美的内核、美的本质。黑格尔的理念不是抽象的，而是抽象概念与具体实在的统一，只有出现在实在里面而且与这实在结成统一体的概念才是理念。这里的"理念"不同于柏拉图的理念（理式）。柏拉图的理念是抽象的，不要求任何实在性。黑格尔的理念既有抽象性，又要求实在性。柏拉图的理念是永恒的、不变的（不生不灭），黑格尔的理念是运动、发展变化的。艺术的理念与哲学中的概念不同（美与真不同），理念不等于概念，艺术美与哲学逻辑中的真都可视作理念。真作为理念，作为事物的本质、普遍性存在，不呈现于意识；美作为理念，要有指定的存在形式，要在外在世界中实现自己，直接呈现于意识。哲学的真可以作为抽象概念存在，艺术美则不能，

① 北京大学哲学系美学教研室.西方美学家论美和美感［M］.北京：商务印书馆，1980：108.

② 北京大学哲学系美学教研室.西方美学家论美和美感［M］.北京：商务印书馆，1980：108.

只能是理念的感性显现。

（二）从客观事物属性角度探讨美的本质

古希腊毕达哥拉斯认为，在自然界杂多现象之中，统摄一切的本体不是某种具有质的规定性的物质，而是缺乏任何质的规定并渗透到所有物质中的一种属性——数。这种基本看法也影响了毕达哥拉斯的美学观。他指出，美就是和谐。"什么是最智慧的？是数。""什么是最美的？是和谐。""秩序和比例是美的和有用的。"所以一切艺术都产生于数，"一切立体图形中最美的是球形，一切平面图形中最美的是圆形"。总之，毕达哥拉斯学派认为，美在于客观事物的均衡、对称、和谐、多样统一及黄金分割等形式。

亚里士多德认为："美的主要形式是秩序、匀称与明确。"[①]亚里士多德关于美是事物的客观属性的观点，成了折中主义美学的重要理论资源。

法国18世纪启蒙运动领袖狄德罗提出"美在关系"说："在我们称之为美的一切物体所共有的品质中，我们将选择哪个品质来说明以美为其标记的东西呢？哪个品质？很明显，我以为只能是这样一个品质：它存在，一切物体就美，它常在或不常在——如果它有可能这样的话，物体就美得多些或少些，它不在，物体便不再美了；它改变性质，美也随之改变类别；与它相反的品质会使最美的东西变得讨厌和丑陋，总而言之，是这样一个品质，美因它而产生，而增长，而千变万化，而衰退，而消失。然而，只有关系这个概念才能产生这样的效果。因此，我把凡是本身含有某种因素，能够在我的悟性中唤起'关系'这个概念的，叫作外在于我的美；凡是唤起这个概念的一切，我称之为关系到我的美。"[②]狄德罗这里所谓的"关系"指的是处于运动和变化过程中的万事万物内部，各要素之间以及与外部环

---

① 亚里士多德.形而上学［M］.吴寿彭，译.北京：商务印书馆，1959：134.

② 狄德罗.狄德罗美学论文选［M］.张冠尧，桂裕芳，等译.北京：人民文学出版社，1984：24-25.

境的客观必然联系，但是，并非事物的任何关系都美。在狄德罗看来，只有建立在和自然万物的关系上的美才是持久的美。

（三）美是生活

俄国19世纪美学家车尔尼雪夫斯基在《艺术与现实的审美关系》中提出了关于美的三大命题：一是美是生活；二是"任何事物，凡是我们在那里面看得见依照我们的理解应当如此的生活，那就是美的"；三是"任何对象，凡是显示出生活或使我们想起生活的，那就是美的"[①]。

二、中国美学大讨论[②]

20世纪50年代美学大讨论，开始于对朱光潜美学观点的质疑和批判，时间是1956年。但从新中国建立初期，就有了端倪，以《文艺报》为中心，陆续发表了蔡仪的《谈距离说和移情说》《略论朱光潜的美学思想》，黄药眠的《答朱光潜并论治学态度》《论美与艺术》，都对朱光潜有所批判，而且正面阐述了自己的美学观点，核心是强调美是客观的，美就是典范（典型），即美就是在同一种类中既具有个性而又有普遍的代表性、典范性的东西，而且具有社会历史性。

作为回应，朱光潜在《文艺报》发表了《我的文艺思想的反动性》，该文编者按提出进行争鸣。接着，贺麟的《朱光潜文艺思想的哲学根源》，黄药眠的《论食利者的美学》，曹景元的《美感与美》，敏泽的《朱光潜反动美学思想的源与流》，李泽厚的《论美感、美和艺术——兼论朱光潜的唯心主义美学思想》等相继发表，引发20世纪50年代的美学大讨论。

此次大讨论，围绕美的本质及美感问题，形成了对中国当代美学影响

---

① 车尔尼雪夫斯基.艺术与现实的审美关系［M］.周扬，译.北京：人民文学出版社，1957：6.

② 参见张荣生.记上个世纪五十年代的美学大讨论［N］.中华读书报，2012-02-01.

甚为巨大的四派观点。

一是以蔡仪为代表的客观派。这派认为，美就客观存在于客观物质世界之中，存在于自然物质本身，是物的自然属性。美学的基本问题，首先就是美在于心抑或在于物，美是纯客观的，与审美主体的人无关。美的本质就是事物的典型性，也就是个别之中显现着种类的一般。美学研究的正确途径必须通过现实事物去考察、去把握。蔡仪引用了宋玉的《登徒子好色赋》："天下之佳人莫若楚国，楚国之丽者莫若臣里，臣里之美者莫若东家之子。东家之子，增之一分则太长，减之一分则太短，著粉则太白，施朱则太赤。"以此为例证，蔡仪认为"东家之子"的美就在于她是典型的。根据马克思《1844年经济学—哲学手稿》中的"人类也依照美的规律来造型"说，蔡仪推演出典型就是一种规律、一种法则，美的本质是事物的典型，事物的典型关系就是美的规律、美的法则。从美是典型出发，蔡仪认为世界上的事物有两大种类：一种是自然的种类范畴，一种是社会的种类范畴。自然的种类范畴从无生物到生物、从植物到动物，由低到高地排列。人既属于自然的种类范畴，又属于社会的种类范畴，人的美一方面要具备美貌，另一方面则要具备美德，他的美貌就是自然美，他的美德就是社会美，也就是一般所说的人格美。

二是以朱光潜为代表的主客观统一派。针对蔡仪"物的形象是不依赖于鉴赏者的人而存在的，物的形象的美也是不依赖于鉴赏的人而存在"的观点，朱光潜认为蔡仪没有在物与物的形象之中见出分别，在反映关系上，物是第一性的，物的形象是第二性的，就其为认识对象而言，它已经不纯是自然之物，而是夹杂着人的主观成分的物，也就是社会的物了。花是红的和花是美的，这中间有着本质的区别。美是引起美感的，同时美感也能影响美。单纯的客观事物还不能成为美，客观事物加上主观意识形态的作用，使物成为物的形象才能有美。朱光潜主张，美学的理论基础除了列宁反映论，还应加上马克思主义关于意识形态的理论，要区分物本身（"物甲")和物的形象（"物乙"）。梅花本身只是美的条件，还不能成为美学意义的美，物本身的模样是自然形态的东西，物的形象是艺术形态的东西，是意识形态反映，属于上层建筑，物本身的模样是不依存于人的意识的，物的艺术形象既依存于物本身，又依存于人的主观意识。因此，美是客观方面某些事物、性质和形状适合主观方面意识形态，可以交融在一起而成为一个完整形象的那种特质。朱光潜还引用苏轼的《琴诗》来说明他的观点："若言琴上有琴声，放在匣中何不鸣？若言声在指头上，何不于君指上听？"琴声即美，是需要人和琴（主客两方面的因素）才能产生的。

三是以李泽厚为代表客观性和社会性的统一派。李泽厚对朱光潜和蔡仪的观点都进行了批判，指出朱光潜一直认为美（物的形象）并不是一种客观存在，美感的对象是物的形象，而不是物本身，美是人的意识、情趣作用于外物的结果，从而把美感和作为美感的对象的美混为一谈；指出与蔡仪的分歧则是在美的社会性上，蔡仪美学观的基本特点在于强调了美的客观性存在，却否认了美依存于人类社会这一根本性质。李泽厚认为，美与善一样，都是人类社会的产物，在人类社会出现之前自然无所谓美，也无所谓丑。物体的某些自然属性是构成美的必要条件，但条件本身并不是美，它只有处于一定人类社会中才能成为美的条件。李泽厚重申了美是现实生活中那些包含社会发展本质、规律和理想而用感官可以直接感知的具体的社会形象和自然形象，它是客观性和社会性的统一，即一方面美是客观的，另一方面美离不开人类社会，美具有客观的社会性质。

四是以吕荧和高尔泰为代表的主观派。他们主张客观的美并不存在，美和美感实际上是一个东西。美，只要人感受到它，它就存在，不被人感受到，它就不存在。

此次美学大讨论的文章，最后结集为《美学问题讨论集》，体现了当时中国美学研究的最高水平。而且，此次美学大讨论产生了巨大的影响，以后的中国美学研究主要是围绕蔡仪、朱光潜、李泽厚三派的观点进行的，培养出众多的美学新人，形成了具有中国特色的美学研究。

第二节　什么是美

本节从美的词义、哲学界定、美与人生等方面探讨什么是美，即传统美学的美的本质问题。

一、汉字"美"的词义解释

1980年代初期，在我国美学界就已经形成了"羊大则美"与"羊人为美"，两种主流说法，到目前为止仍成为某种共识。①

第一种说法将"美"拆为"羊—大"，"羊大则美"说侧重在"实用观"，直接将美的词源追溯到东汉许慎的《说文解字》："美，甘也。从羊，从大。羊在六畜主给膳也。美与善同意"，宋徐铉注为"羊大则美，故从大"。按照此解，"美"渊源于远古时代以羊的肥大与味美，这种最古老的说法揭示了美的"味觉"的原初语用含义。

第二种说法却将"美"拆为"羊—人"，"羊人为美"，"美"字像头上戴羽毛装饰物的舞人之形，饰羽有美观意，视觉化地阐发了美的"巫术"内涵（社会性）。

第三种说法认为"美"字最初产生于阴阳相交的观念与男女性意识中："羊"为女性之征，"大"为男性之征，男女交合，"美始于性"。

在日常用语中，"美"有三含义：一是感官快适；二是伦理赞赏；三是审美判断。②在美学范围内，"美"主要有三种含义：一是审美对象——现

---

① 参见萧兵.从"羊人为美"到"羊大则美"：为美学讨论提供一些古文字学资料[J].北方论丛，1980（2）：41-45.

② 参见李泽厚.华夏美学·美学四讲[M].增订本.北京：生活·读书·新知三联书店，2008：268.

实和艺术中的许多客观而具体的审美对象；二是审美性质（素质）——例如形式美要素；三是美的本质、美的根源——这才是美的哲学探讨。[①]

二、什么是美

美的本质问题，是美学上的"斯芬克斯之谜"，而且众说纷纭，本书不拟对这些争论做评议，而直接采用"美是自由的形式"观点。

"美是自由的形式"，核心概念是自由。何谓自由？美学上的自由有三层意义。一是对客观规律的掌握和运用，恩格斯在《反杜林论》中指出："自由不在于在幻想中摆脱自然规律而独立，而在于认识这些规律，从而能够有计划地使自然规律为一定的目的服务。"[②]二是人的活动和需要超出了实用，这样人才从动物中区分出来，才有自由。马克思说："动物只是在直接的肉体需要的支配下进行生产，而人则甚至摆脱肉体的需要进行生产，并且只有在他摆脱了这种需要时才真正地进行生产。"[③]而人的生产则是全面的，是在摆脱了直接的实用需要的基础上进行的，而且，只有摆脱了实用需要的活动，才是真正属人的活动。三是个人与社会的统一，社会的规范变成了个体的自觉要求。在自由的这三种含义中，对自然的认识和改造是经常，最为重要的是人和社会的统一。

总之，美就是人的内在心灵自由的感性具体的表现，美是自由的形式。凡是在人的内在心灵自由表现出来的地方，我们都可以感受到美，美是人生的一种高度自由的境界。

对美的本质的探讨也许可以用另外一个思路：没有美的本质或起源这

[①] 参见李泽厚.华夏美学·美学四讲［M］.增订本.北京：生活·读书·新知三联书店，2008：274.

[②] 马克思，恩格斯.马克思恩格斯选集：第3卷［M］.中共中央马克思恩格斯列宁斯大林著作编译局，编译.北京：人民出版社，1972：153.

[③] 马克思.1844年经济学—哲学手稿［M］.刘丕坤，译.北京：人民出版社，1979：50.

样一个问题。如果说美有起源的话，那就在于人对事物用什么态度去对待，一旦人用审美的态度面对事物，美就出现了，正如罗丹所说："这个世界不是缺少美，而是缺少发现美的眼睛。"

三、美是体验

体验，就是用自己的生命来验证事实，感悟生命，留下印象。体验到的东西使得我们感到真实、真切。换句话说，美是人与对象之间的生命交融，是全部身心的投入，人和美的对象之间，并非"主客二分"的抽象的认识关系，而是"主客统一"的情感体验关系。但长久以来，主体的认识活动建立在主客二分的思维模式中，试图把握客体的本质与规律，这将世间万物与人割裂开来，片面和孤立地看待问题。这只能获得逻辑的"真"并使存在的"真"被遮蔽。人们在生活中也往往只能获得抽象的和片面的概念，无法体会人与世界交融的状态。而体验则是一种跟人与天地万物紧密相连的直接经验，通过体验创造了一个物我一体、情景交融的意象世界，而其正是美感的来源。

德国唯意志主义美学家叔本华的"审美静观"说，本质上也是一种审美体验。所谓"审美静观"，是指从一种意志和欲望的束缚中获得暂时解脱的审美方式。叔本华所说的这种和观察事物的普通方式有别的审美观照方式，主要有以下三个特点：第一，审美静观不同于观看事物的普通方式，即放弃了"对事物的习惯看法"；第二，在审美静观中，自我和审美对象融为一体，分不清哪是自我、哪是审美对象，即达到了"我没入大自然，大自然也没入我"的精神境界；第三，在审美静观中，审美主体与意欲一刀两断，超脱了个人的意志和欲求，忘记了对一切有关自己人体的关怀，关注的仅仅是审美对象的外形或外观。"原来我们在那一瞬间已摆脱了欲求而委心于纯粹无意志的认识，我们就好像进入了另一世界，在那儿，（日常）推动我们的意志因而强烈地震撼我们的东西都不存在了。认识这样获得自由，正和睡眠与梦一样。能完全把我们从上述一切解放出来，幸与不幸都消逝了。我们已不再是那个体的人，而只是认识的纯粹主体，个体的人已被遗忘了。我们只是作为那一世界眼而存在，一切有认识作用的生物（固然）都有此眼，但是唯有在人这只眼才能够完全从意志的驱使中解放出来。由于这一解放，个性的一切区别就完全消失了"。①

"体验"一词真正在美学上使用，是在德国美学家威廉·狄尔泰（Wilhelm Dilthey，1833—1911）的《体验和文学创作》中。他把"体验"融入历史，把个人的心理体看作理解的根本之法。随着"体验"的发展，西方美学史大致形成三个阶段：认识论阶段、本体论阶段和解释学阶段。海德格尔把体验分成两部分：一是"思"，二是原意的"体验"。他认为体验比理性更能敞开存在者的存在，"体验"思考的是人类生活的意义，不是像"理性"那样用思维规定存在。体验不是从逻辑的角度看待世界，而是用心灵去感悟世界。审美体验不直接介入物质领域，它的职责是通过改变人的生活态度、情感来不断改善人类的精神境遇，把人类从狭隘的功利主义、物质主义中解放出来。可见，海德格尔的体验观念超越了狄尔泰，进入本体论领域。

审美体验能超越有限的生命存在使人回到自身成为自由的存在物。审美体验不仅是为了获得审美愉悦，它的本质是一种寻求生命超越的形而上追求，这是审美活动与一般的消遣娱乐不同的地方，也是审美体验有别于日常情感体验之所在。它是一种精神上的升华，充满源自想象的灵气和意境，能使人类的精神超越物质世界的种种束缚，走向精神价值的发现。

首先，审美体验植根于审美活动的基本要求，即要求审美主体从整体上获得一个完整的"生活世界"，而这个生活世界是人与万物交融、天人合一的世界，这就要求审美主体不能用主客二分的思维模式去认识客体，而

---

① 叔本华.作为意志和表象的世界［M］.石冲白，译.北京：商务印书馆，1982：276.

认识则是发挥逻辑思维的作用，将世间万物分割孤立，得到的只能是片面和孤立的认识。例如对文学作品的欣赏，如果我们采用的是认识的态度，用功利的眼光去看待作品，只能得到一个个孤立的词语和符号，或者是从语法语义等角度获得一些逻辑思考的产物，文学作品无法使我们依托自己的想象力将生存体验构建成一个意象世界，自然就获得不了美感。

其次，审美体验获得的是一种生活、人生、万物紧密相连的当下的直接经验，而认识则是发挥逻辑思维的作用，运用理性的概念机能，上升为一种思想产物，最终只能获得一连串的概念，毫无美感。音乐作品很好地说明这一点。音乐作为一种特殊的艺术形式，其核心特点是时间性存在并且体现了一种余韵之感，它是听者内心写照的真实表达，是人类感性灵魂勾连出的声音之美，只有当听这种审美体验存在时，音乐才使声音本身得以存在。假如我们对音乐运用理性的分析，我们得到的只能是物理的声波，一个个响声。

最后，审美体验为我们呈现出一个天人合一、充满情趣的意象世界，然而认识得到的只能是单调、乏味、枯燥的概念，是没有生气与生机的理性结果。如对中国传统山水画进行欣赏时，如果从认识的角度出发，对作品的欣赏往往停留在皴法、装裱工艺、用墨之上，但从体验的角度出发，才有可能体会一气运化的宇宙本体和气韵生动的自然造化，以及作品所蕴含的意境。

审美体验的出发点是与人生紧密相连；其本身特性是直接、当下的经验；其思维模式是瞬间的直觉，得到的是整体性；其追求目标是创造了充满意蕴的感性世界。美感无法从认识之中得到，它只能存在于审美体验之中，这是美感的本质要求，美和美感统一在审美活动、审美体验中。

第三节　美与人生

国内美学界对破旧立新的兴趣从未减退，其焦点之一是寻找新的美学逻辑点，以求重新构建不同于传统美学的新体系。在这方面，业已取得了可喜的成果，并曾被称为"当代中国美学的前沿"①。通观这些成果，几乎都把实践派美学作为参照和超越的起点，也确有深入的剖析和卓见。然而使人感到它们在具体阐述自己的主张时则似显粗略，甚或只是提出一般原则，并未加深入系统论证，可说是"破"有余而"立"不足，有大胆假设的勇气和探索精神，缺乏小心求证的细致功夫。如果这种粗略涉及其主张的核心命题能够成立的话，那么其理论上的粗糙是难以令人满意的，反过来也极大地妨碍这些思想成果及所构建的体系的科学可靠性。因此，本书以为当前美学研究在致力于打破传统美学、构建新体系的同时，应对其理论所包含的重要命题或概念范畴有较为严谨、系统、科学的论证，至少应对其核心命题做出逻辑的和历史的廓清及科学的阐释。本节尝试对当前国内几种美学观点都至关重要的"审美活动"范畴做一理论梳理，也是对本书主要内容的理论铺垫。

一、审美活动与人的全面发展

审美活动是人类三种主要活动形态（实践活动、理论活动和审美活动）之一。就人类活动总体而言，人的全部活动都指向"每个人的自由而全面的发展"②，这一人类最高目标，都是围绕着解决人与外部世界的对立而进行的。但在不同的历史阶段和现实条件下，以上三种人类活动形态呈现出不同的特点和侧重，对于人的发展所起的作用也是不同的。因此，为了科学地把握审美活动，首先要做的工作是把审美活动放到人类活动的总体中去，考察它与其他两种人类活动形态的区别，由此窥见审美活动在人的全

---

① 参见丁磊，李西建.当代中国美学的前沿：关于实践论美学争鸣情况的述评[J].学术月刊，1995（9）：79-88.

② 马克思，恩格斯.马克思恩格斯全集：第23卷[M].中共中央马克思恩格斯列宁斯大林著作编译局，编译.北京：人民出版社，1975：649.

面自由发展，即造就"审美的人"中的独特作用。

人类活动的第一的也是最基本的形态是物质实践活动。按照《辞海·哲学分册》①的解释，实践活动即人类能动地改造自然和社会的活动，具有物质性、能动性和社会历史性三大特征。实践活动是人类全部活动的基础，作为一种物质力量，它对人的发展无疑起着基础作用。然而我们必须看到，物质实践的深入、生产力的进步只是为人的解放和发展提供了必要的前提，它既不是人类活动的全部，也不能充分完全地实现人的全面发展。因为，作为一种物质性、功利性活动，它的根本特征在于其目的的直接性，即它是直接为满足人的生存需要而进行的。因此，它必须遵循自然的必然性，不可能完全摆脱它。实践活动所能做到的只是对这种必然性的扬弃，以使它可在最适宜的条件下进行。也就是说，"这个领域始终是一个必然王国"，②因而，人类在物质生产领域所能实现的只是人类能力的有限发展，一种有限的自由。在这里，人的全面自由发展只能作为绝对的无限的追求目标存在，而真正的自由王国，"只是在由必需和外在目的规定要做的劳动终止的地方才开始；因而按照事物的本性来说，它存在于真正物质生产领域的彼岸"③。

理论活动超越了主体目的的直接性和狭隘性，在这点上它是某种程度上对实践活动的超越。理论活动以对客观世界必然性的认识和把握为指归，它不是要对世界进行改造以使之满足自己的需要，而是表现为对世界的认识和理解。因此，在这里，主体的目的性被悬置，对必然的服从成了最高原则。然而，透过这一表层，我们也可以看到，理论活动归根结底是主体对对象的把握。作为把握，便是要以主体合目的性形式加诸对象、容纳对

① 辞海：哲学分册［M］.上海：上海辞书出版社，1980.
② 马克思，恩格斯.马克思恩格斯全集：第25卷［M］.中共中央马克思恩格斯列宁斯大林著作编译局，编译.北京：人民出版社，1975：927.
③ 马克思，恩格斯.马克思恩格斯全集：第23卷［M］.中共中央马克思恩格斯列宁斯大林著作编译局，编译.北京：人民出版社，1975：626.

象、消解对象的异己性，使主体与对象得以和谐。所以，从这一层次看，理论活动与实践活动是具有同一性的，只不过，实践活动是对对象的直接的、实际的把握，而理论活动是对对象的间接的、象征性把握。而且，从根本上说，理论活动是实践活动的深化和补充，即理论活动超越了实践活动的有限性和狭隘性。也正是这一超越对人类活动有重大意义，使得人类活动从根本上与动物的生命活动区别开来。"有意识的生命活动直接把人跟动物的生命活动区别开来。正是仅仅由于这个缘故，人是类的存在物。换言之，正是由于他是类的存在物，他才是有意识的存在物，也就是说，他本身的生活对他来说才是对象。只是由于这个缘故，他的活动才是自由的活动。"①

　　然而无论是实践活动还是理论活动，都不能完成人的自由全面发展的使命。实践活动是实在的客观的活动，它以实在的方式去实现这一使命，而它本身又是有限的、直接现实的活动，因而它只能在有限的程度上实现这一无限目的。如此，目的自身的无限性和活动本身的有限性之间的矛盾就是它所无法克服的；理论活动固然超越了实践的有限性而进入无限性，但这种无限性是非主体性的无限性，它并不指向人类最高目的的实现，而是以对客观必然性的解释为本质特征，因而出现了人类活动的无限目的性理论活动游离于这一目的之外的矛盾。这两大矛盾召唤这种既超越实践活动的狭隘性和直接性，又以人类自由全面发展为最高目的的人类活动来解决，审美活动应运而生，也就是自由生命活动。

　　在这样一种意义上，审美活动成为人类活动最高形态，是人的全面发展的实现。虽然这种实现仍是象征性的实现，但通过这种主观的实现，审美活动使人在有限的实践活动、非主体的理论活动中未得到发展的能力得以象征性地发展，使人的完整性在实践活动和理论活动中被局限的得以补

---

① 马克思.1844年经济学—哲学手稿［M］.刘丕坤，译.北京：人民出版社，1979：50.

偿。这样，审美活动作为存在的未来理想之象征，一方面是对实践活动和理论活动所造成的矛盾得以否定和根除，使人类的活动与人类的全面发展理想和谐一致；另一方面是对人的最高理想的归依，使人获得完整性。这也就是审美的意义所在。

明了了审美活动在人类活动总体中的地位及相应特征，还必须对人类活动的本性加以揭示，并在这揭示中窥见审美活动的本质，这样也才能更好地理解审美活动之为自由生命活动的根据所在。

二、审美活动与人的需要

确凿无疑的事实是，生命活动是"本原性"的人类活动，即人的全部活动都是围绕着人类的生存和发展进行的，只不过区分为不同的层次。从生命活动的维度来看，审美活动位于最高层次，即人的自由生命活动。

人类活动本质上是人类的生存和发展活动，或者质言之，是人类生命活动的不断深化和完善。科学证明，生命是从非生命的物质进化而来的。人作为迄今生物进化的最高形态，是一个有机的生命体，因而其所具有的基本特性无疑就是生命活动本身，即消耗和补充给养的过程。因此，从外界摄取营养或物质，以维持自己的生存的物质实践活动，就成为生命活动的基础。这个意义上，实践只是人类生存的手段和活动方式，终究是人类生命本质的外在形态，而不是生命活动本身。换言之，实践活动所要解决的主要是人的生存问题，而生存并非人的生命活动的全部。人作为物质和精神的统一体，除了物质性的生存需要，还有精神性的发展需要。[①]发展需要的满足虽然建立在实践的基础上，却又超出了实践的范围，而主要是审美活动的目的，所以，合乎逻辑的结论是：生存和发展构成人类的生命活动，并由此生发出人的不同的活动方式，实践和审美就是其中的主要两种，

---

① 参见史可扬，班秀萍.审美需要与人的发展［J］.内蒙古社会科学（文史哲版），1994（5）：81-86.

虽然这两类活动相互渗透和包容，审美活动建立在实践活动之上（人首先要生存，然后才能求发展），但绝不能抹杀这两类活动的区别。

下面我们主要从人的需要的角度来看一下审美活动作为人的自由本性的确证，作为人的自由生命活动的本性。选择人的需要的角度来考察审美活动，不仅因为人的活动是受需要驱动的，都是围绕着人的不同需要进行的，更因为需要直接决定了人的活动的性质和层次。在什么需要的驱使下从事活动、活动又以何种需要的满足为归依，直接决定着其主体的发展程度及自由本性的实现水平："他们的需要即他们的本性。"①

毫无疑问，生存的需要，即维持人及其种族生命的需要，是人从事其他一切活动的前提。"一切人类生存的第一个前提也就是一切历史的第一个前提，这个前提是人们为了能够创造历史，必须能够生活。但是，为了生活，首先要衣、食、住以及其他东西。"②而作为生命活动的基础的实践活动就必然主要是人的谋生手段和方式。在实践活动的进行过程中，人首先碰到的就是要从自然中获取维持人生存的生活资料。因此，人与自然的矛盾是人的实践活动必须首先加以解决的。也正是在认识和改造自然的过程中，人类结成一定的群体关系，并最终形成社会，相应地出现个体与社会的矛盾。因此，在人的生存活动中，人所面临的问题就是协调人与自然、个体与社会的矛盾。换言之，从自然界获取生活资料的实践活动是受功利动机驱使的，它的目的就要最大限度地满足人的肉体生存的需要。对一切生物而言，肉体的生存都是第一位的，但动物将肉体生存作为唯一的也是仅有的目的，其群体活动也单纯是受生存需要驱使的，"动物和它的生命活动是直接同一的"，动物只是按照它所属的那个物种的尺度和需要来进行

---

① 马克思，恩格斯.马克思恩格斯全集：第3卷［M］.中共中央马克思恩格斯列宁斯大林著作编译局，编译.北京：人民出版社，1960：514.
② 马克思，恩格斯.马克思恩格斯选集：第23卷［M］.中共中央马克思恩格斯列宁斯大林著作编译局，编译.北京：人民出版社，1972：349.

塑造①。因而动物当然谈不上社会性。人之不同于动物，就在于其活动除了满足生存需要，还有其社会性，个体总是生存于社会中，并被社会所制约，个体与社会矛盾协调的好坏直接影响人的实践水平及人的生存状态和性质。这一方面决定了人的实践活动具有社会性，另一方面促使人进行伦理道德实践来解决，以使人类实践活动在最为合理的条件下进行，并保证人的自然属性和社会属性得到均衡发展。物质实践活动和道德实践活动就成为人的生存活动的基本形态。

人的生存需要的满足，仅仅是人的生命活动的最初一步，虽然是最紧要的一步。在此基础上，人还有提升和发展的需要，即还要超越自然必然性，实现自己的自由本性和目的，而这是人的审美活动所要进行的根据和所要达到的目标。从人的生命活动的角度看，审美活动就是要担负起人的感觉和个性的充分而全面的发展，即人的感性生命自由发展的重任。

当然，我们在这里并不是说人的物质实践活动中就没有审美的因素。恰恰相反，人的实践活动是渗透着审美因素和属性的，并且也是以自由为指归的。"自由不在于在幻想中摆脱规律而独立，而在于认识这些规律，从而有计划地使自然规律为一定的目的服务。"②就人的实践活动是对自然的认识和改造，并且有强烈的目的性而言，它是按照"美的规律"进行的，即按照"两个尺度进行的"③，因而，实践活动也是有自由属性的。但实践活动所具有的自由及审美属性，并不能构成实践活动的本质，即不能代替审美活动本身，更不能改变它主要是物质性的生存活动这一特性。人的真正的自由的生命活动，还有待于生命活动的进一步深化，即满足人的发展的需要。

---

① 马克思.1844年经济学—哲学手稿［M］.刘丕坤，译.北京：人民出版社，1979：50.

② 马克思，恩格斯.马克思恩格斯选集：第23卷［M］.中共中央马克思恩格斯列宁斯大林著作编译局，编译.北京：人民出版社，1972：153.

③ 马克思.1844年经济学—哲学手稿［M］.刘丕坤，译.北京：人民出版社，1979：50.

发展需要是人要实现提升自己的需要，是要在最大限度上发挥自己的潜能，实现自己的全部本质力量。具体而言，它应包括人的自然能力和社会能力的发展。自然能力是人的全部能力的基础，主要有体力、智力、情感和意志能力，尤其是知、情、意的发展。而为了使人的自然能力得到发展，还必须有社会能力的发展作为保障。因为人总是要在一定的社会关系中生存和发展的，"社会关系实际上决定着一个人能够发展到什么程度"①，社会能力的发展主要表现为人能成为社会的主体，人对社会关系的全面占有和控制。恩格斯曾说，到了共产主义，人类实现了从必然王国向自由王国的飞跃，于是"人终于成为自己的社会结合的主人，成为自己本身的主人——自由的人"②。社会能力的发展表现在人的社会关系的丰富和发展，摆脱狭隘性，以更开阔的胸襟去充分显示自己的聪明才智、扩展自己的社会交往，在与社会和他人的关系中确证自己、实现自己、得到社会和他人的尊重。审美活动的目标，就是造就这样一种新人。

生存和发展需要体现出人的需要的步步深入和提升，物质实践活动、伦理道德活动和审美活动，也因而体现着人的生命活动的步步提升。"这些需要是以一种层次的和发展的方式，以一种强度和先后的次序，彼此关联起来的……所有这些基本需要，简直可以说是通向一般自我实现道路上的阶梯，所有的基本需要，都可以纳入这个阶梯之中。"③作为自我实现的需要，审美需要处于这个阶梯的终端④，审美需要就产生于生存需要满足之

---

① 马克思，恩格斯.马克思恩格斯全集：第3卷［M］.中共中央马克思恩格斯列宁斯大林著作编译局，编译.北京：人民出版社，1960：443.

② 马克思，恩格斯.马克思恩格斯选集：第23卷［M］.中共中央马克思恩格斯列宁斯大林著作编译局，编译.北京：人民出版社，1972：443.

③ 马斯洛，等.人的潜能和价值：人本主义心理学译文集［M］.北京：华夏出版社，1987：73.

④ 本书不想随马斯洛将人的需要层次划分得过于琐碎，反而无益于理论的清晰和实质性的掌握。笔者行文中一直把审美需要与自我实现需要归为一个层次，即二者不过是对最高需要层次的两种不同表述而已。

后必然出现的"更高极"的需要。这种"高级需要"的满足比低级需要的满足更接近自我实现。"高级需要的追求导致更伟大、更坚强以及更真实的个性。"①

当然，生存和发展是一个互渗的系统，二者并不是截然割裂的。在一定阶段上，往往会出现两种需要的并存。所以，"就他所关心的范围来说，这个与生活同义的、绝对的、终极的价值，就是在特定时期内支配他的、需要阶段上的任何一种需要。因此，这些需要或基本价值，既可以看作目的，也可以看作达到一个终极目的的手段"，但是，"的确有一个单独的、终极的价值，或者说人生的目的"②。审美需要就在此，审美活动就由此生发。

审美活动这一价值和全面性，决定了审美活动的价值和丰富全面性，处于审美活动中的人也就必然是丰富全面的，这也正是人与动物相区别，人从"非人"中解放和提取出来的根本点之一。人真正成为人，人自身的个性和力量的全面发展，只有在他的劳动生产力发展到超出自然存在的需要的满足后才有可能。"忧心忡忡的穷人甚至对最美丽的景色都无动于衷；贩卖矿物的商人只看到矿物的商业价值，而看不到矿物的美和特性"③，"囿于粗陋的实际需要的感觉只具有有限的意义"④。也就是说，人作为一个完整的人，是"一切属人的感觉和特性的彻底解放"⑤，只有在"对对象化了

---

① 马斯洛，等.人的潜能和价值：人本主义心理学译文集［M］.北京：华夏出版社，1987：203.

② 马斯洛，等.人的潜能和价值：人本主义心理学译文集［M］.北京：华夏出版社，1987：74.

③ 马克思.1844年经济学—哲学手稿［M］.刘丕坤，译.北京：人民出版社，1979：51.

④ 马克思.1844年经济学—哲学手稿［M］.刘丕坤，译.北京：人民出版社，1979：79.

⑤ 马克思.1844年经济学—哲学手稿［M］.刘丕坤，译.北京：人民出版社，1979：78.

的人和属人的创造物的感性的占有，不应当仅仅被理解为享有、拥有"，
"而是'对物的'需要和享受失去了自己的利己主义性质，而自然界失去
了自己的赤裸裸的有用性，因为效用成了属人的效用"①的前提下才是可
能的。真正的审美活动，也正是超出了满足自然需要的活动。在这里，人
自身的活动、对象及产品向人显示出它们是人的自由本性的追求，是人的
全面完整性的确证。同时，伴随着美与实用功利的分离，对人自身的本质
力量的自由运用和发展的追求成了人的活动的本质特征，它本身就有其
价值。

三、审美活动的特征

从人类活动的总体维度对审美活动的静态逻辑分析和由人的需要的发
展阶段入手，对审美活动的动态历史考察使我们得出两个结论：审美活动
是对人类实践活动及理论活动片面性和狭隘性的弥补，是自然必然性与人
的目的性的有机协调；审美活动超越了人类生存需要满足阶段而进入自由
发展领域。由这两个结论，我们合乎逻辑地推论出审美活动的如下特征。

第一，审美活动是自由的活动，它是按照"美的规律"进行的。所谓
自由活动，必须有三个前提条件才可实现，即人与自然的统一，个体与社
会的协调以及人的需要已超出了实用功利的满足，这几乎是不证自明的题
中应有之义。我们从以上的分析可以看出，审美是满足了这三个前提条件
的，不再赘述。

第二，审美活动是价值活动，它的活动领域是意义的世界。按照新
康德主义的弗赖堡学派的观点，世界可分为两部分：事实世界和价值世
界，前者即经验世界，在这个领域所涉及的都是经验事实，并无主观的因
素，因而也无情感和意志夹杂其中；而在价值世界，情感和意志却起着决

---

① 马克思.1844年经济学—哲学手稿［M］.刘丕坤，译.北京：人民出版社，
1979：78.

定性的作用，人对于对象要根据个人的意志、爱好和情感等做出评价，对象也因此对主体呈现出情感价值。无疑，审美活动正是价值世界的活动，它并不追求如自然科学那种可量度的经验事实的客观有效性和确定性，而是客体对于主体的"意义"及情感价值。在审美活动中，情感自始至终扮演着关键性的角色，正是经由情感的体验，世界向人充分地敞开，其意义和价值向人显现和生成。在这儿或那儿，人与世界的关系不再是单纯的改造和被改造或者反映和被反映的关系，更非二元对立，而是生命与世界的交融和交流，人领悟着大地的意义，倾听着审美传达出的"诗意"的呼唤。

第三，审美活动既可能是现实的肯定力量，但更可能是现实生活的否定和超越。它的产品对它的体验不仅有优美和愉悦，更可能有怪异和荒诞、变形和焦虑。尤其在人类文明一方面给我们带来极大的物质财富和技术理性，另一方面又使人性日益扭曲，人生诗意屡遭侵蚀的当今，更需要审美活动的这种否定和超越。

人类曾一度过于相信其理性的力量，也曾满足于其认识和征服外部世界的伟绩，艺术家们也习惯苦寻"高贵的单纯，静穆的伟大"式希腊艺术精神，单纯、优美、和谐成了艺术创作之鹄。然而，曾几何时，理性崩溃了，人类从掌握自己命运的英雄而落入渺小可悲的局外人、单面人，甚至甲壳虫，人被"抛入"这个世界就陷于"沉沦"，失落、挫折、孤独、荒谬等代替了崇高、神圣和自尊……此时，审美活动担负起它"救赎"的重任，导引人类否定和超越这现实，走向无限和永恒。

第四，审美活动是生命之流，它不是仅仅存在于艺术家的操作中，也不是要把人们领入凝固的博物馆或画廊。美不是如形而上学所说的"实体"，性质的存在物，它并不能靠诉诸知识尤其是理性认识对之进行思考和把握，甚至"美的本质"之类问题本身就是虚假的。

建立在笛卡尔二元论基础上的近代哲学思维方式本身就大可怀疑，传统美学以主客二分为根基的美、美感、艺术"是什么"式的追问及相应的体系即便不是美学的误区，也至少妨碍了人类对自身生命活动本身的美和意义的领悟。我们必须要说，美就是世界的意义，就是自由生命活动本身。人生是生生不息的过程，生命的意义和美时时刻刻都在生成和显现，诚如歌德所说"生活中不是缺少美，而是缺少发现"；生命是不可重复的，其行程中的每一次颤动都是"唯一"，重要的是充分发掘其中的意义，领悟并追求人生的诗意，使生命本身变成一条奔腾不息的美之流，这就是在进行审美活动，这也就是人生的诗化、诗化的人生——我们沐浴在长空之下，挺立于大地之上，倾听着"神性"的呼唤，憧憬并享受着诗意的人生。

第二章　自然美

自然美，狭义指自然物的美，如日月、山河、花木、鸟虫等的美以及人体美，也指与艺术美相对的未经艺术加工的自然界和社会生活中的事物的美。本书是在狭义上使用自然美这一概念。

第一节　自然美的本质

有的美学家认为，自然美独立于人类社会生活之外，为自然界事物本身所固有的某种属性。如意大利塔索认为自然本身存在着美，英国伯克认为美是自然物体本身所具有的某些性质。有的美学家认为自然事物本身无所谓美，自然美是人们意识活动的结果。如黑格尔认为自然美只是心灵美的反映，是一种不完全不完善的形态；车尔尼雪夫斯基则认为自然美在于自然事物对人生的意义或暗示；马克思主义美学认为人类通过以生产劳动为核心的社会实践，既改造了自然，又实现了人类自己，使自然成为"人化了的自然界"，自然美的产生是自然人化的结果。

国内美学界，与在美的本质问题上的看法相联系，有如下三种观点。

一、典型说

典型说，即认为自然美在自然事物本身，事物的个别性显现其种类一般性，就是美的，与人类社会和生活无关。

蔡仪等人持此说，认为："所谓自然美是不参与人力的纯自然产生的事物的美"①，"自然事物的美是在于它的个别性充分地、显著地表现着种属的一般性。这说的就是它的各种属性条件之间的一种统一关系，并不是说美就是它的某种或某些自然属性本身，如所谓数学的、机械的、物理的、生物的自然属性本身，也是很显然的"②。

这种关于自然美的看法，是建立在唯物主义认识论基础的。但是，审美不能简单地等同于认识活动，而且自然的物理属性和审美属性是不同的，前者可以离开人而存在，但后者必须有人的活动才显现，正如柳宗元所说"美不自美，因人而彰"；再者，把自然美看作典型性，也与实际相悖，自然之美，有时恰恰是因其不典型，如奇、怪、险的自然美；即便自然美在其典型性，那么，这个典型的获得，也不能离开人。

二、意识形态论

自然美是意识形态性的，这种观点认为自然投合了人的主观意识，才使人产生美感。朱光潜持此说。

朱光潜说："美不仅在物，亦不仅在心，它在心与物的关系上面。"他进一步指出，心物之间的关系并非"在物为刺激，在心为感受，它是心借物的形象来表现情趣"③。他强调心物之间的关系并不是机械、被动的应激反应，而是要展示出人的性格、情趣、情感。

此种观点具有很强的说服力，但也正如李泽厚所说，自然和人统一的基础，需要进一步阐释。

---

① 蔡仪.蔡仪文集：第1卷［M］.北京：中国文联出版社，2002：329.
② 四川省社会科学院文学研究所.中国当代美学论文选：第2集［M］.重庆：重庆出版社，1984：6.
③ 朱光潜.朱光潜全集：第1卷［M］.合肥：安徽教育出版社，1987：346-347.

三、社会实践论

社会实践论，以李泽厚为代表的实践派持这种观点，认为自然美是社会实践的产物。

李泽厚引用马克思《1844年经济学—哲学手稿》中"自然的人化"说，认为在马克思唯物实践观基础上的"自然的人化"，主要是指人类的物质实践活动，通过物质实践活动改变人与自然的关系，使其成为人化的对象，才有自然美从中产生："人类在漫长的几十万年的制造和使用工具的物质实践中，劳动生产作为运用规律的主体活动，日渐成为普遍具有合规律的性能和形式，对各种自然秩序、形式规律，人类逐渐熟悉了、掌握了、运用了，才对这些东西具有了审美性质。自然事物的性能（生长、运动、发展等）和形式（对称、和谐、秩序等）是由于同人类这种物质生产中主体活动的同形同构才进入美的领域的。因此，外在自然事物的性能和形式，既不是在人类产生之前就已经是美的存在，就具有审美性质，也不是由于主体感知到它，或把情感外射给它，才成为美……美的根源出自人类主体以使用、制造工具的现实物质活动作为中介的动力系统。它首先存在于、出现在改造自然的生产实践的过程之中。"① 也就是说，"自然的人化"是自然美的根源和本质。

他认为"自然的人化"有狭义与广义之分，广义的"自然的人化"是在狭义的"自然的人化"的基础上发展而来的，是使人与自然界关系发生根本改变的原因，那些未经人类改造过的自然美是广义的"自然的人化"结果，如花鸟能为人欣赏等："所谓人化，所谓通过实践是人的本质对象化，并不是说只有人直接动的、改造过的自然才'人化'了，没有动过、改造过的就没有'人化'，而是指通过人类的基本实践使整个自然界逐渐被人征服，从而与人类社会生活关系发生了改变，有的是直接的改变（如荒

---

① 李泽厚.华夏美学·美学四讲［M］.增订本.北京：生活·读书·新知三联书店，2008：279-280.

地被开垦、动物被驯服），有的是间接的改变（如花鸟能为人欣赏），前者常常是外在自然形貌的改变，后者却更多是内在关系的改变，而这些都属于‘人化’的范畴……正是在这个普遍的、整个社会历史发展的整个成果的基础上，我们才能爱荒凉的河岸。”①

李泽厚关于自然美的观点，在我国美学界影响最大，也相对更合理些。但是实践只解决了自然美产生的基础，即人与自然关系由"异己"的转变为"为我"的，对自然美的性质和特征，仍然需要进一步细化和深入。

第二节　人类认识自然美的三个阶段

自然美的主要特点是侧重于自然物的物质形态，以自然的感性形式直接唤起人的美感，它和社会功利的联系较为曲折。自然美是人的审美对象和美感的源泉之一，是艺术表现的对象之一。

一、致用阶段

致用，或者说实用、功利，即对人有用的才是美的。朱光潜先生指出："在起源阶段，美与用总是统一的。从石器时代起，自然事物就已出现于艺术品（主要是手工艺品，如生产工具、斗争工具、生活日用品、装饰品之类），而这些在艺术品中出现的自然事物，总是与作者所属部落的生产方式或职业有关。渔猎民族的艺术运用自然事物为‘母题’时，那些事物总是与渔猎生活有关，例如法国玛德伦（La Madaleine）岩洞中的壁画就是专画当地原始部落的狩猎对象，特别是鹿。猎人在所住岩洞里画他们所获得的猎物，一则是庆功，一则是研究猎物形态，增进狩猎的知识和技能。"②

---

① 李泽厚.李泽厚美学旧作集［M］.天津：天津社会科学出版社，2002：107.
② 朱光潜.朱光潜全集：第10卷［M］.合肥：安徽教育出版社，1993：224.

比如，原始游牧民族对满山的花草无动于衷，却用动物的皮、角、牙等来装饰，因为这些东西是游牧民族的生活必需品和勇敢的标志；巴西河岸的鱼的图形与河鱼的同类，说明他们画这些"绘画"的目的，是指示河里有同类的鱼可供食用；农业社会的植物成为装饰等，也具有同样的含义。这都说明美是附丽于实用和生存的。

二、比德阶段

所谓"比德"，就是以自然景物的某些特征来比附、象征人的精神品格和道德情操。通过"比德"，自然美与人的道德观念、精神生活发生联系。

比德现象在世界范围内广泛存在，在我国，比德说是春秋战国时期出现的一种自然美观点。其基本意思是：自然物象之所以美，在于它作为审美客体可以与审美主体"比德"，即从中可以感受或意味到某种人格美。在这里，"比德"之"德"指伦理道德或精神品格，"比"指象征或比拟。比德说的出现，在中国美学史上具有划时代的意义。因为人与自然之间出现精神性的关系，自然美观点才可能产生。

孔子是比德说的代表，《论语·雍也》："知者乐水，仁者乐山；知者动，仁者静；知者乐，仁者寿。"孔子把知者、仁者与自然界中最常见的山水联系在一起，说明了知者有着水一样的宁静、优雅，仁者有着山一样的静穆、无私，也正是这样的比喻，才能让人更加生动形象地感受到大自然的美，将没有固定形式的美转化成了具有社会性、固定形式的美，显示出了自然美的实质。

北宋理学家周敦颐《爱莲说》说莲花"出淤泥而不染，濯清涟而不妖"，以莲花的形象和品质，赞美人的高洁人格。

再如，"梅兰竹菊"是中国文人画的常见题材，被誉为"四君子"："梅令人高，兰令人幽，菊令人野，莲令人淡，春海棠令人艳，牡丹令人豪，蕉与竹令人韵，秋海棠令人媚，松令人逸，桐令人清，柳令人感。"①

西方美学中也有类似的看法，如康德的"美是道德的象征"说，把美与道德结合在一起：审美作为道德的象征，是通往道德的阶梯。一个对美有着赏鉴和追求的人很难不同时是有德行的。审美判断没有利害性，但它会导向一种道德兴趣，而这种道德兴趣在趋向道德律以后，又会反过来激发我们对美的敏锐感受，引导我们对美的鉴赏进入更高层次。审美是通往道德的阶梯。

总之，"比德"思想的核心，就是将"自然物"人格化、伦理化。"自然物"经过与人类道德、品性的"比"，具备了浓厚的伦理性和社会性。

这一理论，可以说从一个角度初步揭示了自然美的本质，也说明了某些自然事物之所以成为审美对象的原因，这是它的历史功绩。但是，这一理论明显有"以偏概全"之嫌，许多自然美现象并非比德可以解释，自然美自身的独立性和特性，也被忽视了。

三、畅神阶段

畅神，即欣赏自然本身的美，对人的精神情感产生愉悦作用。"一般认为，中国人对于自然美的发现，是在魏晋时期"②，而魏晋时期是中国历史上非常特殊的时期：政治和社会的混乱带来思想和艺术的大解放。"出门无所见，白骨蔽平原"，加之谶纬经术等崩溃，人生意义、价值问题凸显出来，如曹操《短歌行》中慨叹："对酒当歌，人生几何！譬如朝露，去日苦多。慨当以慷，忧思难忘。何以解忧？唯有杜康。"追求恬淡，反对"人为物役"，如陶渊明的《饮酒》诗之一："结庐在人境，而无车马喧。问君何能尔？心远地自偏。采菊东篱下，悠然见南山。山气日夕佳，飞鸟相与还。此中有真意，欲辨已忘言。"该诗寄情

---

① 张潮.幽梦影［M］.王峰，评注.北京：中华书局，2008.
② 叶朗.美学原理［M］.北京：北京大学出版社，2009：191.

山水，诗人以己之澄明的心胸，拥抱万壑竞秀的自然，表现出精神和人格之美。

诚如宗白华所说："晋人以虚灵的胸襟、玄学的意味体会自然，乃能表里澄澈，一片空明，建立最高的晶莹的美的意境！司图空《诗品》里曾形容艺术心灵为'空潭泻春，古镜照神'，此境晋人有之，王羲之曰：'从山阴道上行，如在镜中游'！心情的朗澄，使山川影映在光明净体中！"① "人向外发现了自然，向内发现了自己的深情。山水虚灵化了。陶渊明、谢灵运这般人的山水诗那样的好，是由于他们对于自然有一股新鲜发现时身入化境浓酣忘我的趣味；他们随手写来，都成妙谛，境与神会，真气扑人。"②宗白华的这些分析极富启发，它启示我们：自然美的发现，对自然美的欣赏，离不开人的心灵，也离不开人的精神。

魏晋时期，出现了中国绘画史上第一篇山水画论，宗炳的《画山水序》，既是一部绘画理论著作，也是一篇美学文献，对理解自然美欣赏的三个阶段尤其是畅神阶段，非常有启发：

> 圣人含道映物，贤者澄怀味象。至于山水，质有而趣灵……夫圣人以神法道，而贤者通；山水以形媚道，而仁者乐……夫以应目会心为理者，类之成巧，则目亦同应，心亦俱会。应会感神，神超理得……圣贤映于绝代，万趣融其神思。余复何为哉？畅神而已。神之所畅，孰有先焉？

这里提出的形而上的"道""理""神"等观念，山水画中的"畅

---

① 宗白华.论《世说新语》和晋人的美［M］//美学散步.上海：上海人民出版社，1981：179-181.

② 宗白华.论《世说新语》和晋人的美［M］//美学散步.上海：上海人民出版社，1981：183.

神"思想，"以形媚道""应目会心"等，虽然是谈绘画，也是在谈美。

比较起来，"畅神说"更接近对自然美的认识的美学实质。

第三节　自然美的层次

自然美主要是以其感性形式引起审美愉悦，在感性愉悦的基础上，上升到情感层次、精神层次，也可以说，自然美可以满足人三个层次的审美需要，即感官层次、心意层次和精神人格层次。宗炳在《画山水序》有"应目""会心""畅神"说，当代美学家李泽厚有美感的"悦耳悦目""悦心悦意""悦志悦神"层次说，都说的是这个意思。

一、感官快适

感官层次的审美愉悦是审美对象刺激主体的感觉器官起的最初的情绪激动。这种美感形态，通常以直觉为特征。主体在与审美对象的直接交融中，不假思索便可以感受对象的美，同时唤起感官的满足与喜悦，正如英国经验主义美学家夏夫兹博里所言："眼睛一看到形状，耳朵一听到声，就立刻认识到美、秀雅与和谐"①。

一般说来，感官层次的审美愉悦是最普遍的审美感受层，是由自然的形式美引发。而感官的愉快毕竟离不开生理的欲望甚至官能的需要，而且往往是由这种生理欲望和需要直接引起，带有短暂性和变异性。

自然形式美体现在结构美、色彩美、动态美、听觉美等方面。结构美，指自然界的各种形式因素，如地形、山水、植被、色彩、声音、动物等及其有规律的组合，构成了形式纷繁、多姿多彩的自然景观。风景的各种形象因其组合方式契合美的法则，景物就美，契合程度越高，景物就越美。

---

① 北京大学哲学系美学教研室.西方美学家论美和美感［M］.北京：商务印书馆，1980：95.

色彩是构成客观世界的最普遍因素，色彩美是最易于被人直观、感受的美，"等闲识得东风面，万紫千红总是春"（朱熹《春日》）、"日出江花红胜火，春来江水绿如蓝"（白居易《忆江南》）、"接天莲叶无穷碧，映日荷花别样红"（杨万里《晓出净慈寺送林子方》）、"碧玉妆成一树高，万条垂下绿丝绦"（贺知章《咏柳》）等，都表现了事物的色彩。自然风景的动态美主要是由流水、波涛、飞瀑等构成，"日暮苍山远，天寒白屋贫"（刘长卿《逢雪宿芙蓉山主人》）、"日照香炉生紫烟，遥看瀑布挂前川"（李白《望庐山瀑布》）、"野旷天低树，江清月近人"（孟浩然《宿建德江》）、"白日依山尽，黄河入海流"（王之涣《登鹳雀楼》）、"无边落木萧萧下，不尽长江滚滚来"（杜甫《登高》）等，都写出了自然景物的动态之美。自然界充满了各种声音，以其不同的音质、音色、组合构成听觉美。"漠漠水田飞白鹭，阴阴夏木啭黄鹂"（王维《积雨辋川庄作》）、"人闲桂花落，夜静春山空"（王维《鸟鸣涧》）、"鸡声茅店月，人迹板桥霜"（温庭筠《商山早行》）、"绿杨烟外晓寒轻，红杏枝头春意闹"（宋祁《玉楼春·春景》）。

自然美还表现出不同的风格类型，主要有雄、秀、奇、险、幽、奥等方面。所谓雄，就是粗犷壮美、气势磅礴的自然景观，如波澜壮阔的海洋、巨大的火山爆发。山势的雄伟是此种形象的最具代表性的景观，如五岳之首的泰山，就以雄伟高大而闻名于世。所谓秀，就是柔和秀丽、优美妩媚的自然景观。此种风景往往能使人产生一种心旷神怡、精神愉快的美感效果，如四川峨眉山、杭州西湖等。所谓奇，就是形态奇特的自然景观。此种自然风景最容易使人浮想联翩，唤起审美主体对生活的联想，如黄山的奇松怪石、云海佛光等。所谓险，就是那些使人惊心动魄、险象环生的景观。此种自然风景能使人产生好奇心和豪情壮志，坚定征服自然的决心和意志。所谓幽，就是景色隐蔽、僻静，幽美的自然风景区一般都呈封闭或半封闭状态，如山谷、盆地，再有高大的树木遮天蔽日而形成的秘境空间，如位于四川境内的青城山，有"青城天下幽"之称。所谓奥，就是某一地方的腹地深处，从自然风景的角度就是深奥莫测、变化无穷，湖南西北部的武陵源，是奥的代表。

二、情操陶冶

情操陶冶是指人们欣赏自然时所产生的心理上的愉悦。人们欣赏山水、花草，不仅追求形色的悦目，还追求对自然意境和自然生命力的感悟。在这个层次上，审美主体在观照具有审美价值的感性形象时，由于通感、联觉、记忆、联想、想象、体验情感和理解等心理功能的撞击感应，交相引动，于无目的中偶然直观地领悟对方某些较为深刻的意蕴，审美愉悦从低级的生理快感升华为高级的心理愉悦，表现为一种会心的欣喜、一种既摆脱了生理欲望又摆脱了实用功利的心理意识的怡然自得。主体的一切喜怒哀乐，皆与对象的情状相沟通、相融合，这是主体与客体在心意层次上的高度融合，这种悦心悦意的体验是一种宗炳所谓"意会"，在很多情况下，它很难形之于语言，人们通常用"只可意会，不可言传"这句话来表述。

三、境界提升

境界提升即精神人格层次上的审美愉悦。

精神人格层次上的审美愉悦一般见之于对崇高对象的欣赏之中，包含众多的理性因素。在这一层次上，主体超越了有限的物理空间和时间，而进入无限心灵时空之中，在终极的境界中，似乎窥见了宇宙本体，聆听到了神性的召唤，发现了人生真理的领悟，类似宗教的"顿悟""与神同在"，因而往往表现为人格的震动、灵魂的敬畏。这种美感形态之所以高级而深刻，是因为它体现了主体大彻大悟，从小我进入大我的超越感，体现了个人与对象（自然的、社会的和艺术的）的高度和谐统一。按传统的自然山水审美论，就是"天人合一"，就是人与大自然完全融合的"物化"。庄子《齐物论》的描述，就是这个境界："昔者庄周梦为蝴蝶，栩栩然蝴蝶也，自喻适志与，不知周也。俄然觉，则蘧蘧然周也。不知周之梦为蝴蝶与，蝴蝶之梦为周与？周与蝴蝶，则必有分矣。此之谓物化。"在这里，自然物有了人格象征，而人的心情也充满自然的意趣。庄子在第一自然中发现出第二自然。此后，他以"天下为沉浊，不可与庄语"，成为超越现实，寄思寄情于广袤之野的自由精神的"神人"。庄子的这种"天人合一"的"物化"的审美思想在后世得到了深化，指一种精神人格层次上的审美愉悦，是一种激荡不安、奋发向上的，感性中寓有理性的审美感受，无疑这是一种在崇高的基础上寻求超越与无限的最高审美层次。

宗白华所揭示的晋人对自然美的欣赏，就带有这样的意蕴："晋宋人欣赏山水，由实入虚，即实即虚，超入玄境。当时画家宗炳云'山水质有而趣灵'，诗人陶渊明的'采菊东篱下，悠然见南山'，'此中有真意，欲辨已忘言'；谢灵运的'溟涨无端倪，虚舟有超越'；以及袁彦伯的'江山辽落，居然有万里之势'。王右军与谢太傅共登冶城，谢悠然远想，有高世之志。荀中郎登北固望海云：'虽未睹三山，便自使人有凌云意。'晋宋人欣赏自然，有'目送归鸿，手挥五弦'，超然玄远的意趣。这使中国山水画自始即是一种'意境中的山水'。宗炳画所游山水悬于室中，对之云：'抚琴动操，欲令众山皆响！'郭景纯有诗句曰：'林无静树，川无停流'，阮孚评之云：'泓峥萧瑟，实不可言，每读此文，辄觉神超形越。'这玄远幽深的哲学意味深透在当时人的美感和自然欣赏中。"[①]

晋人酷爱自己精神的自由，才能推己及物，有着意义伟大的动作。这种精神上的真自由、真解放，才能把我们的胸襟像一朵花般展开，接受宇宙和人生的全景，了解它的意义，体会它深沉的境地。近代哲学上所谓"生命情调""宇宙意识"，遂在晋人这超脱的胸襟里萌芽起来（使这时代容易接受和了解佛教大乘思想）。"卫玠初欲过江，形神惨悴，语左右曰：

---

① 宗白华.论《世说新语》和晋人的美［M］//美学散步.上海：上海人民出版社，1981：179.

'见此茫茫，不觉百端交集，苟未免有情，亦复谁能遣此？'后来初唐陈子昂《登幽州台歌》：'前不见古人，后不见来者。念天地之悠悠，独怆然而涕下！'不是从这里脱化出来？而卫玠一往情深，更令人心恸神伤，寄慨无穷。"①

从对自然的欣赏中，获得哲理性的感悟，是自然美感，也是一切美感的最深层次。

第四节　自然美的特点

关于自然美的特点，方家总结的详略不一，本节综合各家意见，可以归纳出如下几点达成共识的看法。

一、共同美的因素比较明显

共同美，即超越时代、国家、民族与阶级的界限，为不同时代、国家、民族与阶级的人们所普遍欣赏的最广泛的美。

自然作为审美对象，本身既不带阶级色彩和思想感情，形象、色彩等又对人们的身心有较普遍的适应性，或者和人们的历史有些渊源，如长城、西湖等，都和人们有着相当广泛的联系，易于引起人们的美感，从而成为共同美的审美现象。

二、多面性和美丑二重性

由于自然美是以自然物为基础，而非人类有意识创造的结果。因此，自然物的属性是多方面的，自然物与人类的社会生活联系也是广泛而复杂

---

① 宗白华.论《世说新语》和晋人的美［M］//美学散步.上海：上海人民出版社，1981：183.

的。自然物的美在一定条件下、在与人类社会生活的特定联系中，其不同侧面会得到这样那样的显示。正是自然物属性的多样性，造成了自然美的联想性。因此，自然美也是具有多方面性和易变性。例如桃花，人们往往喜爱其艳美，故桃花常常让人联想到美貌的少女。但是，由于其易于凋零，又让人联想起爱情的易变与不贞。再比如玫瑰，其艳丽的色彩往往让人们将玫瑰视为对爱情的象征，而其带刺的茎秆，又使人们从中看出了爱情中的痛苦与挫折。

三、形式因素突出、内容隐晦

自然美的一个突出的特征，就是形式美占据主要的地位。一切的美都要求内容与形式的统一。但是相对于艺术美是以艺术家的创作为基础而产生的内容与形式的高度统一，社会美中的内容比形式更占据分量，而自然美则形式的地位就更加突出。

自然美侧重于形式美，其产生的根源还是其物质基础的差异。由于自然物是由自然生成的，并不像艺术美一样是人类有意识加工的结果。自然美的形式，可以激起人们强烈的审美感受。人们因此也常常自然而然地重视自然物的外在形式，而忽略了其隐含的内容。例如我们在欣赏钱塘江美景的时候，往往被其气势磅礴的大潮所吸引，感到刺激、兴奋。但是很少有人能够明确地意识到其背后的意蕴。此外，人们往往由于外在形式对自然物加以判断，更看重外在形式，而并不关心其功利性和对社会生活的作用，从而会产生与人类生存、生活偏差的审美。例如，蝴蝶，其幼虫绝大部分是对农作物有害的，但是它外在的形式却往往讨人喜爱。

第三章　社会美

社会美，指社会事物或社会生活的美。

人是社会的主体，因此社会美的核心是人的美。古希腊柏拉图关于心灵美与身体美和谐一致是最美的境界及美的制度知识的论述，亚里士多德关于美是一种以行为为主的善的论述，德国美学家席勒关于通过审美教育造就"审美的国度""理性的人""审美的人"的论述，都触及了社会美的基本问题。

第一节　人体美

社会美中，人的美是中心，与自然美不同，社会美以内容为基础，是真和善的统一，人体美和内在美的统一。

人体美总体标准：符合或适应人类向上的生活需要和实践需要，所以"典型"或"常态"是人体美的客观总体标准。

一、中国人体美观的史料

女性人体美是人体美的集中体现。对女性人体美的认识，反映了一个民族的审美观。

中国文献中鲜见关于人体美的论述，可见的有以下几例。

《诗经·国风·卫风·硕人》开启了后世用比喻来写美人的先河，历来备受人们的推崇和青睐："手如柔荑、肤如凝脂、领如蝤蛴、齿如瓠犀、螓首蛾眉，巧笑倩兮，美目盼兮。"以七个生动形象的比喻，细致地刻画了一个美人的形象——柔软的纤手、鲜洁的肤色、修美的脖颈、匀整洁白的牙齿、丰满的额角和修宛的眉毛。而且，以"巧笑倩兮，美目盼兮"二语，使人物鲜活起来，赋予了人物动态之美。

战国时期楚国文学家宋玉的辞赋作品《登徒子好色赋》中，运用烘托的手法描绘了一位美女："天下之佳人莫若楚国，楚国之丽者莫若臣里，臣里之美者莫若臣东家之子。东家之子，增之一分则太长，减之一分则太短；著粉则太白，施朱则太赤；眉如翠羽，肌如白雪；腰如束素，齿如含贝；嫣然一笑，惑阳城，迷下蔡。"

南朝刘义庆的《世说新语·容止篇》，是对当时一些名士容貌举止的描绘，可以从以下四个方面概括：一是"面貌"之美，多用"玉""璧"形容："时人目夏侯太初朗朗如日月之入怀，李安国颓唐如玉山之将崩"，"嵇康身长七尺八寸，风姿特秀。见者叹曰：'萧萧肃肃，爽朗清举。'或云：'肃肃如松下风，高而徐引'"。"山公曰：'嵇叔夜之为人也。岩岩若孤松之独立；其醉也，傀俄若玉山之将崩。'""裴令公有俊容仪，脱冠冕，粗服乱头皆好。时人以为'玉人'。见者曰：'见裴叔则如玉山上行，光映照人。'"二是眼、手、肌肤之美："裴令公目王安丰：'眼烂烂如岩下电。'"三是神韵、气象："海西时，诸公每朝，朝堂犹暗；唯会稽王来，轩轩如朝霞举。"四是魅力："有人叹王恭形茂者，云：'濯濯如春月柳'"，"时人目王右军：'飘如游云，矫若惊龙'"。

可见，中国有关人体美的看法，大多是通过文学手法表达，虽有描述，终乏实证，犹如雾里看花，和西方的人体美观念的技术化、细节化表述，差异很大。

二、人体美的构成要素

容貌和体型是构成人体美的两大要素。

（一）容貌美

美的容貌是五官和面型的匀称、均衡、协调、典型，是各结构之间比例的适度，是形式美法则在人体美中的最集中反映。

匀称和均衡的容貌和身体意味着身心健康、没有遗传缺陷，从而能够提高容貌吸引力。协调是指人的美貌来自面部各器官的和谐、统一。美貌整体上给人的知觉，并不是各单个器官之美相加的和，而是体现了远比这"和"大得多的"完形"效应。典型是指美的脸是具有普遍认同的美的特征的脸。靓女是额头饱满、嘴唇丰满、颌骨短小和下巴尖细；俊男是颌骨宽大、下巴较宽和眉毛粗浓。女性脸庞以窄为美，男性脸庞则以宽为美。这也就是说，人们所遵循的审美标准的基本元素应是相同的。

（二）体型美

1.和谐匀称

人体之美在于它有惊人的和谐匀称之感。从结构上看，人体基本上是两两对称：两眼、两耳、两乳、两臂、两腿；而人的肚脐处于正中，心脏则位于身高的黄金分割处。新陈代谢，依照生物钟的频率；呼吸心跳，遵循生理场的节奏。人体的摆动、屈伸、跳跃、滚动、旋转等运动，展示出节奏和韵律。这些动作的敏捷与优美，正是人体自然匀称的发展的标志。

2.比例适度

比例是衡量人体美的一个重要尺度，如古希腊雕塑《荷矛者》头与人体之比为1:7，《刮汗污的运动员》头和身体的比例为1:8，这一比例长期被视为美的人体比例。

人体比例的黄金分割率（比值为0.618）为依据，即以肚脐为分界点，上半身与下半身之比应是0.618，或者说近似于5:8。人的上身长度（从头顶到耻骨联合上边缘的距离）与下身长度（从耻骨联合上缘至足底的距离）

比例应大致相等。人的身高与脸长的比例大约为8∶1，乳头至脐的距离与脸长的比例为1∶1，腋中线至第一腰椎的距离与脸长的比例为1∶1，双额峰连线与脸长（头顶至颏下点）的比例为1∶2。

达·芬奇曾总结了一套标准的人体比例：头长是身高的1/8；肩膀最宽处是身高的1/4；平伸两臂的宽度等于身长；两腋的宽度与臀部宽度相同；乳部与肩胛骨在同一竖线上；大腿正面厚度等于脸的宽度；人跪下时高度减少1/4；卧倒时剩下1/9；两腿之间的距离等于一只眼的长度；耳朵与鼻子的长度相等。

中国关于人体美的比例有一个口诀：三庭、五眼、三匀、站七、坐五、盘三半。三庭指脸的长度比例。一个人的脸由发际至印堂为上庭；由眉至鼻的下端为中庭；由鼻的下端至下颏为下庭。这三庭基本相等，人的脸长即为此三庭之和。五眼指脸的宽度有五个眼宽。两眼之间的宽度为一个眼的宽度，两眼左右各加一眼宽，共五眼。三匀指左右面颊各约一个嘴的宽度，谓之三匀。站七指人站立时的全长有七个头高。坐五指人坐时有五个头高。这一点从侧面暗示由臀至膝盖为二个头长。盘三半，即人盘膝而坐时为三个半头高。

3.健康完整

健美的形体包括强壮的体魄、匀称的体态和良好的体姿，而平静稳定的心态是健美的基础。健美是体魄、体态和心态的完美统一。肌肉结实、健壮有力、反应敏捷、动作灵活、身体强悍、充满活力等，这些是构成健美人体不可缺少的重要因素。

男性美的观念，历来是以阳刚健壮为上，因此，男性的健美是十分自然而然的，它是男性内质的延伸与扩展。传统女性以柔弱、优雅、娇嫩为美，现代女性是以健美匀称为标准。女性的健美应以线条柔和、能体现出女性美为标准，注重身材美。

（三）人体美的性别差异

不同性别的人体，美的标准不同。

一个社会对人体美往往具有一定的客观标准，是一种社会性的审美标准。现在男女两性的人体美的标准主要根据社会的人体美规范与要求以及对人体的科学测量而定的。

1.女性美

在美女的美貌标准中，面部之美占有重要的评估要素，其标准为眼的宽度为面宽的3/10，下颏的长度为脸长的1/5，眼中心到眉毛的距离为脸长的1/10，正面可见的眼球纵向长度为脸长的1/14，鼻的面积占整个脸部面积的5%以下，嘴宽度占脸部宽度的一半。

英国雕塑家潘金的《女人的美丽算术表》，满分100分，各部分所占比例为：体格（三围、身高）20分，健康、皮肤、足各10分；头、眼、牙、口唇、头发、耳朵、声音、服装、站姿各5分；行姿3分；坐姿2分。

健美专家经过充分研究后，提出下列标准来衡量女性形体是否达到健美：骨骼发育正常，身体各部分匀称；体态丰满而无肥胖臃肿之感；眼大有神，五官端正并与头部配合协调；双肩对称且浑圆，微显下削，无耸肩或垂肩之感；脊柱背视成直线，侧视具有正常的生理曲度，肩胛骨无翼状隆起和上翻之感；乳房丰满而不下垂，侧视有明显的女性线条特点；腰细而有力，微呈圆柱形；腹部扁平，腰围比胸围约细1/3；臀部圆满，不显下坠；下肢修长，无头重脚轻之感；大腿线条柔和，小腿长而腓肠肌位置较高并稍突出，足弓高，两腿并拢时正视和侧视均无弯曲感；整体无粗笨、虚胖或纤细、重心不稳、比例失调、形态异常的感觉。

2.男性美

就男性方面说，男性美应是健、力、美三者的结合与统一，它包含了生长发育健康而又完善的肌体、发达有力的肌肉、优美的人体外形和健康向上的精神气质。我国体育美学研究人员根据中国的实际情况提出了如下男性人体美的标准：骨骼发育正常，关节不显粗大突出；肌肉均匀发达，皮下脂肪适当；五官端正，与头部配合协调；双肩对称，男子肩宽大；脊柱正视垂直，侧看曲度正常；胸廓隆起，正背面略呈V形，男子有腹肌垒块隐现；臀部圆满适度；腿修长，大腿线条柔和，小腿腓部稍突出，足弓高。

男子理想体重计算公式为：（身高厘米数×1.57−130）×0.45=体重（公斤）。从研究人体美的角度来看，以脂肪所占的比例、肌肉的发达程度，并参照肩宽和臀围的比例，作为划分体型的条件比较合适，这样可将男性体型分成胖型、瘦型和肌型（或运动型）三类，无疑运动型是男性的健康体型，特点是体形粗壮、肩宽、胸广、有力量。

另外，男性俊美容貌=匀称性+标准性。身体匀称性好的男性，除了面庞较富吸引力，其体格也往往强于同龄人，他们肌肉较发达，运动能力较强，个性较富支配性。匀称的特点通常被认为是健康和良好基因的象征，并会帮助他们提高延续后代的能力。标准性，即他们的身材和容貌特征往往都取人群的平均值。科学家认为，这种现象有生物学上的合理性，因为从遗传学的角度看，这样的特征携带有害突变基因的可能性最小。

综合起来，无论男女，人体美有一大致标准：骨骼发育正常，关节不显得粗大突出；肌肉发达均匀，皮下脂肪适当；五官端正，与头部配合协调；双肩对称，男宽女圆；脊柱正视垂直，侧视有明显曲线；胸廓隆起，正背面略呈V形；女子乳部丰满而不下垂，侧视有明显曲线；下腰细而结实，微呈圆柱形，腹部扁平；男子有腹肌垒块出现，臀部圆满适度，腿长，大腿线条柔和，小腿腓稍突出。总之，健康、匀称、活力是三大抽象标准。

三、人体美的时代性

不同的时代，人体美的观点和标准不同，其主要影响因素是物质发展水平和文化观念以及风俗。

人类社会早期，功利性即满足生产生殖需要是主要标准，硕大健壮为美，《诗经·硕人》中写到美人时屡屡侧重于这方面的描绘，如"硕人其颀"，"有美一人，硕大且卷"，"猗嗟昌兮，颀而长兮"。硕即大，颀即修长，昌即壮盛，这些诗句都颂赞女性的强壮之美。西方文化中，也是如此，如旧石器时代欧洲奥瑞纳文化期的作品《维林多夫母神》，夸张地强调了女性的特征，符合原始人的生命追求。

后汉以及三国时期，轻盈飘逸的纤秀型占据上风，"面如凝脂""樱桃小口"逐渐成为古代女性美的基本格调，顾恺之的《洛神赋图》中的女性形象，"能作掌上舞"的赵飞燕是代表。魏晋时期强调女性的崇尚个性美、自然美，温婉妩媚、婀娜多姿、瘦骨清相成为当时的人体美审美标准。唐代时丰满微胖则成为女性美的模式。宋代开始崇尚纯朴淡雅之美，清雅、内敛，大致以观音菩萨的本貌作为标准，宋代缠足之风遍及民间，"三寸金莲"成为女性美的要件。明清以后对女性美的基本要求，倾向文弱清秀：削肩、平胸、柳腰、纤足，女性把性感焦点全部集中在"莲底纤纤月"的病态资本上。民国的审美焦点是旗袍，注重身体曲线美。新中国成立后，"不爱红妆爱武装"，中性化乃至男性化，《龙江颂》中的江水英、大寨的"铁姑娘"是代表；改革开放以来，对西方国家女性形象的学习和模仿成了中国当下的时髦：身材修长、三围突出、嘴阔眼媚，风情万种。当下西方美女的"瘦"，成了中国时髦女性趋之若鹜的标准。

总之，人体美的变化具有时代因素，不同时代物质和观念的制约，不是单纯的感性审美问题。

四、姿态美

人体美由静态美和姿态美两者共同构成。姿态美是指人在空间中的活动、变化符合美的要求，民间有"行如风，立如松，坐如钟"之说，形象地说明了姿态之美。

如美的站姿，应给人以两种感受：竖看有直立感，横看有开阔感，以鼻为中线的人体应该有直立感；侧看，从耳与面的相交处至脚的踝骨也是一条线。

行走的正确姿势是轻、巧、灵：胸领动，肩轴摆，提髋提膝小腿迈，跟落掌接趾推送。

姿态美的总体要求有优美、自然、自信三点。

第一，优美。优美是对姿态的最基本的要求。头、躯干与足的姿势样态，以及三者的相互配合，都应以优美为标准，给人的观感是舒适、愉悦。一般说来，头正、胸挺、腰直，是正常的姿态，具有优美的特性。

第二，自然。自然就是不做作。无论什么身份、什么活动、什么姿态，都应是自然的，不是强做的。自然的姿态应该是身体各个部位自然协调，肌肉既不绷得很紧，又不过于松弛，而是适中。

第三，自信。自信源于内心的丰富，自信的姿态是内心强大的自然流露，美的姿态应该是内心真实情感和思想的反映，有内涵而不浮夸。

第二节　内在美

无论中外，都认为内在美的核心是人性美。孔子的"里仁为美"，把有益于社会的善的行为和品性视为人性的美，柏拉图把美和善同时看成是最高的理念。文艺复兴后人发现了自身的价值，人性美得到大力的肯定。18世纪的启蒙运动者，把个性的解放和人权的尊严看成人性的主要内容，把个人追求自我的完善看成是最高的人性美。马克思主义美学认为，人性美是人在创造性的、自觉自由的劳动实践中所表现出来的充分体现人的本质力量的美。

人性美表现为人格道德之美。

一、中国文化中的人格之美

中国传统文化中，儒家的"君子人格"是最为典型的人格美观念，"魏晋风度"则是魏晋时期与"君子人格"不同的关于人格道德之美的概括，此二者成为影响最大的中国传统文化中人格道德之美的代表观念，而且有着完全不同的价值指向；此外，"淑女之德"的提倡和影响，也值得注意。

（一）君子人格

先秦儒家代表人物孔子、孟子、荀子提出了许多理想人格范畴，如志士、仁人、成人、君子、大人、圣人等。"君子"一词在《论语》中一共出现了107次，是孔子提出的一个非常重要的概念。君子人格是儒家论述得最多、最充分，也是最完备的人格类型。一定意义上，《论语》就是君子养成教本，而孔子创立的儒学，从根本上说就是君子养成之学。

《论语》中，关于"君子"品性的代表性言论有："君子道者三，我无能焉。仁者不忧，知者不惑，勇者不惧"；"君子无终食之间违仁，造次必于是，颠沛必于是"；"质胜文则野，文胜质则史。文质彬彬，然后君子"；"君子之过也，如日月之食焉。过也，人皆见之；更也，人皆仰之"；"君子成人之美，不成人之恶。小人反是"，等等。

可见，"君子"作为孔子所倡导的理想化人格，主要内容就是阐扬仁、义、礼、智、信等为人处世的伦理和规范。这些伦理规范最终都聚集、沉淀、融入和升华到理想人格"君子"身上。

（二）魏晋风度

魏晋时期，社会的动荡、政治的残酷、传统儒家政教和礼法制度的崩溃，带来了思想的空前解放。这使得魏晋士人迷恋外在人体美的同时，对内在心灵的探寻与追求表现出丰富的精神生命之美。

南朝刘义庆主编的《世说新语》一书，分德行、言语、政事、文学、方正、雅量、识鉴、赏誉、品藻、规箴、捷悟、夙惠、豪爽、容止、自新、企羡、伤逝、栖逸、贤媛、术解、巧艺、宠礼、任诞、简傲、排调、轻诋、假谲、黜免、俭啬、汰侈、忿狷、谗险、尤悔、纰漏、惑溺、仇隙三十六篇，可说是一部记载魏晋风流的故事集。书中对魏晋名士的风貌神情、性格特征和人生追求，都有生动的描写，展示了完全不同于儒家"君子人格"的魏晋群体，他们的目光从外视转向内审，更关注人的生存状态、独立人格和人生、生命的意义。魏晋风度构成了魏晋士人生命情态和审美体验的主要基调，可谓精神生命之美。

其一，他们毫无顾忌地抒发自我的真性情。无论是对世事的感怀、友谊的珍重，还是对山河破碎的悲痛，他们都是任情而发，显示出不受外在束缚的自适与自得。

> 王子猷居山阴，夜大雪，眠觉，开室，命酌酒，四望皎然。因起彷徨，咏左思《招隐》诗。忽忆戴安道。时戴在剡，即便夜乘小舟就之。经宿方至，造门不前而返。人问其故，王曰："吾本乘兴而行，兴尽而返，何必见戴？"

> 嵇中散临刑东市，神气不变。索琴弹之，奏《广陵散》。曲终，曰："袁孝尼尝请学此散，吾靳固不与，《广陵散》于今绝矣！"太学生三千人上书，请以为师，不许。文王亦寻悔焉。

> 王安丰妇，常卿安丰。安丰曰："妇人卿婿，于礼为不敬，后勿复尔。"妇曰："亲卿爱卿，是以卿卿，我不卿卿，谁复卿卿？"遂恒听之。①

---

① 以上三处原文均出自刘义庆.世说新语［M］.福州：福建教育出版社，1981.

妻子真挚自然，丈夫亦情真意切，风云变幻的政治环境，险象环生的生存处境，仍然能有这样率直真诚的情感实属不易。相比于后世存天理、灭人欲的精神要求，魏晋时人可谓极其自由，这正是魏晋风流的突出表现之一。

其二，面对社会动荡、政治昏暗，他们感慨生命短暂、世事无常，力求摆脱两汉礼教，释放情性欲求，以此期望超越尘世，达到个体生命自由的理想境界。

宗白华先生说："晋人风神潇洒，不滞于物。"

卫洗马初欲渡江，形神惨悴，语左右云："见此芒芒，不觉得百端交集。苟未免有情，亦复谁能遣此！"

简文入华林园，顾谓左右曰："会心处，不必在远。翳然林水，便自有濠、濮间想也。觉鸟兽禽鱼，自来亲人。"①

其三，对儒家伦理道德观念置疑，追求艺术化的人生。

晋代著名文学家刘伶几乎整日与酒为伴，经常乘一鹿车，携一壶酒，使人带一锄头跟在车后，说"死便埋我"。在喝酒已然致病后，他仍以祭祀为名，骗得妻子为他置办酒肉，痛饮大醉。"刘伶恒纵酒放达，或脱衣裸形在屋中。人见讥之，伶曰：'我以天地为栋宇，屋室为裈衣，诸君何入我裈中？'"鲁迅在《魏晋风度及文章与药及酒之关系》中说："他们七人中差不多都是反抗旧礼教的。"旧传下来的礼教，竹林名士是不承认的，即如刘伶，他们是不承认世界上从前规定的道理的。

---

① 以上两处原文均出自刘义庆.世说新语［M］.福州：福建教育出版社，1981.

阮籍遭母丧，在晋文王坐，进酒肉。司隶何曾亦在坐，曰："明公方以孝治天下，而阮籍以重丧，显于公坐饮酒食肉，宜流之海外，以正风教。"文王曰："嗣宗毁顿如此，君不能共忧之，何谓？且有疾而饮酒食肉，固丧礼也！"籍饮啖不辍，神色自若。

阮籍当葬母，蒸一肥豚，饮酒二斗，然后临诀，直言："穷矣！"都得一号，因吐血，废顿良久。

简文崩，孝武年十余岁，立，至暝不临。左右启："依常应临。"帝曰："哀至则哭，何常之有？"①

这种追求固然是特定时代环境导致的人生理想价值失落的结果，或者说含有某种不得已而为之的意味，但恰恰成了士人富有生命气息的人格审美范式与审美精神，从而魏晋士人在人生理想的执着追求中所形成的人格审美范式与对自我社会价值的潜在探寻，深深影响了后世文学、美学观念的发展，在中国历史上留下了不灭的光辉。

（三）女性的"淑女之德"

《关雎》中的"窈窕淑女"成为人们心中爱与美的典范。古往今来多少人对"淑女"一词做出注解，赋予其更多的色彩。

1.淑女之美在于"窈窕"

《诗·毛传》云："窈窕，幽闲也。""窈窕"之美是一种幽静娴雅、深远的美。气质也给人以淑德、忠贞的印象。如果拿好莱坞巨星玛丽莲·梦露和奥黛丽·赫本作比，一个性感外放，一个文静内敛，那么按照当时人

---

① 以上三处原文均出自刘义庆.世说新语［M］.福州：福建教育出版社，1981.

们的审美，奥黛丽·赫本更符合君子所求的美的标准。

2.淑女之美在于"淑德"

"窈窕"是君子对淑女的第一印象，只是浅层次的，"淑德"更根本。《诗·毛传》："淑，善也。"《说文》："淑，清湛也"，"言女之容德如水之湛然而清"。可见"淑"指的是女子的德行方面，具体而言，包括纯洁、幽娴、贞固、温惠等。纯洁指女子在心理与行为上的真纯与清白；幽娴即安详宁静，心理上的调和之美、含蓄之美；贞固指思想行为上的信仰与坚定的操守；温惠，温为敦厚，惠是仁慈。

这一看法固然具有时代的局限性，但在历史和现实中，都有巨大的影响。

二、西方文化中的"贵族精神"

在西方文化中，贵族的英文noble，除了有"贵族"的含义，还有"出身高贵的""高尚的""伟大的""崇高的""卓越的""辉煌的"等含义。因此，"贵族"是具有丰富人文内涵的一种特指。最早的贵族起源于欧洲，作为一种历史文化传统，贵族不仅意味着一种地位和头衔，也意味着社会行为准则和价值标准。贵族同时也是一种生活方式。

贵族精神的实质是什么，可以从文化教养、荣誉感、自律精神、独立精神等角度进行说明。

（一）文化教养

文化教养教人知道什么是人生和人性中最宝贵的。具有文化教养的人，精神上的需要远高于物质上的需求，贵族的真正意义是指其在精神和高尚行为上的拥有。具有贵族精神的人不会为了一些眼前的现实利益，去背信弃义、不择手段。从这种意义上说，贵族精神和所谓富有之人是没有关系的。恰恰相反，精神贵族会与世俗社会保持距离，淡泊名利，如孔子所说：

"富与贵，是人之所欲也；不以其道得之，不处也。"

文化教养教人自明和谦逊。有较高的学识和修养，才会知道宇宙之无限、历史之悠远、个人之有限，所以保持谦逊，不唱高调。具有贵族精神的人大都是低调的，其低调是学识与修养相结合而形成的独特气质。贵族这一无论是在称谓上还是实质性的确认，都必须是与其品德、学识、行为相符合的。

（二）荣誉感

毕达哥拉斯说，贵族的生活是荣誉的，而奴隶的生活是牟利的。确实，贵族是一个视荣誉重于生命的阶层。他们自认为血统是高贵的，因此做事要光明磊落，不敢以卑贱的行为来玷污自己的血液。

比如，西方航海业有一个不成文的规定，在一艘船沉没时，船长必须最后一个逃生。贵族在社会中的作用就如同船长，在关键的时候必须能挺身而出。

贵族的荣誉感来自其对弱势群体的同情和关怀，也来自其对社会责任的担当。

（三）自律精神

自律精神，即指坚持原则，严于律己。人与人是相互关联的，与人相处时要讲原则、讲规则，既要尊重自己，也要尊重别人，这是贵族一个很重要的精神。对贵族来说，大到国家和群体交往，小到个人恩怨，都要在原则的天平上衡量。

（四）独立精神

独立精神是贵族的必有品质。贵族的真正意义是指其在精神和高尚行为上的拥有。贵族精神的高贵之处，就在于教养、自尊自律、低调谦逊，尤其还要有一颗自由的心灵，它是文化和文明的成果，也是文化和文明本身，是人性的尊严所在。

三、人格魅力和气质

人的内在美，也叫心灵美，表现在人格魅力和气质两个方面。

（一）人格魅力

人格魅力，即完美人格的外在表现，是一个人影响和吸引他人的主要元素，具体包括性格、能力、道德品质等方面。

人生在世，要处理三种基本关系，即人和自然、人和社会以及人自身，也正是在这三种关系中，人表现出人格魅力，如积极进取、严于律己、真诚友善、坚持原则等，在这些之上的，则是博大的胸怀和爱。

人格魅力可以分为信徒精神、智者形象、良知为本和博爱众生等。

1.信徒精神：为信仰而生死

信徒精神的核心是为信仰而死，信仰就是相信并且仰望，进而指导行动。因此，信仰是心灵的产物，是人类对终极关怀的渴望，属于人最基本的情感和精神需要。

信仰赋予人的行为以崇高的意义，是人们的精神支柱和道德选择的坐标；信仰可以提升人生境界，塑造审美人格；信仰是德行的指向；信仰让人有敬畏之心。概言之，信仰是人类行为的意义、原则和心理规范的来源。

2.智者形象：为真理而奋斗

智者的职责乃忠于真理，按良知呼声，发真诚之言。虽忍受必有的孤单、误解与伤害，智者仍以忠于真理为乐，自足于良善公义，且常存忧世悯民之心。

苏格拉底就是为真理而死的智者。他的死，唤起了人们对于哲学的尊重，开启了从柏拉图、亚里士多德一直到现在，西方人对于真理的追寻之路。苏格拉底已然成为2500多年来这些追求知识的人们的标杆与模范。

3.良知为本：做真实的自己

良知即良心和知识的合体，良心保证知识的运用符合道德原则，知识助益良心。苏霍姆林斯基说："义务和良心，这些道德情操是人区别于动物的最重要之点。"

4.博爱众生：大爱及宽容

爱的本质是对所爱对象的善意、仁慈和甘愿的喜悦。它不是用来指代浪漫的爱情或性爱，也不是指亲密的友谊或兄弟般的爱，大爱包含了忠诚、承诺和意愿的行为。它以其崇高的道德品质和坚强的品格而有别于其他类型的爱。

（二）气质

气质是一个综合概念，核心是才智和教养。气质是指一个人内在涵养或修养的外在体现，正如苏轼在《和董传留别》中所说的"粗缯大布裹生涯，腹有诗书气自华"。所以，提升气质在根本途径上是不断提高自己的知识和品德修养，丰富自己。

气质美，本质上属于内在美、精神美，是以一个人的文化、知识、思想修养、道德品质为基础的，通过对待生活的态度、情感、行为等直观地表现出来。人们观察、评价一个人的气质时，往往是"由表及里"，透过对方的眼光、神情、谈吐，才能观察到一个人的气质。常言道"眼睛是心灵的窗户""神情是感情的外露""谈吐是直抒胸臆的表达"。在现实生活中，气质好的人，的确能给人以美的享受。比如外貌秀丽、举止端庄、性格温柔的人，给人以恬静的静态气质美；身材魁梧、行动矫健，性格豪爽的人，给人以粗犷的动态气质美；外貌英俊、举止文雅、性格沉稳的人，给人以高洁优雅的气质美。

四、心灵美的表现

心灵美的具体表现是表情美、语言美和行为美，集中表现为风度之美。

（一）表情美

表情美是情感的外在表现，好心态的具体表现就是包容、善良、博爱、自信、自尊、自爱。表情美包括眼睛表情美、脸部表情美和手势表情美。

眼睛表情美的主要体现是灵活和清澈。灵活，眼睛适宜的转动范围和频率，是思维敏捷的反应和生命活力的表现。明亮，包括眼睛的明澈性和光亮度。明澈性是指眼睛的明亮与清澈。孩子的眼睛就像一湾清水，明澈见底。

脸部表情美的主要体现是和谐。脸部表情，以软硬适宜为度、以体现和谐为美的原则，即自然明朗不做作，不要在脸上堆砌表情，要给人以自然和明朗的感觉；大方宁静，不要夸张。

手势表情美的主要体现是简洁明确。手势宜少不宜多，而且要与人的语言相辉映；不可过多使用手势，更不要使用让人无法理解的手势；手势的活动限度要大小适度，落落大方；静动结合，如果没有必要，不要使用手势，静态的手势仍然可以表述人的感情；手势的使用要注意具体的场合和对象。

（二）语言美

语言美指语言在具体运用过程中所显示的美。心灵美外化的信息形态，有内容和形式两方面。语言美的内容指语言准确表达思想感情，不受污染，以伦理美为中心，体现道德原则；语言美的形式体现规范美和艺术美，如字音之间的高低、快慢、长短等形式上的恰当。

（三）行为美

行为美指受社会的道德标准肯定和赞扬的行为，以符合公德为尺度。在社会生活中，衡量一种行为的美丑，根据社会发展的需要，集中体现为利他性，具体符合行为美的有遵守公共秩序、爱护环境、公共空间不影响他人生活等。

（四）风度之美

风度的本义是指人的举止姿态，是一个人内在实力的自然流露，也是一种魅力。在中国传统中，风度大致有如下含义。

一是指人的言谈举止和仪态。如《后汉书·列传·窦融列传》云："尝独详味此子之风度，虽经国之术无足多谈，而进退之礼良可言矣。"《宋史·列传》云："然风度凝远，萧然尘表。"《睢州志·贡士》云："袁赋谌，袁可立孙，枢之子，赋诚弟。风度凝远，门内肃雍，有先辈孝友家法。"《聊斋志异·凤阳士人》云："音声靡靡，风度狎亵。士人摇惑，若不自禁。"

二是特指人的美好的举止姿态。如《魏书·列传》："罴弟亮，字幼辅，初字老生，早有风度。"

三是指人的气概、气量。如南朝宋颜延之《庭诰文》云："昔之通乎此数者，不为剖判之行，必广其风度，无挟私殊，博其交道，靡怀曲异。"

四是指诗文书画的风致神韵。如元代辛文房《唐才子传·殷文圭》："唐末，文体浇漓，才调荒秽，稍稍作者，强名曰诗……文圭稍入风度，间见奇崛，其殆庶几乎！"又如明代方孝孺《上蜀府启》云："谢墨竹暨诗，风度英妙，足为国华。"清朝袁枚《随园诗话补遗》卷五："山僧惊异。告曰：此焦山僧朗月之诗，寂去已三十三年矣，其风度语言，与君相似。"

一个人的风度，集中表现了其内在美，如胡适，除了学术和文学成就，更被后人怀念的是其胸襟和风度。且举一例，鲁迅先生去世后，作家苏雪林大肆攻击鲁迅，尽管鲁迅与胡适生前政见相左，但胡适仍在给苏雪林的信中批评道："他已死了，我们尽可以撇开一切小节不谈……凡论一人，总须持平。爱而知其恶，恶而知其美，方是持平。鲁迅自有他的长处。如他的早年文学作品，如他的小说史研究，皆是上等工作。"这就是风度，它与心态、智慧、涵养如影随形。

第三节　日常生活美

日常生活美的两大领域是环境美和衣食住行的美。

一、环境美

广义的环境美包括山川草木、气候风物等自然环境的美和社会风俗习惯、社会制度以及人与人的关系等社会环境的美。狭义的环境美即人们生活、学习、工作的具体环境场所的美。本书所说环境美是狭义的。

环境美的基本要求体现在清洁、秩序、安静等方面。

（一）清洁

清洁的重点是公共空间和学习、工作场所的卫生合乎健康和审美要求。具体而言，就是要求个人衣着、家庭、工作场地和公共场所的环境和条件都空气清新、干净卫生，以有利于预防疾病，增进人民健康。比如城市的"三废"（废气、废水、废渣）处理、雾霾治理、饮用水安全；农村的"一管三改"（管理粪便，改善饮水条件，改造厕所，改造畜禽栏圈）等。

（二）秩序

秩序即环境的整齐美观、井然有序，给人以舒适、洁净、愉悦、优美的感觉。比如在庭园街道、村屯以及一切能栽种树木的地方多栽草木，搞好园林绿化，提高绿化覆盖率。从个人角度讲，应遵守公德，杜绝插队等破坏公共秩序的行为。

（三）安静

无论是私人居所，还是公共场所，安静是给人美感的重要因素。居所是人休息的地方，安静是必要的；需要安静的公共场所有医院、法院、影剧院、艺术场馆、图书馆、教室及自习室、餐厅、休息室、会议室、办公室、殡仪馆、纪念馆、咖啡厅等。保持安静既是文明教养，也是美的要求。

二、服装美

服装美也可称服饰美，指通过服装佩饰所呈现的美，包括衣着服装的美和佩戴饰品的美。服装美的构成要素主要是在实用基础上的材质美、色彩美和造型美。

（一）服装美的原则

服装美的整体原则是整洁、大方、得体，在此前提下，还有TPO、个性化、协调性等原则。

1. TPO原则

T、P、O分别是英语中Time、Place、Object（一说Occasion）三个单词的首字母。T指时间，泛指早晚、季节、时代等；P代表地方、场所、位置、职位；O代表目的、目标、对象或场合。TPO原则是目前国际上公认的衣着标准。

2. 个性化原则

着装的个性化原则，主要指根据个人的性格、年龄、身材、爱好、职业等要素着装，力求反映一个人的个性特征。选择服装因人而异，着重点在于发扬所长、规避所短，尽量显现独特的个性魅力和最佳风貌。现代人的服饰呈现出越来越强的表现个性的趋势。

3.协调性原则

协调性原则主要包括与社会角色相协调，与所处的环境相协调，与自身条件如肤色、形体、年龄等相协调。协调性的目的是形成和谐的整体美，服饰美就是从多种因素的和谐统一中显现出来。

（二）服装美的表现

1.个性美

个性美是服装美个性化原则的体现，指服装要展现着装者的性格、风度、爱好、志趣等个性特征。

性格影响着服装的选择，同时，从服装也可以了解人的内心，两者相互联系、相互作用，如女性对服装颜色的偏好与她们的性格息息相关。美国宾夕法尼亚州大学心理系学者经研究发现，那些喜欢穿性感和暴露服装的人，无论男女，性格都较开朗、果断，且有较强的个人魅力；而那些穿着较为保守的人，个性往往较为拘谨内向，对人较体贴。

2.时尚美

时尚美是服装与着装者迎合时代精神和社会风尚产生的美，更多体现的是服装的群体性特征。

以中国的汉服为例。汉代时中国的服饰制度已完整确立，形成了群臣百官和富商巨贾"衣必文绣"、贵妇服饰"穷极美丽"的现象。

汉时的服饰朝廷有明确的制度，当时的服色有春青、夏赤、秋白、冬皂之分，与四季的气候特点相呼应。服饰风格古朴庄重，妇女上衣下裙的日常服装成为后世汉族妇女着装样式之模本。袍服是秦汉时期的主要礼服。男子以着袍为贵重。汉朝的袍有四个特点：宽大、沿黑边、有里子、和中衣配穿。

3.风格气质美

服装风格是服装在整体上呈现的、有代表性的面貌，通过服装所表现出来的相对稳定的审美特性。

当下服装风格，标准不一。从总体风格上，无论男女，服装基本分为正装和休闲装两个系列，要根据各自特点，选择适合自己的风格。

（三）服装美的忌讳

服装美的忌讳整体而言有"脏、乱、破、露、透、紧、短、艳、异"九字忌讳。女士着装应注意以下细节：忌穿戴与身份、场合、年龄不符的服饰；在正式场合应以典雅大方的套装为主，可裙可裤；内衣不能外穿；除非特别要求，不应该过于华丽和时髦；慎穿无袖上衣、前卫紧身装、吊带裙等，花边要少；切忌全身五颜六色，过于花哨；穿裙装袜筒口不能露在衣裙之外，胸罩吊带不要外露；切忌穿着抽丝、漏洞的袜子；不应穿拖鞋和鞋跟钉铁的鞋；不要当众整理鞋带。

三、饮食美

现代，饮食不再仅仅是为了充饥，还具有了文化和美学含义。

（一）中国饮食的美学追求[①]

中国饮食文化的内涵，已超越了维持个体生命的物质手段，成为一种文化现象。这种文化现象，在其起源观念上表现为"礼""乐"精神，在其审美观上表现为对"味"与"和"的追求。

中国饮食的美学追求可以概括为：美食、美味、美器、美境。

---

① 参见张立华.中国饮食文化中的美学意蕴［J］.农产品加工·学刊，2012（2）：109-111.万建中.中国饮食文化中的美学意蕴［J］.中国烹饪研究，1994（2）：16-21.

1.美食

美食给人的享受有三个层次：一是通过色、香、味的统一，促进食欲，满足人的生理快感；二是通过协调的色彩、精湛的刀工、优美的造型等艺术化的手法，给人以视觉的审美享受；三是通过图案的象形和寓意，使人从理性上获得审美的意趣，从而超脱肉体的满足而进入精神的愉悦，如筹备婚礼酒宴讲究成双成对，用四喜拼盘、双盒蜜果、鸳鸯戏水等图案的时候比较多，给老人祝寿时，多用松鹤延年、吉祥如意、福如东海等图案和文字，可见人们更重视美食中的美感享受。

2.美味

美味，常常被国人称为佳肴。在饮食文化中，嗅觉和味觉有着双重作用，既能使人获得一种刺激和满足食欲的生理需求，也能在某种程度上给人以审美享受。《吕氏春秋·本味篇》要求烹好食物的最高境界就是"至味"，一种中和之美。人们借助咸、甜、酸、辣、香、苦、鲜之味，赤、橙、黄、绿、青、蓝、紫之色，调和出最具特色的美味食品。五味调和的原理，扩展到饮食烹饪的各个方面，就是一种整体性的统调，即菜肴的软硬、甜咸、厚薄、大小、生熟、冷热、荤素等对立因素的恰当统一。

3.美器

美器，是指饮食器具的工艺美及它与食物的协调搭配的美感。中国人讲究把美食与美器有机结合，不同的食物配不同的器具，既方便食用，又相映成趣，在二者的完美结合中，使食物和器具本身的美得以充分呈现。

袁枚说"美食配美器"，美食与美器的和谐统一是中国传统烹饪艺术的一个重要方面。中国饮食器具本身就给人以审美愉悦之感，种类繁多，造型和图案优美而富有寓意，制作工艺精良而艺术性强，称得上各有千秋、美不胜收，至于纹样和色彩装饰更是百花盛开、争奇斗艳，充分体现了其艺术性和装饰价值。

4.美境

环境对人们的饮食心理影响极大。人的心理与环境，是双向的相互作用的关系。人的不同心理状态会给环境蒙上一层主观色彩，或喜或忧、或乐或悲、或明快或沉闷，但是环境本身的客观性，又给予主体以情绪上的干扰和影响。中国人进餐时讲究良辰美景、佳人乐事的相辅相成，即时、空、人、事诸种要素的协调一致，辅以美食、美味、美器，色、香、味、形、器完美结合，创设了意境之美。

饮食文化已经成为与时代主题相结合的产物，定会给人类生活增添更加美妙的旋律和韵味。

（二）茶文化、酒文化和咖啡文化

1.茶文化[①]

茶文化蕴含着中国文化。茶文化的精神内涵即通过沏茶、赏茶、闻茶、饮茶、品茶等习惯和中华的文化内涵相结合形成具有鲜明中国文化特征的一种文化现象，也可以说是一种礼节现象。

我国是茶的故乡，茶历史悠久，有代表性的茶叶品种：绿茶类，河南信阳的毛尖、杭州龙井、洞庭山碧螺春、黄山毛峰、安徽剑毫、安徽猴魁、安徽六安瓜片等；红茶类，武夷山正山小种、川红、祁门红茶、滇红等；乌龙茶类，如铁观音、黄金桂、毛蟹、本山、台湾冻顶乌龙、福建武夷山大红袍等；黄茶类，蒙顶黄芽、湖南君山银针；白茶类，福建福鼎、福建松溪县的松溪白茶等。

悠久的茶史、严格的敬茶礼节，独特的品茶风尚，形成茶道，即茶赋予人一种生活方式，人们在品茶过程中能够悟得人生哲理。茶道要遵循一定的法则，一般程序包括净手、赏茶具、洗壶、茶入壶、冲泡、封壶、分

---

① 参见余悦.中国茶文化丛书［M］.北京：光明日报出版社，1999.

杯、回壶、分壶、奉茶、闻香、品茗等。茶道要通过茶艺表现，即茶艺是茶道的基础和载体，茶艺有备器、择水、取火、候汤、习茶五大环节，人、茶、水、器、境、艺六要素，即人美、茶美、水美、茶具美、境美和茶艺美。

中国的茶还被赋予养性、联谊、示礼、传情、育德，直到陶冶情操、美化生活等多种功能。经过历代文人墨客对茶的吟咏，茶具有了平凡实在、和诚相处、重情好客、勤俭育德、尊老爱幼的民族文化和民族性格的符号属性。

2.酒文化

酒文化是指酒在生产、销售、消费过程中所产生的物质文化和精神文化的总称。酒文化包括酒的制法、品法、作用、历史等酒文化现象。酒文化既有酒自身的物质特征，也有品酒所形成的精神内涵，是制酒饮酒活动过程中形成的特定文化形态。

酒与人类的精神生活密切相关，"李白斗酒诗百篇"类的传说和故事在中国文化中俯拾皆是。有借酒抒发人生感怀的，比如苏轼《水调歌头·明月几时有》："明月几时有？把酒问青天。不知天上宫阙，今夕是何年。我欲乘风归去，又恐琼楼玉宇，高处不胜寒，起舞弄清影，何似在人间。"有喝酒的豪气的，比如李白《将进酒》："古来圣贤皆寂寞，惟有饮者留其名。"有写小饮意境的，比如李白《月下独酌》："花间一壶酒，独酌无相亲。举杯邀明月，对影成三人。"希腊神话中有酒神狄俄尼索斯，有酒神节，酒神信徒们在酒神颂歌的极大鼓舞下，结队游荡，载歌载舞，纵情狂欢，完全坠入忘我之境，人的本性在这里得到最大的释放。德国哲学家尼采提出了酒神精神，认为希腊人的酒神宴乐含有一种救世节和神话日的意义，在希腊人那种抛弃一切束缚、回归原始的状态下，音乐得以产生，艺术得以创造。

3.咖啡文化

"咖啡"一词源自希腊语"Kaweh"，意思是"力量与热情"。咖啡的故乡在非洲埃塞俄比亚高原的南部，约在6世纪被人发现，因其具有提神清脑的作用，当地人开始咀嚼并饮用，后传到阿拉伯各国，很快就成为伊斯兰教国家的代表性饮料。1652年，英国伦敦出现了城中第一家咖啡馆，同时也是欧洲的第一家咖啡馆①。随后，咖啡渐渐传遍世界。

作为一种饮料，咖啡却被赋予了极大的文化意义。几百年来，它已经渗透西方近代社会的各个领域，成为西方文化的符号之一。在许多城市，咖啡馆曾是最早的市民可以自由聚会的公共社交场所。许多著名文人，都有自己固定聚会的咖啡馆，如现实派小说的奠基人狄更斯，以批判风格著称的作家巴尔扎克和左拉、毕加索等，甚至可以说，欧洲近代数百年的文化发展史与咖啡馆密不可分。

对于普通人来说，咖啡馆是放松心情、交友聚会的好去处，人们在这里读报、辩论、玩牌、打桌球等，咖啡已经进入人们的日常生活和精神生活。

四、旅游美

旅游（tour）来源于拉丁语的"tornare"和希腊语的"tornos"，其含义有"围绕一个中心点或轴的运动"之意，所以旅游指一种往复的行程，即离开后再回到起点的活动。概言之，旅游就是为观光、娱乐、休闲而做的旅行。

（一）旅游审美对象

从对象出发，旅游审美对象包括自然山水、文化古迹和社会生活等。

1.自然山水

自然山水一是指自然，这是我们对环境的追求，对生态的感受；二是指山水，好山好水看不足。

---

① 艾利斯.咖啡馆的文化史［M］.孟丽，译.桂林：广西师范大学出版社，2007：34.

2.文化古迹

文化古迹一是指文化，复合型、综合性，有感受，甚至有感动、有感触，这就是文化；二是指古迹，古迹是历史的足迹，是前人的生活。

3.社会生活

社会生活一是指社会，多元化、丰富性的社会；二是指生活，活生生的，处于变化中的日常。城市高楼林立、人文气息浓厚，我们看城市是欣赏建筑之美和城市之韵；乡村追求的是自然风光，我们看乡村是感受乡土气息。

（二）旅游审美活动的特点

旅游作为一种短期的闲暇生活方式，从本质上说，实是一种集自然美、艺术美、社会美之大成的综合性审美。通过旅游获得精神上的审美愉悦和满足，是所有旅游者的共同追求，也是旅游的本质所在。一般而言，所谓审美，指的就是审美主体对客体之内容与形式价值（如美丑）的感知、观察、审视和品评，是人对美的事物的一种带有情感的认识，具体而言，旅游审美活动具有以下四个特点。

1.历史性

旅游审美属于历史的范畴，是随着历史变迁而不断发展变化的人类活动。人类早期的旅游活动，试图通过对某些具有象征意义的自然景观和人文景观的朝拜以获得上苍的佑护。后来，旅游的目的开始向求学、求知、怡情倾斜。个体的审美活动也是这样，从最初走马看花到尽可能提高旅游的审美文化质量、陶冶情操，旅游的意义在不断升华。

2.休闲性

人们有了闲心和闲趣，才能从容畅游，超越贫穷与富贵的计较，到达怡然自乐的境界。休闲有不同的趣味。我们提倡的是休闲有雅趣、生活有品位。

3.怡情性

旅游是一种高级的精神享受，是在物质生活条件获得基本满足后出现的一种精神需要。旅游有使人趋于松弛的作用，可以使人放松，使人与自然达到和谐，怡情养性。

4.知识性

"读万卷书，行万里路。"旅游可以使人增长见识，增进对所去之地的人文、环境、历史等方面的了解，丰富其情感体验和人生阅历。知识性才是旅游的真谛，并越来越被人们所重视。

第四章　形式美

　　形式美是客观事物外观形式的美。其主要包括两个方面：一是形式美要素，如线条、色彩、形状、音响等外在因素；二是将这些因素按一定规律组合起来，以表现内容的结构等。这其中包括两个层次：一是总体组合规则，即和谐，要求达到多样统一；二是各部分组合规律，主要有平衡、对称、比例、节奏等。形式美与内容美密切联系，一切美的内容都必须以一定的形式表现出来，一定的形式美不能脱离内容而存在。

第一节　形式美的构成要素

　　形式美的要素主要有线条、色彩、形状、音响等，它们成为形式美要素，是由人的感受和接收外界信息方式决定的，在人的感觉器官接收的信息中，视觉占83%、听觉占11%以上，视听和为95%左右。

一、线条——点移动的轨迹

线条在形式美诸要素中最为抽象，对它的感受要求也较高。

英国经验主义美学家荷加斯在《美的分析》[①]中，把线条分为直线、曲

---

① 荷加斯.美的分析 [M].杨成寅，译.北京：人民美术出版社，1984.

线、波状线、蛇形线（线在锥体上缠绕的形状或者蛇爬行的形状），并认为它们审美程度递减，最美的线条是蛇形线。因为，线条美的最大特征在于其具有运动感，越曲折就越有运动感，如人体，曲线越多就越美。

线条美在形式美中占有重要地位，有形体的事物离不开线条。线条不同，所体现的情感也不同。直线、曲线、折线是基本线条类型，它们各有一定的美学特性，特别是线条组合中，某种线条的美学效果更加突出。例如横向线条能带来一种和平与宁静的效果，斜向线条则能表现出一种激烈运动和不稳定的感觉，像锯齿形状能给予人一种艰难痛苦的印象，圆形比较柔媚平静，折线方形显得刚直强健等，都是人的普遍感受。

线条的不同变化与人的感情活动相联系，所以不同的线条就有了不同的含义。直线代表刚直、挺拔、坚固、力量、严谨和次序，并有方向感和力量感。各种直线带有明显的感情意味。水平线是线的基础，给人以平静、统一和水平流动感。垂直线则给人以挺拔向上、庄严肃穆、坚定有力和发展的感觉，即所谓的"直线上升"，引导眼睛做向上的运动。松树的挺拔伟岸，英雄人物就义时的庄严肃穆、坚定有力，都可以用这种垂直线来体现。斜线具有明显的运动感，给人以兴奋、急迫、混乱、不稳定的感觉。在水平线和垂直线的结构中辅以斜线，能产生动静结合、静中有动的意境。

那么，线条的变化为什么能使人产生不同的感觉？可以从人的生理和社会两方面解释。

从生理方面说，有以下四点原因。

其一，节约原则的作用，即越可以节省人的注意力的事物，越美。例如有规律的线条变化，它的运行轨迹符合我们的预期，节省了注意力，就美。

其二，优美的线条体现了人的生理、形体上的灵活性，以及人对环境的应付自如，拙劣的线条则相反。

如果我们拿两种曲线——一种是圆形的一部分，另一种是抛物线的一部分——进行比较，就会发现，从圆形中取出的那条曲线看上去比较僵硬，而从抛物线中取出的那条曲线看上去就比较柔和。那么，这两种不同的曲线为什么会造成两种不同的感受呢？在寻找原因时，我们并不需要去联系我们周围的那些与这两种曲线同形的自然事物，而只需要直接分析这些曲线本身的结构……这个结构条件就是：圆形轨迹上的所有的点离中心点的距离都相等。与圆形比较起来，抛物线的曲率就有了变化，而这种变化性又是由抛物线的两个结构条件决定的，这就是：抛物线轨迹上的所有的点，不仅需要离一个中心点的距离相等，而且还要离一条直线的距离相等。这就是说，抛物线是两种结构需求经过互相谦让或互相妥协之后的产物。这就证明，圆形曲线所具有的僵硬性和抛物线所具有的柔和性，完全是由这两种曲线的内在结构性质决定的。①

其三，联想、移情的作用，即事物是否符合审美标准，常常取决于如何联想，如把一根斜线联想为向上的箭头或者要倾倒的电线杆子，则产生的美的感受不同。

其四，线条的变化给人的感觉与人的生理结构、性别、年龄等有关。美国心理学家威廉·詹姆斯说："必须指出，为这些作者所极力强调的活动与情感之间的不等同，并不像乍一看上去那样绝对。在一般的情况下，我们不仅能从时间的连续中看到心理事实与物理现实之间的同一性，就是在它们的某些属性当中，比如它们的强度和响度、简单性和复杂性、流畅性

---

① 阿恩海姆.艺术与视知觉：视觉艺术心理学［M］.滕守尧，朱疆源，译.北京：中国社会科学出版社，1984：616-617.

和阻塞性、安静性和骚乱性中，同样也能看到它们之间的同一性。"①按照詹姆斯的见解，虽然身与心是两种不同的媒质——一个是物质的，另一个是非物质的——但它们之间在结构性质上还是可以等同的。

从社会原因解释，即其与时代、民族、阶级乃至个人的生存境遇都有关。以时代因素为例，朱光潜在谈到线条在建筑上的作用时曾概括道："希腊式建筑多用直线，罗马式多用弧线，哥特式多用相交成直角的斜线。"

中西方在文化背景、民族风俗、审美习惯以及思维方式等各方面都存在或多或少的差异，中国画中的线条与西方绘画中的线条有着本质区别。西方绘画中使用线条，是为了表现物体的块面，达到西方绘画追求空间感和立体造型，忠实客观物象的目的。受客观形象的束缚，这种线条是缺少变化的。中国绘画中使用线条，用来塑造形体，表现结构、质感和立体感，利用线的虚实、疏密、浓淡、粗细、松紧、强弱来表现空间感，如近粗远细、近浓远淡、近紧远松等，这些都是西方绘画所不具备的。西方绘画线条的位置安排受透视学、解剖学等学科的影响，常体现于轮廓线和形的分割线，即便是抽象绘画，线条也仅仅是对形的分割，比较不注重线条本身的品质。线条俨然成为艺术家抒发内心情感的重要手段。线条是中国画中主要的造型元素之一，不仅是对客观物象的描摹，线条本身就有着独立的情感表达，具有浓郁的东方民族特色和形式美感。从古至今，中国画家用"立象达意"的独特感受表现线条的客观状态和时代风骨，讲究的是线条流畅、行笔迅捷，展现出线条的律动。

本书认为，线条的美感作用，是综合因素决定的，既有个体的生理因素，也与社会历史因素相关。中西方在文化背景、民族风俗、审美习惯以及思维方式等各方面都存在着差异，因此线条的审美表现也不同，很难用一种原因解释或者一概而论。

---

① 阿恩海姆.艺术与视知觉：视觉艺术心理学［M］.滕守尧，朱疆源，译.北京：中国社会科学出版社，1984：614.

二、色彩

色彩是波长不同的光刺激人的视觉产生的结果，即色彩的物理本质是波长不同的光。人的视觉器官可感知的光是波长在390毫微米—770毫微米之间的电磁波，各种物体因吸收和反射光的电磁波程度不同，而呈现出赤、橙、黄、绿、青、蓝、紫等十分复杂的色彩现象。

色彩既有色相、明度、纯度属性，又有色性差异。色彩对人的生理、心理产生特定的刺激信息，具有情感属性，形成色彩美。

与线条不同，色彩是最大众化的审美知觉，主要原因在于它的刺激性最强。

色彩的美主要在于其表情性：七种颜色可以分为冷色调、暖色调和温和色。冷色调有青、蓝、紫，情绪表现为沉静、消极、理智、沉闷；暖色调有赤、橙、黄，情绪特征为兴奋、积极、轻快、热烈；温和色是绿，情绪特征为一般与亲切、平和等情感反应对应。但在不同的文化背景中，色彩的含义不同。

闻一多有一首著名的《色彩》[①]诗，诗云：

> 生命是张没有价值的白纸
>
> 自从绿给了我发展
>
> 红给了我热情
>
> 黄教我以忠义
>
> 蓝教我以高洁
>
> 粉红赐我以希望
>
> 灰白赠我以悲哀
>
> 再完成这帧彩图
>
> 黑还要加我以死

---

① 闻一多.红烛［M］.北京：华夏出版社，2008：2.

从此以后

我便溺爱于我的生命

因为我爱他的色彩

颜色为什么会有表情性？

一般的解释是联想作用，比如由红色联想到火焰、烈士的鲜血，甚至革命；由蓝色联想到海水、冰凉；由绿色联想到大自然的平和、清新等。

但现在看来，联想说有很大的局限性，如婴儿谈不上联想（因为联想需要建立在生活经验上），但对颜色也有自己的偏好——喜欢鲜艳的色彩（童装正是遵循此规律）；实验证明低等动物，如蚯蚓对颜色也有偏好。文化程度、生活环境、年龄、民族等差异对颜色的偏好也会产生巨大影响。

另一种解释是"生理说"，认为对色彩的喜好取决于生理上的原因。还有的解释为"性格说"："一个冷酷的人就是一个令人望而生畏的人，当我们感到有必要去保卫自己不受一种有害的力量侵害的时候，就将大门关闭，并牢牢地插上门闩；当我们能够自由地抒发自己的见解时，就感到十分惬意；当我们自己的思想和行为受到压抑时，就感到很不自在。同样，人对物理上的'冷'和'暖'的反应也是如此，'暖'的色彩看上去似乎是在邀请我们，而冷的色彩却使我们望而生畏和远远躲避。但是，'冷'和'暖'的特征并不仅仅指观察者的反应，它还指事物本身的特征。一个'冷酷'的人，其行为看上去就好像在浑身发冷似的，他往往用衣服把自己紧紧裹住，甚至深居简出，处处提防，孤僻克制；而一个'热心'的人，其行为就正好与此相反，他似乎总是在放射着生命的活力，显得极其平易近人。在平易近人这一点上，一个热心的人与一种'温暖'的色彩之间是颇有相同之处的。"[1]

---

① 阿恩海姆.艺术与视知觉：视觉艺术心理学［M］.滕守尧，朱疆源，译.北京：中国社会科学出版社，1984：467-468.

本书认为，因为习惯、传统、文化等，使得某种色彩与某种特定的内涵发生固定的联系，从而使其具有了一定的象征和表情意义。例如同为杏黄色，在中国是皇帝专用色，在西方则是出卖耶稣的犹大着衣色，含义就完全不同。

线条和色彩的审美性比较体现在下面三个方面。

第一，从传达意义和表现性角度而言，线条优于色彩。因为线条的主要功能是造型，色彩则是对形状的增添，具有附属性。

第二，从人的感觉而言，线条主要诉诸理智，色彩更多作用于感官。如康德所说："在绘画、雕刻艺术，以至一切造型艺术中，在建筑、庭园艺术，在它们作为美术这范围内，素描是十分重要的。在素描里，对于鉴赏重要的不是感觉的快感，而是单纯经由它的形式给人的愉快。渲染着轮廓的色彩是属于刺激的；它们固然能使对象本身给感觉以活泼印象；却不能使它值得观照和美。它们往往受美的形式的要求所限制，就是在刺激被容纳的地方，也仅是由于形式而提高着它的品格。"[1]

第三，从感受过程而言，对形状的感觉是被动的，对色彩的感觉是主动的。因为色彩的刺激性要远高于线条。

三、音响

音响是声波对人的耳鼓的振动。

声音美和音乐美的物性因素的基本要素有音高、音强、音色及音长，其基本的组织形式是旋律、节奏、和声、复调、曲式等。这些物性因素，由于其现实的基础及其审美潜质，而在长期社会实践中与人们发生审美关系，从而生成出声音和音乐的美。比如潺潺的流水声、沙沙的风吹树叶声、啁啾的鸟叫声等，本身就是和谐、悦耳的；而狂风暴雨声、战马嘶鸣声、

---

① 康德.判断力批判：上册［M］.宗白华，译.北京：商务印书馆，1964：63.

飞流直下的瀑布轰鸣声等，本身就刺耳、震撼人心的。由于它们与特定的生活情景有联系从而能引起人们相应的联系和感受，从而也成为作曲模仿或暗示的对象，进入音乐美的创造之中。

音乐能影响人的生理活动，特别是情绪活动。因此，人们就能够用音乐来改善和调剂人体的生理和心理功能，进而达到治疗疾病、增进健康的目的。近代实验美学家证明，声音不仅影响人的神经，而且对人的血液循环、脉搏跳动、呼吸活动都有一定影响，声音的强弱及其在时间上的延续变化，和人的心理机制之间有一定的对应关系。声音上升——情绪昂扬，声音下降——情绪低沉、清雅、哀伤等反应。这就使得本无情感因素的外物的声音，带上了情感意味。例如：高音显得亢奋激昂，低音显得深沉凝重，强音显得振奋，轻音显得柔和，急促的声音显示紧张，缓慢的声音显示舒缓；乐音悦耳动听，噪声烦躁不安等。实验进而表明，每个乐调都可以表现一种特定的情绪。例如：E调安定，D调热烈，C调和蔼，B调哀怨，A调高扬，G调浮躁，F调淫荡。亚里士多德最推崇C调，认为C调最适宜陶冶情操，符合其美学主张。

但是音乐的功能在于其模糊性，而非明晰性。听音乐不应该听出"形象"，而应该听出情绪，情绪不可能是画面的。诗人一般好犯此毛病。歌德在听完门德尔松演奏完巴赫的一首作品后，曾叹道："这真是富丽堂皇，我仿佛看见一队衣装齐楚的豪贵人正大踏步迈下一个巨大的台阶。"别林斯基对此也有一个形象的描述："当人恋爱一个人的时候，不是把他当作观念，而是把他当作活的个性，爱他的整体，特别爱这个人身上没有办法确定它、叫出它的名称的东西。"以此来形容音乐的模糊性非常形象，音乐就是一种情绪表达，很难用概念描述，如宋之问的《渡汉江》："岭外音书断，经冬复历春。近乡情更怯，不敢问来人。"音乐就如这种乡情，正因为难以言说，才更动人、更令人遐想和感动。

第二节　形式美的规律

形式美的规律主要包括：对称均衡、比例、节奏韵律和多样统一。研究、探索形式美的法则，能够培养人们对形式美的敏感，指导人们更好地去创造美的事物。

一、对称均衡

所谓对称，是以一个点或条线为中心，两边的形状和大小一致，并且呈现对称分布的事物色彩、影调、结构统一和谐的现象。对称分为中心对称、轴对称和平面对称三种类型。

自然界和人类社会存在大量的对称关系和现象，如植物的叶、大部分动物及人体，都是对称关系，许多产品及艺术品也是对称的，如西方的宗教建筑和中国的皇家建筑，对称给人的审美愉悦，是庄重、严肃、宏伟、朴素等，在人类生活和艺术创作中被广泛借鉴和使用。

均衡是一种等量不等形的组合形式，它是根据力的重心，将各种分量进行配置和调整，从而使整体达到平衡的状态。均衡在表现形式上比对称有更宽的自由度，分为对称均衡、重力均衡和运动均衡。

均衡与对称是构图的基础，具有内在的同一性，即稳定。稳定感是人类在长期观察自然中形成的一种视觉习惯和审美观念。因此，凡符合这种审美观念的造型艺术才能产生美感。但均衡与对称都不是平均，而是合乎逻辑的比例关系，应该处理好对称和变化的关系，没有变化就没有美感。比较而言，均衡的变化比对称要大得多。如北京故宫、巴黎卢浮宫和埃及金字塔，就是均衡建筑的典范。

二、比例

比例是部分与部分或部分与全体之间的数量关系。人们在长期的生产实践和生活活动中一直在运用比例关系，恰当的比例有一种协调的美感，成为形式美法则的重要内容。美的比例是平面构图中一切视觉单位以及各单位间编排组合的重要因素。

黄金分割比又称黄金分割律，是最为著名的比例美，即将整体一分为二，较大部分与较小部分之比等于整体与较大部分之比，其比值约为0.618，即长段为全段的0.618，0.618被公认为最具有审美意义的比例数字。但在艺术实践中，比值处于0.571—0.666区域的比例，都属于黄金分割比。

黄金分割比由古希腊毕达哥拉斯派提出，该派从宇宙是由数的和谐关系构成的观点出发，视和谐与比例为寓于一切美的形体、美的事物、美的艺术作品的一种共性，是诸种事物之所以美的根源。古希腊的哲学家普遍认为，身体美在于各部分之间的比例对称，在他们心目中，和谐的形体美胜过容貌美。他们运用"美在和谐"的观点广泛研究人体美、文学作品、音乐、雕塑、建筑和人的心理活动，并以研究人体美作为探讨艺术美的基础。毕达哥拉斯派雕刻家波利克里托斯在《论法规》中指出，人体美在于各部分之间的对称，例如各手指之间、手指与手的筋骨之间、手与肘之间，一切部分之间都要见出适当的比例。黄金分割的应用已经不是纯数学问题，它不仅广泛运用于美术、建筑、设计等方面，作为审美要求，还被应用到生物学、音乐、物理学、经济学、心理学和预测学，甚至政治和文化，它几乎遍及了各个领域，对人类影响十分深刻。

黄金分割比为什么是美的？

（一）黄金分割比具有形式美

19世纪后期，德国的心理学家古斯塔夫·西奥多·费希纳（Gustav

Theodor Fechner）做了一个实验，测量各种矩形人造物，他发现大部分人更喜爱边长比例接近于黄金分割律的矩形，这从侧面说明了黄金比例图形具有符合人体标准的视觉愉悦性。

（二）生理原因

科学研究表明，人的双眼视域是两个不同心的圆所围成的总区域，如若以一眼的正视时的中心作为一分割点去分割整个双眼视域的长，得出的正是黄金分割的比例。所以，这个视域正是视觉感觉舒适的区域，这也可能正是黄金分割律美感的生理缘由。

（三）心理原因

平衡是大自然的一种规律和状态，同时，在心理学领域，格式塔心理学家们也得出：每一个心理活动领域都趋向于一种最简单、最平衡和最规则的组织形态。所以，阿恩海姆推导弗洛伊德的观点，得出一结论：平衡是任何自我实现者所要达到的最终目标，也是他所要完成一切任务、解决一切问题的最终归宿。而黄金分割这一比例恰恰是达到人类视觉平衡和心理平衡的最佳比例。这可能就是其能获美感的深层心理原因。

（四）人的生存原因

对称体的稳定性，决定了人类以适合生存、利于健康和长寿的对称为美，对称就必然成为人类共同的美学标准和审美要求，其本质是生存需要的人工选择。黄金分割作为对称的一种方式，自然成为人类追求和改造自然的目标。以人体为例，标准人体呈现左右对称，属于完美轴对称体，器官大部分呈现完美中心对称体和完美轴对称体，而身体上下部分，包括单只手和脚的关节分割点、面部的五官布局，都呈现和趋向黄金分割对称体。因为这种人体结构具有最大限度的稳定性，是最适宜生存和健康长寿的结构，这是人类在繁衍过程里，不断进行自然和人工选择，不断趋向这种对称体进化的结果。

三、节奏韵律

节奏是一种合规律的周期性变化的运动方式。

节奏美，指"节奏这种周期性的连续不断交替出现的运动形式所具有的审美属性"。[①]节奏是人体、自然和社会中广泛存在的一种现象，如脉搏的跳动、呼吸和心跳的频率、日夜交替和四季变化。人类对节奏美的认识很早。我国战国时期的音乐专著《乐记·乐象篇》中就有论述："乐者，心之动也；声者，乐之象也；文采节奏，声之饰也。"这说明了节奏的美化作用。《乐记·乐本篇》还对"感于物"之后引起"人心"（心理活动）的不同变化从而产生不同的节奏形态作了细致分析。古希腊美学家也较早地论述了节奏美，并把它与和谐联系起来。赫拉克利特认为，"不同的音调造成最美的和谐"，"音乐混合不同音调的高音和低音、长音和短音，从而造成一个和谐的曲调"。柏拉图认为节奏是"运动的秩序"，感受节奏是人独有的能力，人能通过优美的节奏感到和谐美，而节奏美表现出好性情，即完美的心灵。

人的视觉具有节奏感受。在视觉艺术中，节奏主要通过线条的流动、色块的形体、光影明暗等因素反复重叠来体现。静态艺术是一种引申意义的节奏，绘画中透视的远近、色彩的进退、比例的大小、线条的曲直都构成了视觉上的节奏。例如中国山水画是以线为主要造型语言的艺术，这种线条能表现物象的轮廓、形神、运动等。中国画家根据不同的表现对象和情感要求，创作出各自不同的笔法、墨法、描法、皴法；又把线的长短、粗细、曲直、刚柔、轻重、疾徐、浓淡、干湿加以巧妙的组合，创造出不

---

① 朱立元.美学大辞典［M］.上海：上海辞书出版社，2010：651.

同的节奏美。西方绘画也如此，如列宾的油画《伏尔加河上的纤夫》是众多的人物并列由右后向左前移动的横构图，画面人物分3组，由高到低交替错落，人物上方外轮廓出现的起伏线产生的节奏感十分强烈。

我国书法艺术在黑与白、字距与行距，起笔、行笔与收笔间产生一定的节奏，特别是狂草中线条的粗细、长短及疏密构成强烈的节奏感。

建筑门、窗、柱的反复交替，其节奏、韵律与音乐很相似，故歌德有"建筑是凝固的音乐"一说。

韵律是一种协和美的格律，"韵"是一种美的音色，"律"是规律，它要求这种美的音韵在严格的旋律中进行。例如一条美的弧线，它的每一阶段的形态要美，这种美又是在一定规律中发展。线的弯曲度、起伏转折及前后要有呼应，伸展要自然，要有韵律感（秩序与协调的美）。形象的反复、连缀、排列、对称、转换、均衡等，几乎都有严格的音节和韵律，是一种非常优美的形式。

四、多样统一

多样统一的法则是对对称、均衡、整齐、比例、对比、节奏、虚实、从主、参差、变幻等形式美法则的集中概括，它是各种艺术门类必须共同遵循的形式美法则，是形式美法则的高级形式。多样统一是自然科学和社会科学中辩证法对立统一规律在审美活动中的表现，是所有艺术领域中的一个总原理。

多样统一的"多样"，是整体中所包含的各个部分在形式上的区别与差异性；"统一"则是指各个部分在形式上的某些共同特征以及它们之间的某种关联、呼应和衬托的关系。只有多样变化，没有整齐统一，就会显得纷繁杂乱；如果只有整齐统一，没有多样变化，就会显得呆板、单调。多样统一包括两种基本类型：一种是各种对立因素之间的统一，另一种是多种非对立因素互相联系的统一。无论是对立还是调和，都要有变化，在变化中体现多样统一的美。多样统一体现出事物内在的和谐关系，使事物既具有本质上的整体性，又表现出鲜明的独特性，从而更充分地表现艺术的内容。

第五章　美的范畴

范畴（希腊语：κατηγορια，英语：category）是指把事物作归类整理所依据的共同性质。也就是说范畴是事物种类的本质，是人的思维对客观事物本质的概括的反映。对美学来说，就是对美做分类概括。在传统美学体系中，一般探讨优美与崇高、悲剧与喜剧四种美的范畴；在现代美学中，荒诞成为一个新的审美范畴。

第一节　优美与崇高

优美（beauty or grace）[①]是被人们最早认识和接受的美学概念，在人类开始有"美"这个概念，首先把握的就是"优美"的概念，西方近代以前的所谓"美"基本上就是指"优美"，"优美"是世界上一切美好事物的总称。

一、优美

优美的审美形态最早来源于古代希腊文化。古希腊单纯、静穆、和谐

---

① "优美"的英文对应词汇，一般用"beauty"（美丽的），但不能涵盖作为美学范畴的优美的全部内涵；"优美"更多指的是形式与内容的统一的美，还应该包括"grace"（优雅的）含义。

的美不仅表现在建筑和雕塑上，还表现在绘画、音乐、诗歌等其他艺术形式上。优美的审美特点就是完整、单纯、静穆、和谐的美，优美所引起的美感，是一种始终如一的愉悦之情。

（一）西方美学的优美论

优美以希腊文化为源。黑格尔所说："希腊人以自然和精神的实质合一为基础，为他们的本质；并且以这种合一为对象而保有着它，认识着它……希腊人的意识所达到的阶段就是'美的阶段'。"[1]法国艺术史家丹纳的描述非常精彩："希腊人心目中的天国，便是阳光普照之下的永远不散的筵席……他的神明是'快乐而长生的神明'。他们住在奥林匹斯的山顶上，'狂风不到，雨水不淋，霜雾不降，云雾不至，只有一片光明在那里轻快地流动'。他们在辉煌的宫殿中，坐在黄金的宝座上，喝着琼浆玉液，吃着龙肝凤脯，听一群缪斯女神'用优美的声音歌唱'。"[2]古希腊神话中著名的金苹果之争，帕里斯在财富、智慧和美这三者中最终选择了美，就是典型的希腊式的选择。将美凌驾于财富与智慧之上，显露出了希腊人强烈的爱美意识。他们在日常生活，如竞技、造型艺术、戏剧等方面将这种唯美意识发展到了极致。古希腊人物质生活极其简单，追求的是身心的解放和自由，是艺术风格的简洁，比如帕特农神庙，是希腊建筑的杰作，是人们征服自然的象征。它的各个部分都有一种持久的平衡，并不因为赖以支撑的陶立克柱故意造成的长短不一而倾覆，它舒展、伸张、挺立、强壮，与文雅相和谐。以宙斯为首的奥林匹斯诸神并不是一些枯燥乏味的道德偶像，而是一群相貌俊美、体魄健壮、有血有肉的神灵。诸神在精神或道德方面并没有超人之处，只是在肉体上比人更强壮、更健美，而

---

① 黑格尔.哲学史讲演录：第1卷［M］.贺麟，王太庆，译.北京：商务印书馆，1959：160.

② 丹纳.艺术哲学［M］.傅雷，译.北京：人民文学出版社，1963：266.

且能够长生不死。这些极具感性色彩的神成为希腊人的生活理想。通常雕塑家关注的是人物外在形象是否健美，试图通过对美的形体的描绘表现出人物的内在意韵之美。例如对美的不懈追求使希腊人对现实生活的关注更甚于对彼岸世界的向往。米洛斯的维纳斯优美的S形站姿，米隆的《掷铁饼者》和波利克里托斯的《荷矛者》，均表现外在形体之美。戏剧方面，索福克勒斯、埃斯库罗斯、欧里庇得斯和阿里斯托芬等，塑造了一个又一个鲜活生动、个性突出的人物，奇葩绽放的希腊戏剧将永远是人类宝贵的遗产。美学思想方面也硕果累累：毕达哥拉斯学派提出"美在和谐"的著名论点，认为一切平面图形中最美的是圆形，一切立体形状中最美的是球形，建筑、雕塑、人体的美都是从感性上体现一定数的比例关系；苏格拉底提出，有一种"形式的美"，这种美是形式上的秩序、匀称与明确，并认为这种美"借引起快感，并不和快感夹杂在一起"，这种美显然就是优美。马克思高度评价希腊的艺术不但能给后人以精神上的享受，而且"就某方面说还是一种规范和高不可及的范本"，正是在这样的希腊文化基础上，孕育了美。

古罗马时期，西塞罗提出了优美与崇高（威严）的问题，认为美有两种，一种美在于秀美，一种美在于威严；我们必须把秀美看作女性美，把威严看作男性美。[1]

18世纪，英国的培根提出"秀雅合适的动作的美才是美的精华"，荷加斯对优美线条加以总结，夏夫兹博里认为美就是"秀雅与和谐"。伯克系统论述了优美的形式特征：第一，比较来说是小的；第二，光滑的，各部分方向上要有变化；第三，这些部分不露棱角，而必须溶成一片；第四，结构娇柔纤细，不带任何显著而又强壮有力的外表；第五，颜色鲜明但不强烈刺眼；第六，如果一定要有强烈夺目的颜色，那这种颜色就必须陪同

---

① 西塞罗.论义务［M］.王焕生，译.北京：中国政法大学出版社，1999.

其他颜色一起构成多样的变化①。

康德在《判断力批判》中强调优美是使人直接产生快感的一种"鉴赏力判断"，优美是一种有限的形式，这种有限的形式不会给人造成任何压抑感，能够直接产生积极的愉悦。

席勒在《秀美与尊严》中指出："在一个美的心灵中，感性与理性、义务和爱好是和谐相处的，而秀美就是美的心灵在现象中的表现"；"完美人性的理想要求的不是道德事物和感性事物之间的矛盾，而是二者之间的协调一致，那么这种理想与尊严不会很好地相容，因为尊严作为二者之间那种矛盾的表现，不是显示主体的个别局限，就是显示人性的一般局限"。②这里的尊严等同于崇高，与尊严相比，优美更符合人的个性和理想；同时秀美与尊严，也就是优美与崇高二者是可以相互补充的，由于秀美，尊严才得到证实，由于尊严，秀美才获得价值。

席勒之后，关于优美的论述不再占据主导地位，崇高作为新兴的美学范畴，被美学家关注。

（二）优美的主要特征

优美的特征可以从关系、形态和审美感受几个方面概括为和谐、小巧、轻缓柔和、平静和喜悦等。

1. 和谐

所谓"和谐"，就是完整、协调、融合，是在审美活动中，主体和客体之间没有剧烈的抗争，而统一、平衡、平和的状态，包括主观目的与客观规律的和谐、个人与社会及自然的和谐、理性内容与感性形式的和谐。和

---

① 伯克.关于我们崇高与美观念之根源的哲学探讨 [M].郭飞，译.郑州：大象出版社，2010：88.

② 席勒.秀美与尊严：席勒艺术和美学文集 [M].张玉能，译.北京：文化艺术出版社，1996：168.

谐并不是同一，而是如《论语》所言"君子和而不同"，求同而存异。优美
这种审美形态是超然优雅的，在它的表现范围内，自然不是作为审美主体
的对立面出现，而是人生必不可少的组成部分，成为物性与人性完美、和
谐的统一，将真善美内涵化，并力求展现最大限度的真善美，在社会性方
面，没有发生激烈的矛盾冲突，就是一种令人舒适的、自然而然的和谐感。

2.形式上的特征

优美形式上的特征主要表现为小巧、轻缓、柔和，是一种偏于静态
的美。

小巧是指优美的对象占有的空间较小；轻缓是就对象的变化而言，没
有激烈的变化；柔和是指优美的对象力量弱小、性质温柔。

"没有地方是突出的巨大，没有地方引起人鄙俗的感觉，而是在明净清
楚的界线里保持着绝对的调和。"①

3.优美感是平静和喜悦

优美是人与世界和谐共存的情感满足和体验，在优美的状态下，主
客体处于相对统一和平衡之中。优美的事物，从内容上说，不表现为激烈
的矛盾冲突，而是内容和形式的自由的和谐统一。从感性形式上说，优美
的事物一般具有清新、秀丽、典雅、小巧、轻盈、柔和、宁静、圆润、舒
缓、微妙、光滑、流畅等特点，主体的感官可以自由把握，主体的力量可
以自由驾驭的性质。正如李泽厚所说："优美以比较单纯直接的形态表现
了真与善、规律性与目的性的统一，是现实对实践的肯定。在形式上，它
呈现为和谐、平静、稳定……现实与实践，真与善，合规律性与合目的性
似乎是处在交融无间、相对统一的状态中，给人们以比较宁静和谐的审美
愉快。"②

---

① 勃兰兑斯.十九世纪文学主流：第1分册 流亡文学［M］.张道真，译.北京：
人民文学出版社，1958：181.
② 李泽厚.关于崇高与滑稽［M］//美学论集.上海：上海文艺出版社，1980：199.

二、崇高

"崇高"（sublime）在现代西方美学中，是一个极重要的美学范畴。苏联美学论著和我国现当代美学论著，也基本上都设专章专节来论述"崇高"这一美学范畴。英文sublime一词，有庄严、崇高、卓越、雄伟、极端、异常等多种意义。朱光潜先生在《文艺心理学》中译为"雄伟"，"雄"字可以括尽"精力的"sublime意义，"伟"字可以括尽康德的"数量的"sublime意义。[①]

（一）中国美学中与崇高相近的范畴

中国古代美学理论中，有没有与西方美学中"崇高"相近似的美学范畴。但已经有越来越多的美学研究涉及这一问题。有学者认为，由于中国古代强调的是"乐而不淫，哀而不伤"的中和美，没有达到近代西方那种理想的冲突，因此中国古代没有类似西方"崇高"的概念；[②]也有学者认为，中国古代不但有近似崇高的概念，还有较为系统且颇具特色的相关理论。

本书认为，中国美学思想史上，"大"这一观念略近于崇高，它侧重在主体方面、社会价值方面，而不是对象方面、自然状貌方面。《论语·泰伯》云："大哉，尧之为君也！唯天为大，唯尧则之。"这是对人的道德品质的一种评价。

孟子强调"浩然之气"的人格美，把人格分为善、信、美、大、圣、神六个等级，其中"大"的含义为"充实而有光辉"，比一般的美在程度上更鲜明、强烈，在范围上更广阔、宏伟，是一种辉煌壮观的美。这样的崇

---

① 朱光潜.朱光潜美学文集：第1卷［M］.上海：上海文艺出版社，1982：231-232.

② 周来祥.美学问题论稿：古代的美、近代的美、现代的美［M］.西安：陕西人民出版社，1984：407.

高概念与西方传统美学中的概念相比，侧重点不同，但如果把这种品格同有关的遭遇联系起来考察，所涉及的对象世界中同样包含引起忧患困苦的因素。与西方美学所讨论的崇高特征仍是相近的。

《易经》把各种事物归为阴阳两类，相应地，美的事物也可以分为阳刚之美和阴柔之美，即刚性美和柔性美，比如"骏马西风塞北"是刚性美，"杏花春雨江南"是柔性美；苏轼的"大江东去，浪淘尽千古风流人物"是阳刚之美，柳永的"杨柳岸，晓风残月"是阴柔之美。这里的刚性美就近似于崇高，而柔性美则接近于优美或秀美，是一种优雅、秀丽的美。

桐城派古文学家姚鼐也有关于阳刚之美和阴柔之美的论述。姚鼐列举的刚性美的对象有：雷霆闪电、崇山峻岭，对于人来说如凭空远眺、万千将士勇猛杀敌等；而柔性美的对象有：云、霞、清风、烟雾以及幽静的山林里潺潺的溪水等。

朱光潜先生在《文艺心理学》[①]第十五章"刚性美和柔性美"里就援引了姚鼐关于阳刚之美和阴柔之美的论述，朱光潜先生用生动形象的语言论述刚性美和柔性美的区别：

> 走进一个院子里，你抬头看见一只老鹰站在一株苍劲的古松上，向你瞪着雄赳赳的眼，回头看见池边旖旎的柳枝上有一只娇滴滴的黄莺，在那儿临风弄舌，这些不同的物体在你心中所引起的情感如何呢？"鹰和松式的美"是刚性美，和"莺和柳式的美"是柔性美。鹰和松同具一种美，莺和柳又同具一种美。你遇到任何美，都可以拿它们作标准来分类。"比如说峻崖，悬瀑，狂风，暴雨，沉寂的夜或是无垠的沙漠，垓下哀歌的项羽或是横槊赋诗的曹操"，这些都是"鹰和松式的美"，也就是刚性的美。另一类，"比如说清风，皓月，暗香，疏影，

---

① 朱光潜.文艺心理学［M］.上海：华东师范大学出版社，2015.

青螺似的山光，媚眼似的湖水，葬花的林黛玉或是'侧帽饮水'的纳
兰成德"，这些是"莺和柳式的美"，也就是柔性的美。

（二）西方美学中的崇高理论

在文化渊源上，希伯来文化孕育了崇高。希伯来人是充满苦难和奋争
的民族，希伯来人一直以来饱受战争流离之苦，先后受到菲力士人、亚述
人、加勒底人、波斯人、罗马人、埃及人等的奴役，饱受精神的创伤，形
成一套自我拯救的理论，发展出魔鬼、来世、复活、最后审判等一系列观
念，形成了带有强烈宗教感、神秘感和超越感的文化。对于全能的"雅赫
维"的信仰、对于走出苦难的坚忍，产生出一种崇高的精神。第一次明确
提出崇高概念的朗吉弩斯就引用了《圣经》的文字"要有光，于是有了光；
要有大地，于是有了大地"来说明崇高的风格。黑格尔也说："这种崇高，
按照它最早的原始的定性，特别见于希伯来人的世界观和宗教诗。神是宇
宙的创造者，这就是崇高本身的最纯粹的表现。"①3世纪以后，希伯来精神
的《圣经》和基督教成了罗马帝国的国教和西方世界主要的宗教，它的精
神深深影响了西方的道德和信仰世界，对西方人的审美观念也产生了影响。
在这个意义上，崇高就是正视苦难、追求信仰和人生的最后、最高目标，
而这一目标应该是出世的、永恒的、无限的。

朗吉弩斯、伯克、康德是西方古典美学崇高理论的代表，现代及后现
代美学中，对崇高的探讨有了深化。

古罗马朗吉弩斯的《论崇高》在西方美学史上第一次把崇高作为一个
美学范畴提出。朗吉弩斯所讲的崇高，首先指的是文章风格的崇高，是一
切伟大作品共有的一种风格，也是衡量文艺作品的最高标准。崇高是伟大

---

① 黑格尔.美学：第2卷［M］.朱光潜，译.北京：商务印书馆，1979：92.

心灵的回声，除了掌握语言这个先决条件，崇高的文体具有五个本源：一是庄严伟大的思想，二是强烈激越的情感，三是运用藻饰的技术，四是高雅的措辞，五是整体结构的堂皇卓越。

英国的经验主义美学代表伯克阐明了崇高与美的区别。首先，他指出崇高和美这两个观念的起源完全不同，他把人类的基本情欲分为"自我保全"和"社会交往"两类，前者是维持个体生命的本能，后者是维持种族生命的生殖欲及一般社交愿望或群居本能。从崇高和美各自的起源来说，伯克认为"自我保全"是崇高感的基础；"社会交往"是美感的基础。崇高感的心理内容主要是恐怖和惊惧，这只有在生命受到威胁、个体感受到痛苦或危险时才能产生。崇高的对象不同于实际危险，因为它"处于某种距离之外，或者受到某种缓和，危险和苦痛可以变成愉悦的"，崇高感则是"面临恐怖的对象却没有真正的危险"的自豪感和胜利感。而美感的主要心理特征是爱，爱是一种"复合的情欲"，包括异性间的性欲和人与人之间的社交要求和群居本能。他确定了崇高与美在客观性质上的差别，认为一切崇高的对象都有一个可恐怖性的共同点。崇高对象的感性性质主要表现在体积的巨大、颜色的晦暗、力量的强大、无限、空无、突然性等，其中力量的强大是伯克特别强调的。

康德将崇高分为两类，即"数学的崇高"和"力学的崇高"，数学的崇高指的是体积的无限大，力学的崇高则指的是巨大的威力。在康德看来，二者都是对象的"无形式"，是人的想象力受到压迫（产生痛感）时，理性的力量被激发出来产生一种抵抗力，从而去"支配"崇高对象。康德还对美和崇高做了比较：其一，就对象来说，美只涉及对象的形式，而崇高不仅涉及对象的形式，还涉及对象的"无形式"即"无限制""无限大"；其二，美更多的是关涉事物的质，而崇高则更多的是关涉事物的量，就主观反应来说，美感是单纯的快感，崇高感却是由痛感转化成的快感；其三，最重要的区别则是美在于对象，崇高却在于主体的内容、心灵，所以人要能欣赏崇高，必须具有相当的道德修养水平。

席勒将康德关于美与崇高的论述与道德和人格的培养联系起来，崇高针对的是与自然相对的人的内心，最重要的是人的自由意志。

黑格尔按照理念与形式的关系，把艺术分为象征型艺术、古典型艺术和浪漫型艺术。在浪漫型艺术中，理念的发展溢出了它的显现形式，实际上承认了艺术中的崇高。

浪漫主义者的一个共同特点是喜欢自然，这也成为他们崇高观念的来源。对自然的欣赏不仅仅是愉悦，其中也有恐惧，这时，突然的领悟会带来惊喜。他们正是通过诗歌对自然的描写，将崇高观念内化成一种艺术的风格。

现代，法兰克福学派的阿多诺在理论上实现了自然崇高到艺术崇高的转变。在后现代美学家利奥塔眼中，现代主义艺术和后现代主义艺术，其本质都是追求崇高，他提出了自己独特的两种崇高来描绘艺术，提出现代主义的艺术，是一种带着抑郁感的怀旧的崇高（nostalgia sublime），以德国表现主义艺术家马列维奇、普鲁斯特等人为代表，而后现代主义艺术是一种追新的崇高（novatio sublime），以从塞尚到立体主义，再到抽象艺术为代表。如果说在现实生活层面，存在的是对话、协调、协商，那么在艺术层面，则是以崇高来唤醒无序性所带来的平庸。①

（三）崇高的美学特点

崇高的基本内涵在于"人的本质力量在经过巨大的异己力量的压抑、排斥、震撼之后，最终通过人生实践尤其是审美实践活动而得到全面的高扬和完整的体现……崇高是一种通过人生实践和审美活动，在真善美与假

---

① 参见高建平."崇高"概念的来源及其当代意义［J］.浙江社会科学，2020（8）：113-117，159.

恶丑的对立冲突中重建起来的具有肯定性价值内涵的审美形态"。①

　　李泽厚关于崇高的基本观点，代表了国内美学界有关这一问题的主流观点，李泽厚认为，崇高包括三方面的内容。第一，"崇高的根源产生在人类社会生活的客观实践和斗争中……社会生活中的崇高是一切崇高的本质和首要内容"②。第二，崇高对象的感性形式具有非规范性，"直接在形式上显露出实践与现实相抗争的严重痕迹"③。第三，"崇高表现为现实（客体）与实践（主体）的斗争过程，表现为现实与实践的对立、冲突和抗争，表现为美丑并存的矛盾，表现为审美感受中的斗争动荡的愉快"④。

　　概括起来，美学范畴的崇高可以从以下三个方面进行界定。

　　第一，崇高主要指对象以其粗犷、博大的感性姿态，劲健的物质力量和精神力量，雄伟的气势，给人以心灵的震撼，进而受到强烈的鼓舞和激越，引起人们产生敬仰和赞叹的情怀，从而提升和扩大人的精神境界。崇高在自然、社会和艺术作品中都有体现。

　　第二，审美经验上，它使主体受到震撼，带有庄严感或敬畏感，甚至伴有某种程度的恐惧或痛苦。也就是说，同其他审美范畴相比较，崇高与悲剧性相近，都伴有巨大的情感跌宕，是具有理性精神的美感。

　　第三，崇高的审美意义，它是生存意义的本质性揭示，是对人生存境界的提升，是对人的情感的深刻塑造。崇高指向的是"命运"，即神秘的、未知的以及不可能把握的东西，造成了崇高的深邃境界；崇高的意象世界的核心意蕴是追求无限。宏伟深远的空间感同时也是一种历史感，是对命运、时间和不可复返的生命的一种内在体验，是悲悯之美。

---

①　朱立元.美学［M］.北京：高等教育出版社，2001：195.
②　李泽厚.关于崇高与滑稽［M］//美学论集.上海：上海文艺出版社，1980：204.
③　李泽厚.关于崇高与滑稽［M］//美学论集.上海：上海文艺出版社，1980：206.
④　李泽厚.关于崇高与滑稽［M］//美学论集.上海：上海文艺出版社，1980：206.

三、崇高与优美的对比

美学史上，许多美学家都曾对优美和崇高进行比较，如伯克和康德的有关论述、中国的"阴柔之美"和"阳刚之美"的区分，归纳这些研究，可以概括出优美和崇高的如下三点主要区别。

（一）内容的区别

优美表现为审美对象与主体感受之间处于一种和谐关系，处于矛盾的相对统一和平衡状态。它一般不显现为激烈的矛盾冲突，而是一种内外关系的和谐。它是现实对主体实践的单纯肯定关系，且容易被人接受和欣赏的一种美的形态。而崇高则是现实肯定主体实践的严重形式，崇高处于主客体的矛盾激化中，具有压倒一切的力量和强劲的气势，它表现的是主体与客体间的对立、冲突与抗争，是通过矛盾运动达成的壮美情感形态。

（二）形式的区别

优美的对象一般具有小巧、淡雅、细腻、光滑、圆润、精致、轻灵、秀美等特征，形式上是和谐的。而崇高则突破形式的限制，康德在《判断力批判》的"崇高的分析"中，认为崇高的特征是"无形式"，即对象形式无限制、无规律。崇高对象的感性形式一般都是对美的形式原则的某种违背与破坏，这种破坏美的形式展示着真与善、形式与内容等种种激烈矛盾冲突。这与优美的柔顺、秀丽等形象特征正相反，体现的恰恰是内容与形式的不和谐。"高大的橡树、神圣丛林中孤独的阴影是崇高的，花坛、低矮的篱笆和修剪得很整齐的树木则是优美的；黑夜是崇高的，白昼则是优美的。"①

---

① 康德.论优美感和崇高感［M］.何兆武，译.北京：商务印书馆，2020：3.

（三）美感的区别

优美能给人以和谐与愉悦的美感。崇高则是让人感到痛苦、激奋昂扬的审美感受，往往调动起人的赞叹与惊心动魄之情，从根本上说，崇高体现了人的伟大精神和力量。"这两种情操都是令人愉悦的，但却是以非常之不同的方式。一座顶峰积雪、高耸入云的崇山景象，对于一场狂风暴雨的描写或者是弥尔敦对地狱国土的叙述，都激发人们的欢愉，但又充满着畏惧；相反地，一片鲜花怒放的原野景色，一座溪水蜿蜒、布满着牧群的山谷，对伊里修姆的描写或者是荷马对维纳斯的腰束的描绘，也给人一种愉悦的感受，但那却是欢乐的和微笑的。为了使前者对我们能产生一种应有的强烈力量，我们就必须有一种崇高的感情；而为了正确地享受后者，我们就必须有一种优美的感情……崇高使人感动，优美则使人迷恋。一个经受了充分崇高感的人，他那神态是诚恳的，有时候还是刚强可怕的。反之，对于优美之活泼的感受，则通过眼中光辉的快乐，通过笑靥的神情并且往往是通过高声欢乐而表现出来。"[1]"崇高的性质激发人们的尊敬，而优美的性质则激发人们的爱慕。崇高的情操要比优美的情操更为强而有力，只不过没有优美情操来替换和伴随，崇高的情操就会使人厌倦而不能长久地感到满足。"[2]

第二节　悲剧和喜剧

悲剧和喜剧是一对传统的审美范畴，也是美学和艺术学中被谈论最多、最深入的范畴。对这部分内容，主要的侧重点应该是对美学史上有关论述的梳理分析，这也是传统美学的精华部分。

---

[1]　康德.论优美感和崇高感［M］.何兆武，译.北京：商务印书馆，2020：3.

[2]　康德.论优美感和崇高感［M］.何兆武，译.北京：商务印书馆，2020：6-7.

一、悲剧

悲剧（tragedy）有两层含义，作为戏剧种类和作为审美范畴。悲剧作为戏剧种类，主要是以剧中主人公与现实之间不可调和的冲突及其悲惨的结局，构成基本内容的作品。它的主人公大都是人们理想、愿望的代表者。悲剧以悲惨的结局，来揭示生活中的罪恶，从而激起观众的悲愤及崇敬，达到提高思想情操的目的。作为审美范畴的悲剧，指悲剧主体具有强烈的自我保存和维护独立人格的欲望，往往因为对现状的不满而显示出强烈的、不可遏制的超越动机，并能按自己的意志去付诸行动，即使命运使他陷入苦难或毁灭的境况之中，他也敢于拼死抗争，表现出九死不悔的悲剧精神。

（一）西方美学史上的悲剧理论

亚里士多德（也译为亚理斯多德）、黑格尔、尼采等的悲剧理论具有代表性。

亚里士多德在《诗学》中有一个著名的悲剧定义："悲剧是对于一个严肃、完整、有一定长度的行动的模仿；它的媒介是语言，具有各种悦耳之音，分别在剧的各部分使用；模仿方式是借人物的动作来表达，而不是采用叙述法；借引起怜悯与恐惧来使这种情感得到陶冶。"[①] 在这个定义中，亚里士多德认为悲剧所强调的是一种行为的模仿，而行为的模仿就是悲剧的情节，情节是悲剧最基本的要素，是悲剧的灵魂，情节的基本要求应是一个整体，由起始、中段和结尾组成，而且事件的承接要符合可然律或必然律，以及具备一定的长度；另外，"好的悲剧都取材于少数几个家族的故事"，只有这样的艺术题材才既能触发作者的创作激情，又能同时很好地引

---

① 亚理斯多德.诗学［M］//亚理斯多德，贺拉斯.诗学·诗艺.罗念生，杨周瀚，译.北京：人民文学出版社，1962：19.

起观众的共鸣；情节最重要的技巧是突转、发现与苦难。悲剧的效果是激起怜悯与恐惧之情，使情感得以净化。

黑格尔认为悲剧的实质是两种伦理力量的冲突。冲突的悲剧性在于：这种冲突中对立的双方各有实现的理由，而同时每一方的实现却只能是对同样有实现理由的对方的否定，悲剧的解决是让代表两种片面伦理力量的人物死亡，而他们所代表的伦理力量却得到拯救。如苏格拉底之死，"在世界史中凡是开创新世界的英雄们的情况一般都是如此，他们的原则和旧原则发生矛盾，把旧原则破坏了。他们代表着暴力破坏法律者。所以作为个人，他们遭受到死亡，但是在惩罚中遭到毁灭的只是他们个人而不是他们的原则……苏格拉底的命运之所以是真正悲剧性的，并非把一切不幸都看成悲剧性的那种肤浅的意义……例如说，苏格拉底的命运之所以是悲剧性的，就因为他被判处死刑。无辜的灾难只是悲惨的而不是悲剧性的，因为这种不幸是无理性的。只有在产生于主体的无限的，合法的道德的意志时，那种不幸才是有理性的"[①]。黑格尔把冲突分为三类：第一类是"物理的或自然的情况所产生的冲突"，如索福克勒斯的悲剧《斐罗克特》，该剧的冲突是由于主角斐罗克特的脚被毒蛇咬伤而引起的。黑格尔认为这种情况本身是消极的、邪恶的，因而是有一定危害性的。第二类是"由自然条件产生的心灵冲突"，一般以自然的家庭出身为基础的冲突都属于这一类，如因王位的继承权而产生的冲突。莎士比亚的《麦克白》就是一个例子：戏剧冲突起于主人公麦克白被剥夺了王位继承的优先权，由此而引发了麦克白的一系列"罪行"。第三类是"由心灵性的差异而产生的分裂"。黑格尔认为前两种冲突是不合理或不公平的，它们只是一种"助因"，理想的冲突必须起于两种普遍力量的斗争。符合这种冲突的典型例子如《安提戈涅》和《俄狄浦斯在科洛诺斯》。悲剧的解决是和解，黑格尔认为，冲突双方要维

---

① 转引自朱光潜.西方美学史：下卷［M］.北京：人民文学出版社，1964：505.

护个别化于自身的实体性的伦理力量，这在他们看来是理所应当的，他们都有理由把各自坚持的伦理理想实现于行动，而同时每一方拿来作为自己所坚持的那种目的和性格的真正内容却只能是把同样有辩护理由的对方否定掉或破坏掉。这就造成了一种两难之境，变成了你死我活的斗争。而这种两难之境的解决，就是代表片面伦理力量的人物遭受痛苦或毁灭。就他们个人而言，他们的牺牲好像是无辜的，但就整个世界秩序而言，他们的牺牲又是罪有应得的。个体虽然被消灭了，但他们所代表的伦理实体并不因此而毁灭，而是在此基础之上出现新的"和谐"与平衡，即"永恒正义"的胜利。悲剧的和解一般有两种方式：一种是矛盾双方两败俱伤；另一种是发出动作的人们主动放弃了自己的片面性，从而达到和解，也就是黑格尔所谓的"主观内在和解"。对第一种和解方式，如《安提戈涅》，主要情节是：俄狄浦斯和生母结婚后，生有两个儿子埃忒奥克勒斯和波吕涅克斯，两个女儿伊斯梅涅和安提戈涅。次子波吕涅克斯借用外国军队攻打自己的国家忒拜，同大哥埃忒奥克勒斯争夺父亲留下的王位，结果两兄弟自相残杀身亡。新国王克瑞翁下令禁止埋葬波吕涅克斯的尸体，违令者要被处死，因为他焚烧祖先的神殿，吸吮族人的血。但按照希腊人的宗教信仰，死者如果得不到安葬，他的阴魂就不能进入冥土，因此亲人有埋葬死者的义务。安提戈涅不顾国王的禁令为哥哥收了尸，因为违反国家的法律，安提戈涅被囚禁在墓室里最终自杀身亡。听到这个消息后，和她订过婚的王子也就是克瑞翁的儿子殉情身亡，他母亲也就是王后也自杀了。希腊人仍然以命运解释这部剧，国王维护王法而剥夺了死者本应得到的葬礼，安提戈涅因亲情而无视王法，冲突双方都坚持自己的片面理想，最终冲突以安提戈涅的毁灭和国王克瑞翁家破人亡而得到解决，在冲突中遭到毁灭的不是王法或亲情这种实体性的伦理力量，而是企图片面实现这些伦理理想的个人，"永恒正义"却立于不败之地。第二种和解方式，如《俄狄浦斯在科洛诺斯》，俄狄浦斯发现自己无意犯下了杀父娶母的罪行后，痛苦万分，于是他弄瞎了自己的眼睛，离开了忒拜国，开始了流浪。后来，他到了科洛诺斯，服从神的指令，宁愿让复仇女神陪伴他，而不听儿子请他回国的央求，这样，他身上从前的分裂达到了和解，最终他净化了自己，他的眼睛复明，还成为科洛诺斯城的安全保障，这种和解里还包括了一种"主体方面的满足感"。

尼采在《悲剧的诞生》中，首次用日神精神和酒神精神对悲剧进行了独特的解读。他认为，日神和酒神的二元斗争最终促使了悲剧的产生，而日神与酒神，特别是酒神精神，不仅是悲剧产生的根源，而且是所有真正的艺术，乃至人类生存意义的根本所在。日神阿波罗是发光之神，与之相对应的人的生理状态是梦，相对应的艺术形式是造型艺术，人们借日神创造出的美丽的外观幻象，忍受痛苦和恐怖。酒神是人天性中升起的充满幸福的狂喜，对应于人的生理状态是醉，相对应的艺术形式是音乐。在酒神状态下，人们处于一种极度癫狂的迷醉状态，各种制度戒律等个体化原理都被瓦解，人与人在这种迷狂状态下消解了所有的敌对和疏远，人与人，甚至人与自然都在此刻融为一体，人不再是艺术家，而成为艺术品。酒神和日神这两种人类艺术冲动的斗争结盟，是悲剧的本质所在。悲剧的功能是使人产生"形而上慰藉"，悲剧都"用一种形而上的慰藉来解脱我们：不管现象如何变化，事物基础中的生命仍是坚不可摧的和充满欢乐的"[①]。看悲剧时，"一种形而上的慰藉使我们暂时逃脱世态变迁的纷扰。我们在短促的瞬间真的成为原始生灵本身，感觉到它的不可遏止的生存欲望和生存快乐"[②]。代表酒神精神的悲剧艺术就是在克服现象世界中的个体存在的痛苦中最终达到与本体世界的融合，达到对生

---

① 尼采.悲剧的诞生：尼采美学文选［M］.周国平，译.北京：生活·读书·新知三联书店，1986：28.

② 尼采.悲剧的诞生：尼采美学文选［M］.周国平，译.北京：生活·读书·新知三联书店，1986：71.

命意志的肯定，也就是说，通过个体的毁灭，我们反而感觉到生命意志的丰盈和不可毁灭，于是生出快感。

（二）悲剧的实质和特点

恩格斯和鲁迅关于悲剧的论断是对悲剧本质的深刻概括。

恩格斯说："（悲剧是）历史的必然要求和这个要求的实际上不可能实现的冲突。"[1]历史的必然要求是指符合历史发展方向的要求，它代表着正义的、进步的、新生的力量，以及它们的合理要求，但是由于旧势力的强大和新旧力量对比的悬殊，在矛盾冲突中导致悲剧性结局。这就是说，悲剧性的本质归根结底是特定历史条件下社会矛盾冲突的反映。从一定意义上讲，悲剧性与崇高是一致的，崇高的本质在于人的本质力量与客体处于尖锐对立与冲突时，客体以外在力量的巨大形势暂时压倒主体，主体则在严峻冲突中最终征服客体，使人的本质力量得到充分显现。具有合理性的社会力量在悲剧中遭受不可避免的苦难或毁灭，正如鲁迅先生所说的那样，"（悲剧）将人生有价值的东西毁灭给人看"[2]，人们正是从这种毁灭中更深刻地认识到它们的价值，使人们在悲哀与痛苦的同时，努力去奋斗、去抗争。正因如此，悲剧的意义不是消极的，而是积极的，悲剧实质是表现人和"命运"的冲突，美学效果是使人正视人生与社会的负面，迎接命运的挑战。

可见，悲剧的特点就是悲剧的主人公必须是正面的形象，结局也必须是毁灭；悲剧有深刻的社会必然性，悲剧通过对人生存在的否定性体验，从而展现对人生存在价值的肯定；美感的效果是"悲壮"，悲剧的情感体验

① 恩格斯.致拉萨尔谈其剧本《济金根》的信［M］//马克思，恩格斯.马克思恩格斯选集：第4卷.中共中央马克思恩格斯列宁斯大林著作编译局，编译.北京：人民出版社，1965：346.

② 鲁迅.再论雷峰塔的倒掉［M］//鲁迅全集：第1卷.北京：人民文学出版社，1981：297.

是一种人生实践存在的深层体验。

（三）悲剧的种类

关于悲剧的分类，学界并无一致性意见。本书综合方家看法，认为如下四种是主要的悲剧种类。

1.命运悲剧

按照古希腊人的观念，命运是不可抗拒的，是不可知的，是冥冥中的一股巨大的力量。人的意志与命运的冲突是古希腊悲剧中的一个常见的主题。

古希腊悲剧常常以表现人与命运的斗争为主题，因此又被称为命运悲剧。早在古希腊的神话里，命运就是支配神和人的无上力量。按古希腊人的观念，命运是不可抗拒的，是不可知的，它既支配人，也支配神。这种命运观产生的社会背景是古希腊人局限于思想及科学水平，无法正确认识自然、认识世界以及认识自我。人与命运的冲突，实际反映了人与外界环境、人与人之间的冲突。命运悲剧是古希腊人反映社会矛盾的一种特殊形式，在三大悲剧诗人的作品中，人的意志和命运的冲突是一个常见的主题。他们对这一主题的表现，反映了当时希腊人对命运的看法，以及这一观点的发展。

埃斯库罗斯继承了荷马带有浓烈悲剧色彩的命运观，他认为命运支配一切，人受到灭顶之灾是不可抗拒的，神要让一个人遭难，总会让他忘乎所以；但他也看到，谨慎行为或许可以使人消除灾难。例如，他笔下的波斯国王塞耳克塞斯骄横跋扈，最终兵败疆场；阿伽门农狂妄自大，却为妻子所杀。这些悲剧表现了人类期望美好生活而走向反面，想不作恶而又不得不作恶，极度惧怕死亡而不得不堕入死亡的深渊，带有一种宿命色彩，而且这种宿命常常跟血脉的延续联系在一起，从而加剧了命运对人的控制力量。在"俄瑞斯忒斯"三部曲中，人物都被复仇神所控制，纠缠在家庭谋杀中。这里的命运表征为阿伽门农为了出征而杀女的事件，于是引起一系列的家庭悲剧。在"普罗米修斯"三部曲中，对普罗米修斯来说，命运就是宙斯，由于他盗火给人类，又拒绝说出宙斯的秘密，因此受到宙斯的严酷惩罚，最终牺牲了自己。从这两部剧来看，埃斯库罗斯的命运观具有两个因素，即神和某种神秘力量，它们支配着人和神的生命以及行为。

索福克勒斯将命运描写成一种巨大的力量，总在主人翁行动之前设下陷阱，使其步入罪恶的深渊。虽然命运不可抗拒、神秘叵测，但是人可以在邪恶的命运面前抗争，而不是消极顺从。其代表作《俄狄浦斯王》，被认为是希腊悲剧的典范。剧中，命运是一种超乎人类和神之上的抽象观念，是一种不可知但绝对邪恶的力量，正是这种力量将正直、善良、勇敢的俄狄浦斯投入杀父娶母的深渊。俄狄浦斯王在和邪恶命运搏斗中遭遇到不可避免的毁灭，但他执着地抗拒命运、勇于承担责任的行为，更多地反映了人的主体性精神的高涨。

欧里庇得斯受到怀疑哲学的影响，将人性的缺点或邪恶跟命运的转变联系在一起，使其笔下人物在命运面前呈现出对自我命运发展的主体力量，例如美狄亚命运的转变源自伊阿宋的背叛，而美狄亚的报复则主动干预了自己命运的进一步发展。

总之，以上三位悲剧诗人的创作从不同方面反映了当时人们对命运的看法，而因为他们各自创作的时间大致互相承接，刚好贯穿了希腊民主制度由建立、繁荣到衰落的发展阶段，其各自对命运的看法与表现，客观上反映了剧作家民主思想不断增强、主体精神不断提高的发展过程。在《美狄亚》中，造成美狄亚悲惨下场的是伊阿宋的忘恩负义与男性文化对女人的蔑视，这种可见的男性社会力量，形成了作为女人的美狄亚的悲剧。尽管三位悲剧家的命运观念不尽相同，但他们对命运的抗争却是一致的：悲剧主人公用不同的方式，面对落到头上的不公的命运，意志坚定、竭尽所能地进行了英勇的反抗，而在这种对抗中，显示了人的不甘屈服的精神，产生一种令人震撼的悲剧效果。

2.性格悲剧

性格悲剧产生于人自身的性格的矛盾和冲突。莎士比亚所描写的哈姆雷特的性格中存在着刚强与软弱两种要素。哈姆雷特本来在德国威登堡大学上学，在人文主义的气息下受到高等教育。最初的他，积极向上、乐观开朗，深受人文主义影响，父母恩爱，自己又有恋人奥菲莉亚，人生正春风得意，被人认为是"一世英才，仕人的眼睛，学者的舌头，军人的利剑，国家的期望和花朵，风流时尚的镜子，文雅的典范，举世瞩目的中心"。然而一夜之间变故猝起，父亲的无端猝死，叔叔的继位为王，母亲的迅速改嫁、朝野的流言四起，这些因素都让最初乐观向上的丹麦王子变得忧郁、犹疑起来。一方面，出于刚强，他要为父亲复仇；另一方面，出于软弱，他又不能付诸行动。这就使存在或者不存在变成了一个问题，或者，生或者死变成了一个问题。在这种性格的矛盾中，他失去了复仇的机会，最后只好选择自杀。在《李尔王》中，好大喜功的李尔王因为受了大女儿高纳里尔和二女儿里根的蒙骗，而驱逐了真心孝顺的小女儿考狄利娅。正是他身为一国之主的好大喜功的个性与身为父亲对三个女儿本性的不了解，导致了他的悲剧。而《奥赛罗》与《麦克白》亦是如此，是主角的性格缺陷和主角的矛盾冲突，导致了主角的悲剧。

3.生活悲剧

生活悲剧是指由生活中各种复杂的因素和关系的冲突而导致的悲剧。

如曹雪芹的《红楼梦》，如鲁迅所说"悲凉之雾，遍被华林"，就包含了爱情悲剧、人生悲剧、生存悲剧等多重悲剧。以爱情悲剧为例，它通过贾宝玉和林黛玉的爱情揭示了爱与不爱、情和无情的矛盾。

4.社会悲剧

社会悲剧是指社会历史因素导致的悲剧，如新生力量、新生事物的悲剧，小人物的悲剧，旧事物、旧制度的悲剧。

新生力量的代表人物为了推动社会的进步，甚至不惜牺牲自己的生命。但是在旧势力面前，新生力量还显得薄弱，二者较量中，往往是新生力量的失败和毁灭，但在这毁灭中，愈能暴露现实存在的不合理及其必然灭亡的趋势，就愈能充分显示出实践主体的合理要求和必然胜利的曙光，从而产生悲壮美，美学意义就在于通过悲伤痛苦唤起同情与怜悯之情，认识到新生力量的正义性，并为之奋斗。这就是马克思所说的"一切伟大的世界历史事变和人物，第一次是作为悲剧出现的"①。在现实和艺术中，新生力量、新生事物的悲剧由于所处条件与人物关系的不同，往往展示出各不相同的具体情态，但它们却有着一个共同的审美特征，往往正义的都遭到了不应遭到的毁灭，以肯定性的社会力量展示遭受挫折为其基本内容。这类悲剧以其斗争的艰苦性震撼人心的悲剧性来显示出巨大的美学力量。例如在长期的封建社会中，封建制度、封建伦理道德、封建迷信等，与争取民主、自由、解放的新生力量的斗争是十分激烈的。这种斗争产生了许多动人心魄的事迹，如斯巴达克斯、巴黎公社的英雄们、谭嗣同、李大钊等，在他们的身上集中地体现了新的合理的力量，他们的失败、牺牲，更加显示了悲剧的壮美和崇高美。巴金的《家》中描写的几个悲剧，都是为追求幸福的爱情与封建礼教、封建专制制度产生了不可调和的矛盾，他们的不幸和悲剧都与封建家庭的专制者高老太爷有着直接的联系，通过鸣凤、钱梅芬、李瑞珏、高觉新这几个悲剧人物的形象，从不同侧面控诉封建专制的残酷及封建礼教灭绝人性的罪恶。俄国剧作家奥斯特洛夫斯基的《大雷雨》，描写了一个商人家庭儿媳卡杰林娜因忍受不了婆婆的虐待而投河自杀。从表面上看《大雷雨》似乎只是一出家庭悲剧，但它却是当时俄国社

① 马克思.路易·波拿巴的雾月十八日［M］//马克思，恩格斯.马克思恩格斯全集：第8卷.中共中央马克思恩格斯列宁斯大林著作编译局，编译.北京：人民出版社，2006：129.

会生活的深刻缩影。卡杰林娜这一形象体现了人们对自由、解放的追求，对封建专制的斗争和反抗。她的死是对专制、顽固势力的控诉。所以俄国当时民主主义革命评论家把卡杰林娜形象称为黑暗王国中的一线光明。

巴尔扎克的《高老头》、易卜生的《玩偶之家》和契科夫的《小公务员之死》，都是小人物的悲剧。如《小公务员之死》中，小公务员切尔维亚科夫打了一个喷嚏，三番五次地向将军道歉，受到呵斥后胆怯而死，由此可看到其为人谨慎、胆小怕事、奴性十足、行为可笑的性格特点，而在这"谨慎""可笑"的行为背后，却是他极其悲惨的经历。他的死，貌似荒唐，实则有着真实的社会生活背景。在当时的俄国，"大人物"摧残"小人物"是一种普遍现象。这种卑微的小人物的畏惧感和奴性心理是沙皇专制制度下森严的等级制度和达官贵人长期飞扬跋扈、盛气凌人的社会现实造成的。因此，切尔维亚科夫的死是一个具有深刻社会意义的悲剧，作者透过这一形象表露了对人性可怜之处的不胜悲哀，也暴露了整个沙皇统治时期专制制度的黑暗。

历史总是不断前进与发展的。在一定历史时期上，先进的、合理的社会力量或新事物必然会转化为旧力量和旧事物，而与社会历史进程相矛盾。但当旧制度、旧事制还没有完全丧失存在的合理性的时候，其代表人物会为争取自己的合理性而斗争，这样一来其失败或毁灭的必然性也就具有了一定的悲剧性，如《林家铺子》中的林老板虽然苦心经营，但最终摆脱不了一个破产的结局。

二、喜剧

喜剧（comedy）是一种凸显了本质与现象、内容与形式、现实与理想、目的与手段、动机与效果等的不协调或不和谐，使人发笑的审美类型。

喜剧作为戏剧的一种类型，以夸张的手法、巧妙的结构、诙谐的台词及对喜剧性格的刻画，从而引人对丑的、滑稽的事物或现象予以嘲笑，对正常的人生和美好的理想予以肯定。

（一）西方美学史上的喜剧理论

喜剧直接而突出的审美效果是笑，美学家大都从笑出发探讨喜剧。柏拉图是西方第一个从主体心理角度来界定喜剧与笑的理论家。他在《斐利布斯》的对话里说："我们耻笑朋友们的滑稽可笑的品质时，既然夹杂着恶意，快感之中就夹杂着痛感；因为我们一直都认为心怀恶意是心灵所特有的一种痛感，而笑是一种快感，可是这两种感觉在这种情况下同时存在。"①

1.霍布斯的"突然荣耀说"或"鄙夷说"

"突然荣耀说"是17世纪英国经验主义哲学家托马斯·霍布斯在《人类本性》中提出来的，又叫"鄙夷说"，它源于亚里士多德的《诗学》。霍布斯认为凶恶是令人憎恶的，无伤大节的拙劣才会令人发笑。当权威失去权威，让我们感到鄙夷时，他才使人感到可笑。喜剧性来自两个方面：一是发现别人的欠缺，对别人缺点的鄙夷；二是突然发现自己的优越，所以产生了一种荣耀感。

2.康德的"乖讹说"或"预期失望说"

乖讹，指不和谐、不协调。这种说法最初在德国流行，一般指打破现有的秩序或规律，让人的紧张的期望突然消失。康德《判断力批判》中曾有论述："在一切引起活泼的撼动人的大笑里，必须有一种荒谬悖理的东西存在着……笑是一种从紧张的期待突然转化为虚无的感情。"②他认为可笑的东西，是荒谬的、不伦不类的、乖讹的，常常出乎人的预料，让人们的心理期待突然转化为虚无的感情。他还举了一个印第安人关于啤酒泡沫的笑话，说有一个印第安人去参加宴会，在筵席上看见一个瓶子打开时，啤

---

① 柏拉图.文艺对话集［M］.朱光潜，译.北京：人民文学出版社，1963：267.
② 康德.判断力批判：上卷［M］.宗白华，译.北京：商务印书馆，1964：180.

酒化成泡沫喷出来，大声惊呼不已。别人问他为什么惊呼，他指着酒坛说："啤酒泡沫流出来我倒不奇怪，我感到奇怪的是你们原先怎么把这些泡沫塞进瓶里去的。"康德认为，人们听了这件事会大笑，笑的原因并不是认为自己比这个无知的人更聪明，而是由于紧张的期待突然转化为虚无，在紧张的期待中得到的却是印第安人这样一个令人意想不到的回答。康德指出了喜剧的心理特征。斯宾塞又把它分成"上升的乖讹"（超过了预期效果）、"下降的乖讹"（达不到预期效果）两种情况，前者指超乎期待之上，而引人惊喜的状况，后者指期待未能实现而引人发笑的状况。

3.柏格森的"生命机械化说"

柏格森在《笑——论滑稽的意义》中，从他的生命哲学出发，认为生命是一个不断创造的过程。生命的最基本的价值，就在于它的紧张性和活动性。生命的责任，就是要战胜物质，当它战胜了物质，它就欣欣向荣，它就前进；否则，它就会停止，甚至死亡。而喜剧产生的原因，就在于动作、姿态、形体的机械化。"笑的情感不过是发现旁人的或自己的过去的弱点，突然想到自己的某种优越时所感到的那种突然荣耀感。人们偶然想起自己过去的蠢事也往往发笑，只要那蠢事现在不足为耻。人们都不喜欢受人嘲笑，因为受嘲笑就受轻视。"[①]

4.弗洛伊德的"心理能量消耗的节省说"

弗洛伊德于1905年写了《机智与无意识的关系》一文，1927年又写了《论幽默》一文，探讨有关喜剧性的问题。他认为人的本能欲望受到压抑，压抑到无意识中，喜剧性具有一种释放性的作用，让欣赏者发泄它们，使它们浮动在意识之中，得到三种满足方式，即机智、想象、幽默。

5.黑格尔的"理念和形式矛盾说"

黑格尔认为，悲剧人物是有真实内容的，是有某种"情致"推动其行

---

① 朱光潜.西方美学史［M］.北京：人民文学出版社，2002：204.

动的，因此其行动都具有一定的目的。而喜剧人物所追求的目的本身没有"实质"（真实内容），"主体一般非常愉快和自信超然于自己的矛盾之上，不觉得其中有什么辛辣和不幸……凭他的幸福和愉快的心情，就可以使他的目的得到解决和实现"。"喜剧人物单凭自己而且就在自己身上获得解决。从他们的笑声中我们就看到他们富有自信心的主体性的胜利。"

为什么喜剧会是这样的？黑格尔分析了产生喜剧效果的三种情形。

第一，主体所追求的目的缺乏实体性内容，自身不合理、非正义、渺小，但也非纯粹的罪恶，正是因为它无足轻重，当主体所追求的意图失败时，实际上不会感到受了什么损失，从而可以高高兴兴地不把失败放在眼里，并且觉得超然其上。黑格尔特别强调："一方面……应引起痛感，而另一方面单纯的嗤笑和幸灾乐祸都还在起作用的地方，照例就没有喜剧性。"这是针对莫里哀式的喜剧而言，如贪吝者把"贪吝"看作其生活的全部意义，只会在"贪吝"破灭时引起"痛感"，却绝不可能"超然其上"，从而莫里哀的剧作被黑格尔视为"可厌的抽象品"，"缺乏真正的喜剧核心"。

第二，人物本想追求一种有意义的目的和性格，但是其性格及使用的手段"却是起完全相反作用的工具"，即永远不可能实现该追求，于是目的与手段"产生喜剧性的对比"，构成了喜剧性矛盾。[①]如阿里斯托芬的喜剧《公民大会妇女》：雅典妇女乔装打扮召开公民大会，要求参政议政，但是她们"还照旧保留妇女们的全部情趣和情欲"，显得与其参政议政的目的格格不入。

第三，外在的偶然事件使"情境"迅速变化，使人物性格与环境形成鲜明的对比；其中的冲突之所以会导致"喜剧式的解决"，是因为它与主人公自身的正确或错误的选择并不直接相关，而只是环境的变化使然。

总之，喜剧的出发点在于人物对"目的"从不报以严肃的态度。他们

---

① 古典文艺理论译丛编辑委员会.古典文艺理论译丛：六 [M].北京：人民文学出版社，1962：110.

似乎只是在游戏，自己制造矛盾、显出可笑处，又自己挫败自己，以致最终通过自己来解决矛盾。

按照黑格尔对"绝对理念"之"绝对精神"阶段的分析，"到了喜剧发展的成熟阶段，也就到达了美学这门科学研究的终点"。尽管这一说法很容易遭到质疑，但是就黑格尔自身的逻辑线索而言，"绝对理念"正是由此而自圆其说。

（二）喜剧的本质

喜剧只存在于人的行动和社会事件中，而不存在于纯粹的自然事物中。在自然界中，有很多事物因不符合种的属性而显示出丑的特征，如树木有美有丑，土地有肥沃和贫瘠，但它们本身都不会有滑稽感。因为自然界的一切都顺应自然生成，内容和形式是一致的，也不存在动机与效果的矛盾问题。我们觉得有些动物滑稽可笑，例如狗熊的笨拙、狐狸的诡谲，还有自不量力的挡车螳螂、井底之蛙。作为动物本身的属性，它们没有什么滑稽可笑之处，只是审美主体的人的情感赋予它们滑稽的内容，以人的尺度去衡量它们时，才感到它们的行为是好笑的。归根结底，滑稽的本质寓于人的心灵而不是在于自然物本身。因而，只有在社会生活中产生的那些内容与形式、动机与效果不一致而引人发笑的事和行为，才是喜剧性的。这些可笑的事物可能是好的和值得赞扬的，也可能是坏的和应该批判的；还有可能是好中有坏、坏中有好，既要有肯定又要有否定的。因之喜剧也产生了不同效果的笑，有赞扬的欢笑、有讽刺的嘲笑、有诙谐的谑笑，等等。因为喜剧的内容和形式是多种多样的，笑的性质也很不相同。

喜剧的艺术特征是"寓庄于谐"。"庄"是指喜剧的主题所体现的深刻社会内容；"谐"则指主题思想所赖以表现的形式是诙谐可笑的。在喜剧中"庄"与"谐"是处于辩证统一的状态。失去了深刻的主题思想，喜剧也就失去了灵魂；但是没有诙谐可笑的形式，喜剧也就不能成为真正的喜剧。

因而喜剧对丑的东西的批判总是间接的而又是意味隽永的，它往往要调动审美主体的积极情感去抨击丑的事物，在嘲笑中显出正义的力量，达到批判的效果。因而在表现手法中喜剧善用倒错和自相矛盾的技巧，在倒错的形式中显示真实。例如《红楼梦》中贾宝玉、薛蟠等人行酒令一场，呆霸王胸无点墨、粗俗不堪，却偏偏附庸风雅，急得万般无奈、抓耳挠腮，终于闹出了"绣房里钻出个大马猴"之类的喜剧。这个滑稽可笑的情节绝妙地讽刺了这个恶少的丑，他的伪装斯文掩盖不了自己粗俗无赖的本质，因而这种欲盖弥彰的倒错更为可笑。这种手法不仅表现在喜剧中，在悲剧中它也表现为喜剧的效果。例如《窦娥冤》中的县令桃杌给告状的张驴儿下跪叫他衣食父母的情节，这种极端突出地夸大生活中的倒错的现象能创造出绝好的喜剧效果。这类倒错巧合、误会的手法也常用在歌颂类的喜剧中，如《女理发师》《五朵金花》等。另外，喜剧还善用夸张的手法，例如上面列举的内容，还有卓别林的表演、中国的传统相声表演技巧等。

总之，喜剧中包含着深刻的社会现实内容，这种对现实生活内容的反映是以与现实错乱的形式表达出来的；喜剧具有不和谐、悖谬的形式特征；喜剧的情感形式表现以笑为主。

（三）喜剧的形态

对喜剧的形态或种类，不同的角度有不同的分法，如根据喜剧的内容，可分为讽刺喜剧、抒情喜剧、荒诞喜剧和闹剧等。本书从喜剧的体现形式上，把喜剧分为讽刺喜剧和幽默喜剧。

1.讽刺喜剧

讽刺大多用于否定性的内容，它是以真实而夸张或真实而巧妙之类的手段，极其简练地把人生无价值的东西撕破给人看，启发人们从中得到否定和贬斥丑的精神和情感愉悦。尽管讽刺的笑具有否定性，但是讽刺的对象不同，讽刺者所持立场态度不同，笑的性质和程度也不会一样，因而讽刺的笑的美学意义也不能一概而论。

2.幽默喜剧

幽默也是喜剧的一种独特的表现形式。它不像讽刺那样辛辣，而是把内容和形式中美与丑的复杂因素交合为一种直率而风趣的形式外化出来。幽默所引发的笑，常常带有轻微的讽刺意味，美、丑因素的不同配置组合，又可以塑造出不同的幽默形象。以前者为主导，构成风趣潇洒、可亲可佩的正面形象；以后者为主导，则构成鄙陋可笑却不无可爱之处的反面形象。因此，幽默突出地反映了人们洞察事物本质和坚信历史发展趋向的乐观精神，这种鲜明的美学特征也正突出地表现了喜剧美学的一个主要方面。

第三节　丑与荒诞

崇高、丑、荒诞，是近代美学和艺术出现的三种审美形态，如果崇高对应于近代，丑和荒诞就是现代西方社会和西方文化的产物。因此与传统的四大审美范畴即优美、崇高、悲剧、喜剧相比，丑与荒诞，属于现代美学的范畴。

一、丑

丑（ugly）作为审美范畴，指某种由于不协调、不匀称和不规则而引起非快感的、令人厌恶的东西，也反映完美的缺乏或不可能性。丑有别于畸形和不美，不是对美的简单否定，而是以反面形式保持了正面的审美理想观念。例如罗丹的雕塑《欧米艾尔》，是对一个老娼妇的真实再现，给人的印象是丑鄙的，但是雕塑家从这丑陋的外形中所寄托和表达的艺术审美理想却是美的。

在西方美学史上，亚里士多德的《诗学》最早探讨了丑的问题。在中世纪，奥古斯丁从神学和形而上学出发否定了丑的真实存在。在16、17世纪的美学理论中，美的形式要求被规定得十分狭窄，认为不符合高乃依的"三一律"和丢勒的"正确"解剖学比例的形式就是丑。到18世纪，多数人仍然认为美与丑是断然有别的两极，而美学作为一门学科建立，什么是专属审美的现象的问题第一次被明确提出来，对这一问题的回答，推动了对丑的探讨。1797年，德国浪漫派美学家卡尔·威廉·弗里德里希·施莱格尔（Karl Wilhelm Friedrich Schlegel，1772—1829）提出"丑的理论"，对后世有深远影响。英国美学家伯纳德·鲍桑葵（Bernard Bosanquet，1848—1923）认为凡是能向观察者表现其情感特质的某种感性结构都是审美的，而属于其否定面的就是一些完全缺乏情感色调的东西。持这种观点的人主张通常被认为丑的东西，大多数是由于"观察者的软弱"而引起痛苦的感受，因此它们应更适当地称为"困难的美"。

总的来看，波德莱尔和尼采关于丑的观点影响较大。美学界普遍承认法国现代派诗人波德莱尔的《恶之花》为现代西方丑美学、丑艺术的先声。他以一种新的姿态谱写了人类的审美理想，审美就是把玩和欣赏丑。波德莱尔没有关于丑的专门理论著作，他对于丑的看法散见于他的艺术理论中。波德莱尔明确指出，"美总是古怪的""美总是令人惊奇的""不规则，就是说出乎意料、令人惊讶、令人奇怪，是美的特点和基本部分""最完美的雄伟美是撒旦——弥尔顿的撒旦""忧郁才可以说是美最光辉的伴侣"。从这些观点可以看出，到波德莱尔这里人们的审美活动发生了质的改变，美与丑的评判标准完全不同于过去，传统美学所追求的和谐、有序、单纯已经悄然退场，取而代之的是"古怪""不规则""不和谐"。不难看出，波德莱尔以上所做出的这些"美"的判断其实质上就是在定义丑，他对于"美"的诠释实际上也是对"丑"的诠释。首先，这几句话简明扼要地揭示出，丑已经扬弃了近代时期在崇高范畴中的美丑转换，它不再躲躲闪闪，而是直接地、本真地进入人们的审美视野，成为审美活动的核心。其次，波德莱尔还指出，丑感是一种引起剧烈震颤、矛盾的痛感。丑感是一种否定性的审美体验，审美主体直接地拥抱丑与恶，直接地迎接丑和恶的刺激与冲击，并在对于丑和恶的沉醉中饱含着一种痛楚与愤怒的理性之思。最后，他所说的"撒旦式的美"以及忧郁才可以说是美最光辉的伴侣，它在内容上是阴暗的、鄙俗的；形式上是反和谐的混乱、乖张等。波德莱尔的贡献就在于，他不仅以其审美实践为人类掀开了一个全新的审美篇章，而且用理论说明在现代美学中丑已经完全替代了美而一跃成为审美活动的核心，现代人美丑观念的转变，丑已经取美而代之，虽然波德莱尔本人没有直接指明他所论述的是丑；此外他的贡献还在于他认识到丑是一种否定性的美学范畴，丑感是一种包含着痛感的体验；他提出的撒旦式的雄伟美以及"光辉"的忧郁在后来尼采的美学中得到了最为丰富的阐释，这可以看作尼采观点的萌芽。

尼采的美学是建立在其非理性哲学的基础之上的。尼采所推崇的是一种勃发向上的生命意识。他认为，面对悲苦的现实世界，生命的意义就在于在不断反抗和征服痛苦中最大限度地发挥生命的价值，体验生活的欢悦。因此，他提出了"权力意志"，这是一种不受任何约束的创造力量，是一种与道德无关、与理性无涉的自由的力量。尼采并没有关于丑理论的专著，他对于"丑"的认识散见于《权利意志》《悲剧的诞生》《偶像的黄昏》等作品中，主要涉及丑的实质、丑的形式特征、丑感和丑的分类几个方面。在现代西方美学中，从波德莱尔和尼采开始，"丑"概念已经发生了质的改变，并且"丑"直接被看作可以与美相抗衡的、对立的概念，"丑"本身具有其独立美学价值，丑已经上升为西方现代美学的核心范畴。在他们之前比如德国美学家罗森克兰兹在他的《丑的美学》虽然系统地对丑做了讨论，但那只是说明当时对于丑的问题有了足够的重视，而且讨论的范围也仅限于形式上的丑，并没有真正地触及现代美学中丑的实质性内涵。而在波德莱尔和尼采这里，丑是一种承载着非理性的、残酷的意志的存在，对于丑的赏析也不再需要在与美进行对照或者辩证转换中进行，而是直接陶醉于其中感受着魔鬼般的刺激，在对抗斗争中体验和享受这个疯狂而又饱含生命力的对象。而尼采彻底摒弃了美学一直以来坚持的传统理性和道德信仰，他直接沉浸在强力意志的勃发、摧毁和生成中，这强力意志横行无忌、以征服者的姿态出现。

丑的本质在于，对象以其形式状貌对主体实践效果的否定，唤起主体情感对对象存在的否定。表现在艺术作品中的丑，可以形成审美价值。"'美学'这个词高度地概说了西方文明传统中的那种由理性乐观论所派生的乐观感性论。因此，我们也就同时在逻辑上发现了，本来在西方人那里就还存在着另外一种相反的可能：如果雄霸了欧洲几千年的'一种最深刻的希腊信仰'（罗素语）一旦破灭，如果人们对整个世界的乐观看法发生了根本性逆转，如果美在西方人的感性之中本已荡然无存了，那么，代之而起的，与Aesthetics相连的核心范畴，就有可能转化成为美的反范畴——丑了。那时，感性学就不再是一门专门研究美的学科，而是专门研究丑的学科了。"①

关于丑的特点，有以下两点需要说明：第一，由丑陋引起的情绪感受仍然是一种审美情感；第二，作为丑的审美形态，表现为反常、混乱、给人以恶性的刺激等形式。艺术作品中的丑，更是以丑为美，发人深省，启迪人生。"对于丑艺术家来说，最美的艺术绝不等于最好的艺术。正像以前只有审美力超群才能成为艺术大师一样，现代西方的艺术才情，也恰恰表现在敏锐的审丑力上。他们绝不愿意被围于（鲁迅所概括的那个）'美的圈'，而偏偏要把注意力集中在传统以为不可以表现的鼻涕、大便、癞头疮、毛毛虫上；而且谁对之以崭新的创造性手法表现得淋漓尽致，谁似乎就更容易赢得名声。这样，如果我们不把根本立足点从美学转移到丑学上来，我们就根本无法有效地识悟这种丑艺术的匠心，就根本无从下手去令

---

① 刘东. 西方的丑学 [M]. 成都：四川人民出版社，1986：209.

人信服地评判它的得失。"[1]

　　1919年，杜尚在一张绘有世界名画《蒙娜丽莎》的明信片上给蒙娜丽莎画上胡子，然后在底部写下"L.H.O.O.Q"，法语意为"她有一个热屁股"。随后，指责他亵渎艺术、玷污艺术的声音此起彼伏。

　　其实，杜尚只是这个时代最成功的反艺术者。从创作手法来说，把艺术与现实生活合二为一，为大众审美提供了一种全新的思路，给大众提供一个反思日常生活、传统观念的窗口：现成品可以变成艺术品，生活本身是否也可成为真正意义上的艺术？从这里，我们也可以反思"丑"的审美价值。

二、荒诞

　　荒诞（absurd）一词，有很多释义：从词源上来说，"荒诞"一词来自拉丁文"聋的"，原本用来描写音乐上的不和谐。词典解释荒诞为"不合道理和常规、不调和的、不可理喻的、不合逻辑的"。在英语中，"荒诞"一词可简单解释为"荒谬可笑"，如《简明牛津词典》对"荒诞"的定义：（音乐）不和谐；缺乏理性或恰当性的和谐（当代用法）。

　　进入20世纪后的西方历经了两次世界大战的深重灾难，现代文化中，充满了信仰价值崩溃后的焦虑、悲观、失望的症候；而以往的启蒙主义、理性主义发展到如今，并没有实现人类的平等、自由、博爱，而是使人日益陷入"异化"状态中；人类的物质文明得到了极大的改善，但是带来的环境问题却触目惊心，威胁着人们的生存，并且也导致人与人之间关系的隔阂和紧张。这些反映到西方知识分子那里，就对世界呈现出乖谬荒诞的意识图景，甚至有些病态的意象。20世纪五六十年代，在欧美出现了影响巨大的戏剧流派——荒诞派戏剧，其代表性剧作为尤奈斯库的《秃头歌女》《椅子》，贝克特的《等待戈多》等，表现了人与世界、人与人、人与物、

---

　　[1]　刘东.西方的丑学［M］.成都：四川人民出版社，1986：212.

人与自我诸方面的不合情理、不合逻辑的非理性，荒诞成了内容，内容恰恰也是荒诞形式。荒诞成为一种文艺美学思潮，表现出人的内心深处依然存在着追求合理、追求自我超越的诉求，外在的现实世界又恰恰不能满足这些诉求，于是冲突使荒诞产生，而这种冲突恰好体现了荒诞的本质属性。"一旦失去幻想与光明，人就会觉得自己是陌路人。他就成为无所依托的流放者，因为他被剥夺了对失去的家乡的记忆，而且丧失了对未来世界的希望。这种人与他的生活之间的分离，演员与舞台之间的分离，真正构成荒诞感。"①

荒诞最突出的品格就是反叛，如达利、杜尚的画和"雕塑"。

荒诞的审美范畴在现代社会历史发展中表现出了一些固有的审美品格特性：一方面非理性的内容，表现了以恶心、孤独、焦虑为核心的现代情感构成了其内在的美学意蕴；另一方面，其以反形式、反美学、反艺术的现代审美特性丰富了荒诞范畴的精神特质。

（一）非理性内容

荒诞的主要特点是无意义，但从这种无意义中恰恰令人体味出特定的意义来。在荒诞艺术里，艺术的内涵具有某种哲理性，表现方式具有非直接性，人物形象具有非确定性。象征、暗示、隐喻、梦幻等，成为荒诞艺术重要的表现手段。

塞缪尔·贝克特（Samuel Beckett，1906—1989）写于1948年的两幕剧《等待戈多》，历来被认为是荒诞派戏剧的经典之作。该剧写的是发生在两个黄昏的事情，但是没有什么情节可言。主角是两个流浪汉，背景是一片荒野，路旁只有一棵枯树，两个流浪汉就是树下等待着一个叫戈多的人。他们一面做着闻臭靴子之类的无聊动作，一面在语无伦次地梦呓。最后有

---

① 加缪.西西弗的神话：论荒谬［M］.杜小真，译.北京：生活·读书·新知三联书店，1987：6.

一个男孩来说戈多今晚不来了，第一幕就算结束了。第二幕就是第一幕的重复，只是当知道戈多又不来的时候，他们就想上吊，结果裤带一拉就断，于是只能毫无希望地等待下去。

《等待戈多》通过荒诞的人物、荒诞的情节、荒诞的语言、荒诞的舞台设计和荒诞的戏剧效果，喻示人生是一场无尽无望的等待。《等待戈多》表达了世界荒诞、人生痛苦的存在主义思想，也反映出第二次世界大战后资本主义世界普遍的空虚绝望的精神状态。《等待戈多》表现了荒诞派戏剧的一个基本主题：世界不可知，命运本无常，人是低贱的，行为是无意义的。

（二）反美学、反形式、反艺术

荒诞艺术使事物、事件之间没有了逻辑上的因果关系，事物的存在变得毫无秩序，时空被压缩，传统的整体性、完整性被打破。

荒诞在形态上的主要标志是平面化、平板化和价值削平。平面化，人成了单面的存在，艺术成了面的拼贴；平板化，时空深度取消，秩序不再存在，无高潮、无整体；价值削平，一切都是等值的或者是无价值的。[1]

如上文提到的《带胡须的蒙娜丽莎》，这幅画除了搞怪仿佛已经没有其他意味，高雅与鄙陋、神圣与平凡、完整与残破都是等值的，传统的价值、信仰、理想都不复存在。

（三）否定性感受和情感体验

在种种诸如不满、愤怒、厌倦、烦躁、反感等对现实的否定性感受中，"恶心"是最具有强烈否定性的感受。享有自由选择但又必须入世，自我会遇到失落，这种境遇给予人的情感便是恶心。作为一个象征，萨特以"恶心"这个概念喻示了人的存在处境：就像糖浆这种半是液体、半是固体，

---

① 叶朗.现代美学体系［M］.北京：北京大学出版社，1988：81-83.

模棱难断的物质，我们可以把它拿起来，但又拿不住它，因为它没有什么界限；如果我们想把它像液体一样倒掉，却又倒不出去。"恶心"成了一种人的存在中无法摆脱的个人感受。在萨特的《恶心》中，主人公罗康尔体验的就是这种恶心，他生活于污秽龌龊的环境中，人人萎靡不振、彷徨苦闷，一天，当他站在海边，手里拿着一块卵石时，"一种甜甜的厌恶"从卵石传入他的手中——"一种握在手中的恶心"，与此同类的其他感觉体验也袭扰了他。

再如丹麦电影《狩猎》[托马斯·温特伯格（Thomas Vinterberg）导演，2012年上映]，基本剧情是：刚刚和妻子离婚的卢卡斯目前在一家托儿所工作，心地善良、个性温和的他很快就受到了同事和孩子们的喜爱，其中，一个名叫卡拉的早熟女孩对卢卡斯尤为亲近。面对女孩幼稚而单纯的示好，卢卡斯只能委婉地拒绝，可令他没有想到的是，这一举动将他的生活推向了风口浪尖。卡拉报复性的谎言让卢卡斯背负起了性侵女童的罪名，一时间，这个好好先生成为整个小镇排挤和压迫的对象。好友的愤怒、前妻的不信任、爱犬的死亡和陌生人的恶意让卢卡斯几近崩溃，而当小小的卡拉吐露真相之后，恶意却并没有随着卢卡斯的重获清白而画上句点。对这部电影，可以从人性的善与恶、真相与谎言等角度分析，同时也充满了荒诞，主人公被一场突如其来的风波带来的烦扰和焦虑，却又无法摆脱。这种在世体验，充斥着的也是恶心、孤独、焦虑、烦躁等主体情感体验，而这些构成了荒诞感的核心，它们之间的不同组合关系组合成了不同的荒诞性。

总之，"荒诞感就是人在这个世界中体验到的一种不安全感和不可信任感，从而产生一种生存的恐惧"。①

---

① 叶朗.现代美学体系［M］.北京：北京大学出版社，1988：82.

第二编　培养审美心胸

审美心理学，是近代以来美学的核心，出现了许多审美心理学派。

审美是一个渐进的心理过程，涉及众多心理因素。

审美的主要目的是培养审美心胸。

审美心胸，在西方美学中称为审美态度，核心含义是审美的非功利性。

美感具有非功利性、直觉性、愉悦性和超越性的特点。

第六章　审美心理学理论

审美心理学自19世纪末开始成为美学研究的重点，也出现了许多值得重视的审美心理学理论或学说。中国美学中的审美心胸理论，则在精神实质上与审美心理学是相同的。

第一节　西方审美心理学理论

本节主要介绍心理距离说、移情说、内模仿说和完形心理学。

一、心理距离说

瑞士审美心理学家爱德华·布洛（Edward Bullough，1880—1934）指出，心理距离是审美活动的基本前提，审美个体必须和审美客体保持适当的心理距离，才能欣赏美和创造美。保持适当的心理距离，指超越实际人生，忘掉实用功利，用一种纯客观的态度审视审美客体。布洛举了一个"海上遇雾"的例子：在乘船旅途中遭遇了海上的大雾，船员因大雾耽误行程而焦躁不安，游客则因大雾的安全隐患而担惊受怕。然而，"你同样可暂时摆脱海雾的上述情境，忘掉那危险性与实际的忧闷，把注意力转向客观的形成周围景色的种种风物……此时，你便能突然发现海雾奇异的美，你充分展开想象让自己陶醉于这美景中，那么，海上的雾能够成为浓郁的趣味与欢乐的源泉"①。

布洛还指出"距离的矛盾"。"最合适的距离"是"尽可能缩小距离而不失去它"。失去距离有两种情况:"距离过近"与"距离过远",②故距离的内在矛盾就是审美主客体之间的距离必须保持最合适的距离,距离过远或过近均会造成"距离丧失",由此建立在主客体间的审美关系便会崩坏,此即所谓"距离的矛盾"。在日常的经验之中,事物总是向我们显示其实用的方面,我们也不能弃绝自身的欲望,以纯然不计利害的眼光来静观事物的客观特性。透过距离看事物的方式是特殊的观物方式,不使事物与我们的需求相勾连,在这种情况下事物才单纯地为我们所观赏。由于一般人缺乏保持距离的能力,极容易达到距离的极限而产生失距的现象,所以他们每每不能像艺术家那样,不起利害、不起意欲,只是以纯粹无杂的审美眼光来观赏对象。布洛举了两个著名的例子:一是观众入戏太深袭击台上演员,二是欣赏《奥赛罗》的观众因剧中情景怀疑自己的伴侣,就如当年在延安的《白毛女》演出现场,有观众要痛打黄世仁,均是由于失去距离而不能进行正常的审美活动的例子。

布洛的"心理距离说"将审美活动、艺术特征、个人情感等均纳入一种二元互动的关系之中,对美学及美感产生了巨大影响。如叔本华指出,在审美观照时,人们自失于对象之中,即人忘记了他的个体,忘记了他的意志;他已仅是作为纯粹的主体,作为客体的镜子而存在;好像仅有对象的存在而没有觉知这对象的人了,所以不能再把直观者的"其人"和直观"本身"分开来了,而是两者已经合一了,同时整个意识完全为单一的直观景象所充满、所占据。因此客体如果是以这种方式走出了它对自身以外事

---

① 缪灵珠.缪灵珠美学译文集:第2卷[M].章安祺,编订.北京:中国人民大学出版社,1997:378.

② BULLOUGH E. Aesthetics:lectures and essays[M]. London:Bowes & Bowes,1957:95.

物的一切关系，主体也摆脱了对意志的一切关系，那么，这所认识的就不再是如此这般的个别事物，而是理念，是永恒的形式，是意志在这一级别上的直接客体性。正是由于这一点，主体置身于这一直观中的同时也不再是个体的人了，因为个体的人已自失于这种直观之中。他已是认识的主体，纯粹的、无意志的、无痛苦的、无时间的主体[①]。

心理距离说是在康德之后，对审美非功利性的再次强调，现代美学对美感的研究，很难绕过美感的这一根本属性。

二、移情说

"移情"是西方美学史上一个极其重要的美学范畴，移情理论最早可以追溯到亚里士多德。在西方美学中，很多美学家都有关于移情的思想，如哈奇生、休谟、维科、文克尔曼、康德等。移情这一概念最早是劳伯特·费肖尔（Robert Vischer）提出，最著名代表是特奥多尔·立普斯（Theodor Lipps，1851—1914）。

立普斯认为，人们在观照对象的过程中，主体会自觉或不自觉地把自身的经历、感受、心境和情感状态移嫁到对象上去，把对象本身看作主体情感状态的同一物，进而去欣赏被打上主体情感和生命烙印之后的对象的形象，也就是说主体把自我移入了对象，然后再反观对象中的自我。这便是审美活动中的移情作用，说得直白点就是以人度物、以己度物。"我们都有一种自然倾向或愿望，要把类似的事物放在同一个观点下去解读，这个观点总是由我们最接近的东西来决定的，所以我们总是按照我们自己身上发生的事件去类比即按照我们切身经验的类比去看待我们身外发生的事情。"[②]

立普斯以"道芮式"（Doric Order，现一般译作多立克式）石柱为例来

---

① 叔本华.作为意志和表象的世界［M］.石冲白，译.北京：商务印书馆，1982：250.

② 马奇.西方美学史资料选编：下［M］.上海：上海人民出版社，1987：841.

说明他的移情观点。道芮式的石柱是希腊建筑中最常见的石柱之一，它下粗上细，承担着建筑物的重量，在其柱面有各式各样的凹凸型花纹。当我们看到这种建筑时，会不约而同地产生一种愉悦的心理感受，"我对这个道芮式石柱的这种镇定自持或发挥一种内在生气的模样起同情。因为我在这种模型里再认识到自己的一种符合自然的使我愉快的仪表。所以一切来自空间形式的喜悦——我们还可以补充说，一切审美的喜悦——都是一种令人愉快的同情感"①。

审美的移情一定要产生一种愉悦的感受，它不涉及意识，是一种忘却了实际生活中的兴趣和情调才会发生的心理体验："在对美的对象进行审美的观照之中，我感到精力旺盛，活泼，轻松自由或自豪。但是我感到这些，并不是面对着对象或和对象对立，而是自己就在里面，我感到欣赏，也不是对着我的活动，而是就在我的活动里面。"②

这里立普斯主要强调在审美移情作用里主客体必须由对立的关系变成统一的关系，两种关系虽处于统一之中，但立普斯又突出强调了主体的主导地位和作用："审美的快感可以说简直没有对象，审美的欣赏并非对于一个对象的欣赏，它是一种位于人自己身上的直接的价值感觉，而不是涉及对象的感觉。"③由此可以看出：一方面，审美的东西不是和主体对立的对象，而是和主体处于统一体中；另一方面，审美的主体也不是"日常实用的自我"而是"观照的自我"，主体已生活在对象里，对象已经失去了它的客体性。简而言之，立普斯的审美移情说的特征可以概括为：审美感受中主客体的统一。"立普斯从三方面界定了审美的移情作用。不过这三方面

① 立普斯.论移情作用 [M]//北京大学哲学系美学教研室.西方美学家论美和美感.北京：商务印书馆，1980：271-272.

② 立普斯.论移情作用 [M]//北京大学哲学系美学教研室.西方美学家论美和美感.北京：商务印书馆，1980：330.

③ 立普斯.论移情作用 [M]//北京大学哲学系美学教研室.西方美学家论美和美感.北京：商务印书馆，1980：330.

又不能割裂开来而要综合在一起来看：第一，审美的对象不是对象的存在或实体而是体现一种受到主体灌注生命的有力量能活动的形象，因此它不是和主体对立的对象。第二，审美的主体不是日常的'实用的自我'而是'观照的自我'，只在对象里生活着的自我，因此它也不是和对象对立的主体。第三，就主体与对象的关系来说，它不是一般知觉中对象在主体心中产生一个印象或观念那种对立的关系，而是主体就生活在对象里，对象就从主体受到'生命灌注'那种统一的关系。因此，对象的形式就表现了人的生命、思想和情感，一个美的事物形式就是一种精神内容的象征。"①

移情说在西方美学由传统向现代转变的历史进程中具有重要的地位，而且自20世纪20年代初进入中国，便得到中国学者如吕澂、蔡元培和宗白华等人的关注，尤其朱光潜先生在其《西方美学史》和《文艺心理学》中的评介，使其成为对中国美学影响最大的西方审美心理学说之一。

三、内模仿说

内模仿说的主要代表人物是德国心理学家卡尔·谷鲁斯（Karl Groos，1861—1946）和英国文艺批评家浮龙·李（Vernon Lee，1856—1935）。有人认为内模仿说是移情说的一个分支，但二者又有很多的不同。立普斯的移情说极力反对用生理学解释美学，而谷鲁斯恰恰在这一点上与立普斯截然对立，强调用内模仿的器官感觉来解释移情作用。从这个角度来看，谷鲁斯是从移情说转向内模仿说的先驱。

内模仿说侧重于以生理学和心理学结合的角度来研究审美心理与审美感受，对审美过程中某些生理、心理现象做了精细的描述和论证。一般来说，人的模仿可以分为两种：一种是外模仿，也就是行为模仿；一种是内模仿，也就是心理模仿。

---

① 朱光潜.西方美学史：下卷［M］.北京：人民文学出版社，1964：610-611.

谷鲁斯的内模仿说认为，凡是知觉都要以模仿为基础，看见别人发笑，自己也想发笑；看见别人踢球，自己也不禁跃跃欲试；甚至当人们看见一个圆形物体时，眼睛也会不知不觉地模仿它，做一个圆形的运动。但是，审美活动中的模仿虽然建立在知觉模仿的基础之上，却与一般知觉模仿截然不同。一般知觉模仿多数在筋肉动作方面表现出来，是外现的；而审美的模仿大半内在而不外现，只是一种内模仿。谷鲁斯曾经举过一个观看跑马的例子，来对这种内模仿说加以说明。他说："例如一个人看跑马，这时真正的模仿当然不能实现，他不愿放弃座位，而且还有许多其他理由不能去跟着马跑，所以他只心领神会地模仿马的跑动，享受这种内模仿的快感。这就是一种最简单、最基本也最纯粹的审美欣赏了。"[1]因此，谷鲁斯的内模仿说认为，审美主体在欣赏活动中，总是同情地分享着旁人或外物的姿态和运动，总会有一种内模仿的运动神经活动，从而在主体的心灵中产生一种自觉或主动的幻觉，仿佛要把自我变形投射到旁人或外物中去。

浮龙·李的主张与谷鲁斯的看法十分接近，只不过谷鲁斯更侧重内模仿中筋肉运动的感觉，而浮龙·李更侧重内模仿中情绪反应涉及的内脏器官感觉，例如呼吸循环系统的变化等。浮龙·李认为，内模仿是指当审美主体面对审美对象时，人的全身包括筋肉和呼吸系统都会产生明显的反应，同时产生一种相应的情感。此外，浮龙·李认为，她的内模仿说强调的是"线性运动"，在这点上也同谷鲁斯的内模仿说强调的"人物运动"，形成了十分鲜明的区别。线性运动不同于人物运动，人物运动是具体的动作，如奔跑、跳跃等，而线性运动是抽象的形式，如曲线、直线等。线性运动产生的是美感，而人物运动就未必一定会带来美感，例如前面谷鲁斯举过的例子踢球、跑马等就未必有美感。浮龙·李还举了一个具体例子来说明她自己的这种"线性运动"的内模仿理论：当人们说"山在升起"时，

---

① 谷鲁斯.《动物的游戏》之《游戏与艺术》[M]//朱光潜.西方美学史：下卷.北京：人民文学出版社，1964：616.

就是由于当我们观赏面前这座高山时，我们既抬头又仰脖，这些上升运动正是在内模仿活动中完成的。于是，当我们在观赏这座高山时，我们自身的眼、头、颈便产生了"线性运动"的内模仿，这些上升运动就形成了一个总的感觉，即"某种东西在升起。这种在升起的过程发生在我们自己身上"①。

应当承认，在审美活动中"内模仿"现象确实是存在的。审美活动既涉及复杂的心理活动，又涉及复杂的生理活动，内模仿活动以人体器官的生理和心理功能为基础，尤其表现为一种意象性内模仿，也就是在想象中把主体摹拟为客体。例如法国作家福楼拜谈到他创作长篇小说《包法利夫人》的创作经验时指出，当自己作品中的主人公自杀时，作者本人仿佛也闻到了砒霜的气味。心理学家也发现，不少观众看了惊悚片以后，不但眼睛、大脑疲劳，就连四肢、身体也很疲劳，甚至免疫力都会下降。这些事例证明，审美活动中普遍存在着生理和心理的内模仿活动。

谷鲁斯与浮龙·李的内模仿说，深入分析了美感过程中生理、心理活动的某些重要特征及其内在规律，这对深入研究审美心理有一定积极意义，也具有合理性的一面。但是，美感毕竟与生理感觉有质的不同，只从生理快感角度分析美感，甚至将二者混为一谈，具有片面性。

四、"格式塔"心理学派

格式塔是德语Gestalt的音译，意思为"完形"，所以，格式塔心理学又称完形心理学。格式塔心理学派创始于20世纪初的德国，主要代表人物是鲁道夫·阿恩海姆（Rudolf Arnheim，1904—2007），著有《视觉思维：审美直觉心理学》《走向艺术心理学》《艺术与视知觉：视觉艺术心理学》等。

---

① 朱光潜.西方美学史：下卷［M］.北京：人民文学出版社，1964：622.

　　"完形"在格式塔审美心理学中具有特殊的含义。"形"是指在人的知觉经验中形成的一种意象组织和结构。"完形"是指心理活动中"形"的整体性，这"形"的整体性不是客观事物本身原有的，而是由知觉活动组成的经验中的整体，是知觉进行积极组织或构建的结果，是主客统一的产物，即完形的整体性不是各个部分的简单相加，整体大于部分之和。比如王维的五言绝句《辛夷坞》："木末芙蓉花，山中发红萼。涧户寂无人，纷纷开且落。"该诗描写了枝条最顶端的木芙蓉花，在山中绽放的鲜红花萼。涧口一片寂静杳无人迹，纷纷扬扬独自开了又落。但对此诗的整体感受和理解，绝不是四句诗语意的简单相加，全诗短短四句，由花开写到花落，花自开自败，顺应自然的本性，自满自足，无人欣赏，也不企求有人欣赏。这绝无人迹、亘古寂静的"涧户"，正是诗人以"空寂"的禅心观照世界的意象，反衬出作者的禅心与禅趣。全诗是一个完整的意义，整个意义远远大于部分意义之和。而且，完形具有独立性，即每一个完形一经形成，就具有了不为外界因素变更的相对独立性。例如人们欣赏过一首乐曲之后，无论再换用什么乐器演奏这首乐曲，都不会破坏、改变乐曲给人的整体心理感受。总之，完形是一种力的样式，自发地追求着一种平衡。

　　完形有两大原则。一是简化，格式塔心理学派认为，那些能够给人最愉快的感觉的完形，就是那些采取了最大限度的简化形式的完形。简化的实质是以尽量少的结构特征，把最复杂的材料组织成有秩序的整体，而这个整体的简化是由表现力的需要决定的。例如剪影艺术、绘画中的素描，要求最大限度地简化形式，简化到突出形象的最突出特征。简化的特征是表现"力的样式"。二是张力，张力就是力处于最有表现性时的一种样式。张力体现在运动状态中，是力量发挥到淋漓尽致的一刹那的状态，比如古希腊米隆的雕塑《掷铁饼者》，就是选择最具有表现性和运动性的一刻。所以，简化的核心是动态平衡，动态平衡的基础在于张力，简化本身就是一种张力的样式。

　　格式塔心理学派认为，完形的目的是表现。表现就是人们通过知觉的方式获得某种经验，这种表现得以实现，是因为人与客观事物具有"同形同构"关系。也就是说，外在世界的物理的力和内在世界的心理的力，虽然是质料不同，但在力的结构样式上如果是相同的，就达到"异质同构"或"同形同构"，它们在大脑中所激起的电脉冲是相同的，与情感活动所具有的力的样式也相同。因此，表面上极不相同的质料，因为力的样式相同，在艺术家眼里就有了相同的情感表现。所谓物我同一，所谓主客观协调，外在对象与内在情感合拍一致，都是这种"同形同构"或"异质同构"的结果。有了"同形同构"或"异质同构"，才能产生心理体验和审美快感。例如松树直立挺拔的表现，往往和人的高风亮节相联系，柳树低垂，则引起人的悲哀情感，都是由于树的样子与人的"悲哀情感的力"具有"同形同构"的关系。

　　"造成表现性的基础是一种力的结构，这种结构之所以会引起我们的兴趣，不仅在于它对那个拥有这种结构的客观事物本身具有意义，而且在于它对于一般的物理世界和精神世界均有意义。像上升和下降、统治和服从、软弱和坚强、和谐与混乱、前进和退让等基调，实际上乃是一切存在物的基本存在形式。不论是在我们自己的心灵中，还是在人与人之间的关系中；不论是在人类社会中，还是在自然现象中；都存在着这样一些基调。那诉诸人的知觉的表现性，要想完成它自己的使命，就不能仅仅是我们自己感情的共鸣。我们必须认识到，那推动我们自己的情感活动起来的力，与那些作用于整个宇宙的普遍性的力，实际上是同一种力。只有这样去看问题，我们才能意识到自身在整个宇宙中所处的地位，以及这个整体的内在统一。"[①] 比如，"这些自然物的形状，往往是物理力作用之后留下的痕迹；正是物理力的运动、扩张、收缩或成长等活动，才把自然物的形状创造出来。

---

① 阿恩海姆.艺术与视知觉：视觉艺术心理学［M］.滕守尧，朱疆源，译.北京：中国社会科学出版社，1984：615.

大海波浪所具有的那种富有运动感的曲线，是由于海水的上涨力受到海水本身的重力的反作用之后弯曲过来的……凸状的云朵和起伏的山峦……树干、树枝、树叶和花朵的那些弯曲的、盘旋的或隆起的形状，同样也保持和复现了一种生长力的运动"[①]。

人内在的感情活动也受到力的支配：

> 一个心情十分悲哀的人，其心理过程也是十分缓慢的，而且很少能够超出与他的直接经验和眼前的喜好直接联系在一起的状态，他的一切思想和追求都是软弱无力的，既缺乏能量，又缺乏决心，他的一切活动看上去也都好像是由外力控制着。[②]

当舞蹈演员被要求表现悲哀的感情时：

> 所有演员的动作看上去都是缓慢的，每一种动作的幅度都很小，每一个舞蹈动作的造型也大都呈曲线形式，呈现出的张力也都比较小，动作的方向看上去时时变化，很不确定，身体看上去似乎是在自身重力的支配下活动着，而不是在一种内在的主动力量的支配下活动着。[③]

这样的舞蹈动作恰恰和悲哀的心理活动同形同构，因此我们能在这些舞蹈动作中见到悲哀。不仅舞蹈动作，而且落日的余晖、飘零的落叶、涟漪的清泉都可以由于同形同构而引起人的某种感情活动，再如"书法一般

① 阿恩海姆.艺术与视知觉：视觉艺术心理学［M］.滕守尧，朱疆源，译.北京：中国社会科学出版社，1984：596.

② 阿恩海姆.艺术与视知觉：视觉艺术心理学［M］.滕守尧，朱疆源，译.北京：中国社会科学出版社，1984：615.

③ 阿恩海姆.艺术与视知觉：视觉艺术心理学［M］.滕守尧，朱疆源，译.北京：中国社会科学出版社，1984：625.

被看作心理力的活的图解"①。总而言之，外在世界的力与人的内在的力具有同形同构性，同形同构引起的共鸣产生人的美感。

格式塔心理学派在形的整体性、力的表现性和运动性等方面的研究有独到之处，给人们解释和理解审美心理提供了一种思路，影响很大。

第二节　中国审美心胸理论

审美心胸，核心意思是超功利的空明心境，庄子关于"心斋""坐忘"的理论是审美心胸理论的源泉，经历了唐代诗歌、宋元书画、明清戏剧和小说理论的不断传承和创新，其内涵得到了丰富与发展。本书重点介绍庄子的审美心胸说。

一、庄子审美心胸说

庄子的人生态度及审美心胸理论，是中国美学的重要内容。庄子美学是其时代的投影，是庄子对他所处历史和时代状态所采取的人生态度的组成部分。庄子生活在社会大转变时期，如《庄子·盗跖》中说"无耻者富，多信者显"，"人为物役"的异化现象充斥于社会生活的各个领域，庄子要重新肯定生命的意义和价值，即《庄子·德充符》所说"与物为春"及《庄子·大宗师》所言"与物有宜而莫知其极"，也就是要支配"物"，使"物"与人相协调、相统一，如何才能做到这一点，就构成了《庄子》一书所讨论的中心，最为典型的，即"坐忘"。

"坐忘"是庄子提出来以超越儒家的"礼乐""仁义"的更高的心灵境界和人格理想。《庄子·大宗师》的定义为："堕肢体，黜聪明，离形去知，同于大通，此谓坐忘。"它的特点就在于：鄙弃和超脱耳目心意的快

---

① 阿恩海姆.艺术与视知觉：视觉艺术心理学［M］.滕守尧，朱疆源，译.北京：中国社会科学出版社，1984：597.

乐，"形如槁木，心如死灰"，超功利，超生死，一切听其自然，从而达到《庄子·天地》所谓"不乐寿，不哀夭，不荣通，不丑穷"，《庄子·大宗师》说的"安时而处顺，哀乐不能入"，即超脱人世一切内在和外在的欲望、利害，不受任何内在和外在的好恶、是非、美丑以及形体、声色的限制和规范。这样，也就使精神如身体一样，能翱翔于人际界限之上，而与天地为一体——"身与物化"。而这正是一种审美的境界，是使人的生活和精神达到一种不为外物所束缚、所统治的自由独立境界。这个境界，《庄子·逍遥游》的描述为："若夫乘天地之正，而御六气之辩，以游无穷者，彼且恶乎待哉？故曰：'至人无己，神人无功，圣人无名'。"《庄子·大宗师》阐释为："彼以生为附赘县疣，以死为决病溃痈。夫若然者，又恶知死生先后之所在！假于异物，托于同体；忘其肝胆，遗其耳目；反复终始，不知端倪；芒然彷徨乎尘垢之外，逍遥乎无为之业。"这种"游"的境界，即"无己""丧我"的境界，是高度自由的境界。达到了这一境界的人，就是失去了个体的有限的存在，而成为与自然、与宇宙同一的"至人""神人""圣人"。

这种"游"所获得的"天乐"，是以排除所有耳目心意的感受为前提的，从而它是以"忘"为特点的：忘怀得失、忘怀是非、忘己忘物。也只有这样，才有可能与万物一体而遨游天地，获得"天乐"。

这种天乐，不是一般的感性快乐或理性愉快，实际上指的是一种对待人生的审美态度。这种愉快是由于主客吻合而产生的，这又正是庄子"心斋"的基本含义，如《庄子·刻意》所说："'敢问心斋？'仲尼曰：'若一志，无听之以耳而听之以心；无听之以心而听之以气。听止于耳，心止于符。气也者，虚而待物者也。唯道集虚。虚者，心斋也。'"《庄子·人间世》则进一步说："虚室生白，吉祥止止。夫且不止，是之谓坐驰。夫徇耳目内通，而外于心知，鬼神将来舍，而况人乎！"

所以，天乐已是无所谓乐与不乐，它已完全失去了主观的目的、意志、感受，而与自然的规律性合成一体。这样，《庄子·齐物论》中所说的"天地与我并生，而万物与我为一"的最高境界也就达到了。

从这样一种人生态度和理想出发，人才能认识"道"。对于庄子，美的本质正在于"道"，在于"道"的基本特性"无为而无不为"，即《庄子·知北游》所谓"天地有大美而不言，四时有明法而不议，万物有成理而不说。圣人者，原天地之美而达万物之理。是故至人无为，大圣不作，观于天地之谓也"。人如果懂得这个道理，"游心"于那自然无为地产生出万物的"道"，体验"道"的自然无为的本性，并以之作为人世生活的根本原则，一切纯粹自然，不为利害得失而劳苦奔波，这样人世的生活也就像"天地"那样"有大美""备于天地之美"了。这个"大美"进入了无限的本体，从而与无限的人格理想密切联系起来，是指向最高人格理想和人生境界的，这就是《庄子》中所谓"真人""至人""神人"所达到的人生境界，如《庄子·刻意》所言：

> 圣人之生也天行，其死也物化。静而与阴同德，动而与阳同波。不为福先，不为祸始。感而后应，迫而后动，不得已而后起。去知与故，循天之理。故无天灾，无物累，无人非，无鬼责。其生若浮，其死若休。不思虑，不豫谋。光矣而不耀，信矣而不期。其寝不梦，其觉无忧。其神纯粹，其魂不罢。虚无恬淡，乃合天德。

所以，重要的仍是主体的人格和审美的心胸，即对人生采取一种超功利、齐是非、断意念的审美态度，是审美态度（审美心胸）决定了审美对象。只要主体具备了这种审美心胸，美的存在就自然而然了。

因此可以说，庄子以自然无为的"道"为美，即以个体人格的自由实现为美。庄子整个学说的根本立足点就是处处高扬人生的自由境界和个体的无限发展，具体到美学上，就是其审美心胸理论。

《庄子·养生主》中著名的"庖丁解牛"的故事则直接揭示了美的创造问题。

　　庖丁为文惠君解牛，手之所触，肩之所倚，足之所履，膝之所踦，砉然向然，奏刀騞然，莫不中音。合于《桑林》之舞，乃中《经首》之会。

　　文惠君曰："嘻，善哉！技盖至此乎？"

　　庖丁释刀对曰："臣之所好者，道也，进乎技矣。始臣之解牛之时，所见无非牛者。三年之后，未尝见全牛也。方今之时，臣以神遇而不以目视，官知止而神欲行。依乎天理，批大郤，导大窾，因其固然，技经肯綮之未尝，而况大軱乎！良庖岁更刀，割也；族庖月更刀，折也。今臣之刀十九年矣，所解数千牛矣，而刀刃若新发于硎。彼节者有间，而刀刃者无厚；以无厚入有间，恢恢乎其于游刃必有余地矣，是以十九年而刀刃若新发于硎。虽然，每至于族，吾见其难为，怵然为戒，视为止，行为迟。动刀甚微，謋然已解，如土委地。提刀而立，为之四顾，为之踌躇满志，善刀而藏之。"文惠君曰："善哉，吾闻庖丁之言，得养生焉。"

所谓审美的创造，必须是一种自由的创造，自由是在实践中对于必然的认识和对于客观世界的改造，而美则是自由的显现。庖丁之能"游刃有余"，乃在于技巧的纯熟，在于透彻地把握了客体对象的规律性，也只有这样，才能做到解牛"如土委地"，而且，"是以十九年而刀刃若新发于硎"，这也就近乎"道"的境界了，也就是合规律性与合目的性的纯熟统一，主体与对象对立的消失，它也是创造的最高境界，是自由和至乐的审美境界："提刀而立，为之四顾，为之踌躇满志。"

这种自由创造的境界、美的境界如何可能？《庄子·外篇·达生》中的另一则故事明确地讲道：

> 梓庆削木为鐻，鐻成，见者惊犹鬼神。鲁侯见而问焉，曰："子何术以为焉？"对曰："臣工人，何木之有？虽然，有一焉。臣将为鐻，未尝敢以耗气也，必齐以静心。齐三日，而不敢怀庆赏爵禄；齐五日，不敢怀非誉巧拙；齐七日，辄然忘吾有四枝形体也。当是时也，无公朝，其巧专而外骨消；然后入山林，观天性，形躯至矣，然后成见鐻，然后加手焉，不然则已。则以天合天，器之所以疑神者，其是与！"

这里强调的仍然是"忘"：忘怀得失，不让任何外在的功名爵禄、是非毁誉，以至朝廷的要求等来干扰自己，甚至连自己的生存也忘怀，然后以自己的"天性自然"去接近、吻合客体的自然，即"以天合天"——合规律性与合目的性吻合一致，于是成功的创作便出现了，使"器之所以疑神者"——人工作品如鬼斧神工的自然产物一样。所以，艺术创造、美的创造中最重要的还是要有审美的心胸。

二、审美心胸与魏晋风度

如宗白华先生总结的："汉末魏晋六朝是中国政治上最混乱、社会上最苦痛的时代，然而却是精神史上极自由、极解放，最富于智慧、最浓于热情的一个时代。因此，也就是最富有艺术精神的一个时代。王羲之父子的字，顾恺之和陆探微的画，戴逵和戴颙的雕塑，嵇康的广陵散（琴曲），曹植、阮籍、陶潜、谢灵运、鲍照、谢朓的诗，郦道元、杨衒之的写景文，云冈、龙门壮伟的造像，洛阳和南朝的闳丽的寺院，无不是光芒万丈，前无古人，奠定了后代文学艺术的根基与趋向……只有这几百年间是精神上的大解放，人格上、思想上的大自由。人心里面的美与丑、高贵与残忍、圣洁与恶魔，同样发挥到了极致。这也是中国周秦诸子以后第二度的哲学时代。"[①]

与"第二度的哲学时代"相伴随的，就是中国美学开始其先秦之后的"二度黄金时期"，以士族为代表，形成一种逍遥世外、任情放达、风神萧朗的所谓魏晋风度。它是魏晋玄学所孕育的世界观和人生观，也是魏晋美学的感性显现。

魏晋风度是魏晋玄学的产儿，《道德经》《庄子》《周易》成为魏晋所崇尚的"三玄"。玄学作为一种世界观、一种人生理想的思辨形态也因此应运而生。因此魏晋名士清谈玄学而玄学反过来孕育了任情放达、超逸豪迈、风神萧朗的魏晋风度。玄学是魏晋风度的思辨形态，后者是前者的感性显现。

魏晋风度显现在哲学——美学领域内，就是超越外在的纷繁现象，直达内在的虚无本体，本体论代替自然观成了哲学的首要课题。玄学的中心议题是有无之辩，调和名教与自然的矛盾。玄学一再主张崇本息末、以无流有，把无说成统率自然、社会的精神本体。这个"无"，从根本上说，是魏晋名士理想人格的抽象化。它总率众材而不以材自居，具有无限的潜在能动性。有了这种"无"，才能统"有"，好比有母才有子一样。在政治主张上，就是讲"越名教而任自然"，从而赋予先秦、两汉以来天人关系问题以新义，也对传统哲学所揭示的个人与社会、自由与必然的关系做了重新解释和发挥，将哲学的中心转向对个人自由的探讨上，而扬弃了两汉的经学价值观。

如嵇康坚决反对立六经以为准，以周礼为关键，针锋相对地提出"越名教而任自然"。再如王弼的得意忘言的认识论，仅以对生活的影响论，使得魏晋名士注重的不是神的意志，而是人的命运，关心的不是社会的功业，

---

① 宗白华.论《世说新语》与晋人的美［M］//宗白华全集：第2卷.合肥：安徽教育出版社，2008：267.

而是个人的养生；追求的不是外在的行为道德，而是内在的才情风神。他们的服药以求长生，纵酒以任性，摒弃世务而清谈老庄，无不与此相关。所以，魏晋风度的实质还在于如何在有限人生中求得生命之自由和永恒，如何于外在的纷繁复杂的现象世界中求得生命之本。

所以，魏晋风度所代表的人生观、所追求的人生境界，在超越有限并追求无限，而无限境界的达到就实现在感性人生之中这一点上，与美学内在地联结了起来。

然而，魏晋风度与庄子美学（道家美学）的理想人格有一个很大的不同，那就是前者并不否定感性人生及个体的存在，而是就在个体的感性生命之中，在现实情性欲求之中，求得生命的无限和自由。魏晋名士的服药以求常生、纵酒任性，还有那表现在诗词文艺中的对生命的眷恋，都强烈地表达着一种对个体存在的关注、对感性欲求的执拗。他们是入世的而非超脱的，是热情的而非冷漠的。庄子则以"坐忘"为其处世态度：忘怀得失，忘怀尘世，甚至忘己忘物，感性的现实世界都成了追求自由人生境界的障碍，人的情性欲求也被弃之一边，这与魏晋风度形成鲜明对照。

总体而言，魏晋风度就是审美风度、审美人生，因为它在一种玄诞的形态下把握住了人与世界的关系，将人与自然、个人与社会统一了起来，并力求在感性的有限现实人生之中，把握无限的本体，追求一种人生自在的境界。

三、审美心胸与审美态度

如果我们用近代形态美学视角来审视，那么就可以发现，中国美学的审美心胸理论与近代西方美学的重心——审美态度有异曲同工之妙。可以说，庄子美学是中国古典美学中最富近代形态及特色的美学体系。所谓近代形态的美学，主要指美学自1750年成为独立的学科后在西方发展和完善成为具有理论形态的美学体系，从古希腊的柏拉图到近代的黑格尔，一直是以对美作"形而上"的哲学探讨为美学主导趋势的。但自从19世纪德国美学家费希纳提出美学应由"自上而下"转变为"自下而上"的研究以来，美学的重心开始转移到对审美心理的研究上来。而审美心理中的审美态度问题一跃成为近现代西方美学研究中的一个十分重要的概念。正如当代美国美学家乔治·迪基所指出的："今天的美学继承者们已经是一些主张审美态度的理论并为这种理论作出辩护的哲学家。他们认为存在着一种可证为同一的审美态度，主张任何对象，无论它是人工制品还是自然对象，只要对它采取一种审美态度，它就能成为一个审美对象。审美对象是审美经验的焦点和成因。因此，它是注意力、理解力和批评的对象。"①

那么，何谓审美态度？用马克思的话，就是一种摆脱了"单纯拥有"感觉的态度。而康德对审美鉴赏的一个重要规定即"非功利"，"只有对于美的欣赏的愉快是唯一无利害关系的和自由的愉快"，"鉴赏是凭借完全无利害观念的快感和不快感对某一对象或其表现方法的一种判断力"。②康德对美的定义，实则是对审美态度的定义。应该说，康德是抓住了审美态度实质的。所谓审美态度，就是以无利害、非功利来对待事物的态度，就是摆脱了实用意识的态度，在近现代西方美学中影响甚大的移情说、心理距离说等，实质上都是有关"审美态度"的理论。如布洛提出，只有当主体与客体保持一种不涉及"个人需要和目的"的"心理距离"时，人们才能以一种"客观的"欣赏（审美）态度去对待对象。移情说的要义也在于主体要保持一种审美的态度，从而主客交流，以至物我同一。正如立普斯所说："审美的欣赏并非对于一个对象的欣赏，而是对于一个自我的欣赏。它是一种位于人自身的直接的价值感觉，而不是一种涉及对象的感觉。毋宁说，审美欣赏的特征在于在它里面我感觉到愉快的自我

---

① 迪基.美学导论：一种分析美学方法［M］.刘悦笛，周计武，吴飞，译.北京：北京师范大学出版社，2017：86.

② 康德.判断力批判：上册［M］.宗白华，译.北京：商务印书馆，1964：46-47.

和使我感到愉快的对象并不是分割开来成为两回事，这两方面都是同一个自我，即直接经验的自我。"①

按乔治·迪基的看法，审美态度的理论有两种不同的类型："就温和的意义而言，审美态度，只不过是为了接近客观事物的审美特征所必需的条件，而就强烈的意义而言，审美态度，以某种方式决定着一种客观对象具有某些审美的特征的……审美态度的理论主张；或者某些特殊的客观对象是不需要的，因为美完全依赖于主体的精神状态；或者认为多种多样的美的对象仅仅在主体处于某种精神状态下才是可以理解的……无利害关系在它们中间都起着中心的作用。"②这里所说的第二种理论，把审美的态度看成决定一对象能否成为审美对象的因素，如抛开其片面性，是揭示了深刻的道理的。对于人类的审美活动来说，审美态度无疑是重要的。人如果不能审美地看待对象，而是被生理的欲望和功利的要求所束缚，那么，即使那些成为审美对象的事物，也不能进入人的审美视野。因此，人类审美行为的实现，审美态度是一个重要的条件。主体从对事物的日常态度转变为审美态度，是进入具体审美过程的必要的心理前提。总之，审美态度，从消极方面讲，即审美主体摆脱日常意识进入精神的自由境界。而从积极方面讲，审美态度则是指主体的审美注意指向一定的意蕴领域，以其全部感觉占有对象。这实际上已经涉及人生态度、人生境界等问题。而这在庄子美学中已得到深刻的揭示。正在这一点上，庄子美学的审美心胸理论与近代西方美学的审美态度联系了起来，也正在这一点上，庄子乃至道家美学显示出其巨大的优点。

庄子美学的最深刻处，在于把美与艺术同人类生活中超功利的自由境

① 立普斯.论移情作用［M］//朱光潜.西方美学史：下卷.北京：人民文学出版社，1964：610.
② 中国社会科学院哲学研究所美学研究室.美学译文（2）［M］.北京：中国社会科学出版社，1988：5.

界联系起来，在一种看来是消极虚幻的形态下，深刻地意识到审美同超功利的生活态度的联系，审美和艺术在庄子及道家那里不只是一种经验事实，更重要的是审美和艺术与人所向往追求的理想生活境界的相通，在于它们是个体生命自由的无限伸展，因而，庄子美学及道家美学对审美和艺术有了比儒家美学更为深入的认识。应当说，这正是西方美学所不可比拟的。在西方，自康德以来，超功利普遍被认为是美的一个重要的本质特征，席勒亦曾将审美看作人性恢复完整的必要中介。但从总体上看，近代以来西方美学有关超功利的理论，主要还是对于美感所具有的特征的一种经验性描述，少从人类生存发展的高度去加以观察，并且经常把超功利的审美活动看作暂时从现实生活的压迫中获得解脱的一种手段。而庄子则把审美与人类所追求的最高生活境界联系起来。在这种境界中，人同无限自由的宇宙完全合为一体，"此中有真意，欲辨已忘言"。这样，庄子所说的超功利的自由境界，即审美的境界，不仅是审美经验中所感受到的一种现象，也不是暂时获得解脱的手段，而是人类生存发展的根本要求。这对西方美学来说，也是难以企及的。

第七章　审美心理过程

审美是一个有机的、完整的心理活动过程，可以区分为不同的阶段。一般认为，此过程可以分为三个阶段，即围绕着审美的实现，分为前期的准备阶段、后期的效应阶段，以及核心的审美实现阶段。

第一节　审美准备阶段

审美准备阶段的主要目的，是为后续的审美活动做心理准备，包括审美注意、审美期待和审美态度三个要素。

审美注意是指审美过程中日常意识状态的中断，而专注于某种特殊的审美对象的意识活动。所谓日常意识，是一种受功利性影响的、有限目的的、遥控的意识。而在审美中，使日常意识中断的却是一种特定的审美对象，意识突然间从一种目的性的链条中中断，注意力全部集中于眼前的景色。在美学史上，人们对这种日常意识突然中断的现象曾赋予许多不同的名称，如"留心""开放""留心加注意""孤离"等，最为著名和合理的解释则是日本的今道友信认为的"日常意识的垂直切断"。他把日常意识比喻成一种水平运动的行动系统，当某种美的对象出现时，这种水平运动便被"垂直"切断。"垂直"在这里带有"断然""迅速""完全"切断的意思。一经切断，意识活动便转向另一个方位，这个方位被今道友信称为美的方位。

与审美注意相伴的特定情绪，即审美期待。审美期待指接受主体在审美过程中，基于个人和社会的原因，心理上往往有一个既成的结构图示，它使接受者具有期待视野，并希望在审美过程中得到满足。

审美注意与审美期待结合起来，就形成了审美活动所特有的一种态度，即审美态度。审美态度是指审美个性心理倾向，在审美活动中形成的、对事物美的持久而稳定的心理反应倾向。审美态度包括对事物的审美价值的认识，对事物的审美情感，对事物美的感知、欣赏、评价和创造的行为倾向。

西方传统美学及现代美学中有关审美态度方面的理论有很多，夏夫兹博里提出的非功利的态度、叔本华的审美静观、康德的"审美无利害"等，都包含在审美活动中存在着一种不同于实践的、理智的、道德的态度的审美态度的观点。叔本华的审美静观，认为审美态度就是一种从意志和欲望的束缚中获得暂时解脱的方式，这是一种和观察事物的普通方式迥然有别的审美观照方式；或者说就像布洛所说的在审美主体和审美对象之间要有一定的"心理距离"；或者正如康德所说，这种审美是无关利害的。一句话，这种审美就是要超越现实、超越实体，超越个人的欲望及实用的目的，超越抽象的概念思维，超越道德上的需求，而使审美主体专注于事物的形式和外表以取得一种审美观照的愉快。

总之，审美态度有别于科学态度，它不致力于解决理论和实践中的问题，不涉及概念思维。如果有意识地利用概念对审美对象进行分析、批判、肯定或否定，审美态度便立即消失。它也不同于实用态度，不关心行动的目的以及达到目的的手段。一旦把注意力转移到实用生活目的上，审美态度便不复存在。而要感受对象的美，就要善于从对象采取功利实用的或科学认识的态度，转到采取审美的态度。这既不是去考虑对象具有什么实用的价值，对自己或别人有什么利害关系，也不是去对对象进行科学上的抽象的分析思考，而是对象的感情存在的特征采取一种"观照"的态度，直接从对象的感性特征的直观中去体味同人生的自由相联系的某种情调、意味、精神境界等。不论客观上存在多少美的东西，如果主体不能采取审美的态度去看世界，这美对他来说就是不存在的。艺术家和普通人的重要区别，就在于他善于用审美的态度去看世界，能在一般人看不到美的地方敏锐地发现美。

对于审美态度的总体特征，我们可以用一个词来概括，这就是"超越性"。审美态度所要超越的是日常生活的实利意识以达到一种暂时的超脱，简言之，就是对实用功利的超越。这种超越还包括对人的情感等官能快适的超越，对道德的超越。审美超越的最后一层含义是对审美快乐自身的不断超越，体现为审美快乐的不断超越提升，最后走向极致。叔本华的静观、布洛的"心理距离"、康德的无功利等从其实质上看都是说审美态度就是要求一种"超越性"。古今中外，艺术创作中正是因为有了这种"超越性"的追求，才产生了无数的流传千古的经典之作；同样，艺术欣赏活动正是因为有了这种"超越性"，才得以领悟到经典之作的韵味，才能欣赏大自然及社会中丰富的美。

第二节　审美实现阶段

审美实现阶段是审美主体与客体相互作用进行审美信息交流的阶段，主要包括三个心理层次，即审美知觉、联想和想象、审美情感。这三个心理层次是审美活动中的主要心理活动过程。

一、审美知觉

感觉和知觉是美感的心理基础。

（一）感觉和知觉的含义

感觉是客观事物直接作用于人的感觉器官在人脑中所产生的对事物的个别属性的反映，是认识的初级形式。感觉是一切心理活动的基础。感觉可以反映客观事物各种属性，如颜色、线条、声音、气味等。例如，我们看到一朵红玫瑰，就会产生红的感觉。感觉是依赖于客观物质作用于人的大脑、依赖于感官的正常机能产生的。因此，五官的感觉构成人类一切活动的基础。审美对象都具有可感的形式，这些可感的美学形象的形式直接作用于人的感觉器官，才能开始人的审美活动，所以说感觉是我们进入审美世界的第一个台阶。同时，美感活动始终不能离开感觉活动，一切较高级、较复杂的心理机能，如知觉、联想、想象、情感、理解等，都是以感觉为基础的。这些较高级的心理因素在审美活动中更是始终离不开感觉。

知觉是大脑对客观事物的整体性和事物之间的关系的反映，知觉在感觉的基础上形成，但又不同于感觉，它是对外部事物各种属性综合的、完整的反映。例如，我们看到一朵鲜花，不仅看到它的颜色，而且看到它的枝叶形状、花朵的排列等从而形成对鲜花整体的反映，这就是知觉。

感觉和知觉是一切认识活动的心理基础，也是美感的心理基础。美的事物都具有形象可感性，如果没有对美的对象的感知觉，就不可能产生审美感受。在这种意义上，美感首先是通过感知觉来实现的。

（二）审美知觉的特点和作用

1.整体性

审美知觉不是各种事物及其各种属性相加的总和，而是一个完整的有机整体，如把审美对象的知觉作为许多孤立的部分，那就不能感受和认知美的对象，引起美的活动。例如，听音乐时，我们的知觉是单纯的声音或孤立的一个个音符，那就不可能获得由音调、旋律、节奏等过程的音乐的整体美，就不能欣赏音乐的完整性和生动的艺术形象。再如，我们欣赏绘画时，我们只感到一块块的色彩、一个个的形体，而不能知觉色彩和形体所构成的完整形象和它的构图所表现的意境，则不能欣赏绘画的美。审美知觉不是零碎的、孤立的，而是构成一个完整性的有机形象，因此才能使人感受对象的美，才能真正地获得美感和审美享受。

2.选择性

客观事物是纷繁的、各式各样的。对许多感性事物，人不能同时接受，而必须根据自己的兴趣和爱好，有选择地接受少数事物，这样知觉才会鲜明和清晰，才会体现出自己的兴趣和爱好。这种选择性在审美中是非常突出的。例如我们在露天剧场看演出，尽管环境非常杂乱，我们可以专心知觉舞台上的形象与表演，而不去听环境的吵闹声，不去看过往的行人和车辆。这种专心知觉舞台上的形象而不闻周围环境的吵闹的现象，就体现了审美知觉的选择性。再如，两个人欣赏同一幅山水画，有可能一个人特别注意构图技巧和意境，而另一个人则特别注意用笔用墨、线条和皴法。虽然两人都知觉山水画的完整形象的美，但注意点不同，所得到的美感也各异。这也体现了审美知觉的选择性。正因为人们的审美知觉有选择性，所以绘画要有画框、演戏要有舞台，使画家和戏剧家的选择性与欣赏者的选择性尽量保持一致，最大限度地产生共鸣。

3.情感性

审美知觉带有浓郁的情绪和感情色彩，同一个审美对象，往往因欣赏者的情绪或感情的不同而产生不同的审美知觉。例如高兴时感觉夜静荷香的审美知觉，在人愁苦思乡时却可能变成寂寥惆怅的审美知觉。所以审美知觉是伴随着浓郁的情感的，它能够以此触发人的想象和理解，使审美心

理活动得以进一步展开，从而使人从对美的事物的欣赏中产生更加丰富的
审美享受。

（三）感觉与知觉的异同

1.感觉与知觉的联系

第一，感觉是知觉产生的基础。感觉是知觉的有机组成部分，是知觉
产生的基本条件，没有客观事物个别属性反映的感觉，就不可能有反映客
观事物整体的知觉。

第二，知觉是感觉的深入发展。一般来说，若能对某客观事物或现
象感觉到的个别属性越丰富、越完美，那么对该事物的知觉就越完整、越
准确。

第三，知觉是高于感觉的心理活动，但并非感觉的简单相加之总和，
它是在个体知识经验的参与下，以及个体心理特征，需求、动机、兴趣、
情绪状态等影响下产生的。

2.感觉与知觉的区别

第一，产生的来源不同。感觉是介于心理和生理之间的活动，它的产
生主要来源于感觉器官的生理活动以及客观刺激的物理特性。知觉是在感
觉基础上对客观事物的各种属性进行综合和解释的心理活动过程，表现出
了人的知识和主观因素的参与。

第二，反映的具体内容不同。感觉是人脑对客观事物的个别属性反映，
知觉则是对客观事物的综合整体的反映。

第三，生理机制不同。感觉是单一分析器活动的结果；知觉是多种分
析器协调活动，对辅助刺激物或刺激物之间的关系进行分析综合的结果。

二、联想和想象

联想和想象，是两个相近的审美心理要素。

（一）联想的概念及类别

联想是由一事物想到另一事物的心理过程，它既可以由当前感知的某一事物想到与此有关的另一事物，也可以在回忆某一事物时又想到与此有关的事物。形成联想的客观基础是事物间的普遍联系，具有各种联系的事物反映在头脑中，形成暂时的神经联系，一旦有相应的刺激促使这一暂时神经联系恢复，就形成联想。

联想具有多种形式，一般根据事物之间相互联系的性质划分为接近联想、类似联想、对比联想、关系联想等。大家比较熟悉的电影中的蒙太奇手法就是对多种联想形式的广泛运用。

1. 接近联想

由于甲、乙两事物在时间或空间上非常接近，人们感知到甲便联想到乙，或感知到乙便联想到甲，这种联想就称为接近联想。睹物思人，看到瑞雪使人想到丰年，看到星星使人想到月亮，就属于接近联想。接近联想在审美中的作用表现为：使审美主体在感知事物的审美特征时，想到其他事物的审美特征，使人们能够在艺术创造中因虚得实，虚实相生，给人以象外之境、无穷之意。

2. 类似联想

类似联想是两种事物在性质上或形态上相类似，由一种事物的知觉和回忆而引起对另一种事物的联想。例如，看到春光，想起青年；看到暴风雨，想起革命。这些都是类似联想。类似联想的"类似"，只是两种事物在某些特征和状貌上的近似，并非完全一致。

类似联想比接近联想有着更为广阔的天地，外部事物微妙的类似都可以成为联想的基础。许多人对颜色有所偏好，这与联想有关。例如，红是火、太阳和朝霞的颜色，因此它使人感到温暖和热烈；白是雪的颜色，因此它使人感到纯净；青是田园草木的颜色，因此它使人感到安静和闲适。

我们在知觉外部事物时，不仅知觉它们的形状、颜色和声音，还能通过它们感受到更多的意义和价值。接近联想和类似联想有时混在一起，如唐朝牛希济的诗句："记得绿罗裙，处处怜芳草。"诗中人物之所以记得绿罗裙，是因为罗裙和他的爱人相近；他之所以处处怜芳草，是因为芳草和罗裙的颜色相近。

3.对比联想

由于甲、乙两事物具有相对立的性质特征，人们感知到甲时，联想到乙。例如，由赤日炎炎想起天寒地冻。艺术中的对比手法往往和对比联想有联系。杜甫的名句"朱门酒肉臭，路有冻死骨"就是一例。再如刘禹锡的《竹枝词二首·其一》："杨柳青青江水平，闻郎江上唱歌声。东边日出西边雨，道是无晴却有晴。"对比联想能够使人们在艺术创作中鲜明突出、有力而准确地表达自己的思想感情，使审美者更深刻、准确地领会创作意图，与创作者产生极大共鸣。同时，这种联想能够使相反的事物性质或事物相对独立的个性在对比中得到突出，有助于审美者提高对善恶、美丑及其他事物的认识。

4.关系联想

由感知的事物想到该事物的意义及其相关联的事物，称为关系联想。例如由文具想到钢笔、铅笔、橡皮等具有种属关系的事物；由阴天想到下雨等具有因果关系的事物等。关系联想的审美意义主要表现在以下三个方面：第一，使人由审美对象的审美特征的现实意义联想到它的历史意义；第二，使人由审美对象的审美特征所产生的结果联想到它产生的原因；第三，使人由审美对象的部分审美特征联想到它的整体或全部的审美特征。

（二）想象及类别

想象是人脑中对已有表象进行加工改造和创造新形象的心理过程。"想象"一词出于《韩非子·解老》："人希见生象也，而得死象之骨，案其图以想其生也。故诸人之所以意想者，皆谓之象也。"可见，"想象"的原意就是在死象之骨的基础上想其生时之象。作为审美想象则是在审美感知和审美联想所提供的形象的基础上创造出一种崭新的、饱含审美者主观印记的形象的过程。黑格尔将审美想象比作一座冶炼炉，通过这个冶炼炉可以把感性、理性与情感熔铸成崭新的形象。他说："艺术家必须是创造者，他必须在他的想象里把感发他的那种意蕴，对适当形式的知识，以及他的深刻的感觉和基本的情感都熔于一炉，从这里塑造他所要塑造的形象。"①文艺欣赏中有种说法："有一千个读者，就有一千个哈姆雷特。"莎士比亚为我们的想象提供的材料是一样的，然而由于我们每个人的想象不同所以产生出众多的哈姆雷特形象。

想象和联想有区别，也有联系。想象在已有表象的基础上创造出新的形象，联想则把知觉对象或表象同另一种表象联结起来。

朱光潜认为，联想是一种创造的想象，他以唐朝诗人王昌龄的《长信怨》一诗说明联想在美感和艺术中的重要作用。这首诗被人称作唐人七绝的压卷之作。它是拟托汉代班婕妤在长信宫中某一个秋天的事情而写的。班婕妤失宠于汉成帝以后，谪居长信宫奉侍太后，作乐府歌辞《怨歌行》："新裂齐纨素，皎洁如霜雪。裁为合欢扇，团团似明月。出入君怀袖，动摇微风发。常恐秋节至，凉飙夺炎热。弃捐箧笥中，恩情中道绝。"王昌龄因之作《长信怨》："奉帚平明金殿开，暂将团扇共徘徊。玉颜不及寒鸦色，犹带昭阳日影来。"由班婕妤联想到团扇。"玉颜"指班婕妤洁白如玉的容颜，由于它们在色泽肤理上相类似，就把它们联系在一起，"寒鸦"指秋天的乌鸦，这里指班婕妤羡慕又忌妒的受恩承宠者，它也许隐喻赵飞燕。昭阳是汉殿，汉成帝宠爱的赵飞燕居住在这里。"日影"指君恩，因为古代以日喻帝王。班婕妤幽怨的是，自己如玉容颜，君王从不一顾，而丑陋的乌鸦还能从昭阳殿上飞过，身上带有昭阳日影。《长信怨》的主题是"怨"，

---

① 黑格尔.美学：第1卷［M］.朱光潜，译.北京：商务印书馆，1979：222.

"怨"是一个抽象的概念，诗中用具体的情境来表现。"君恩"也是一个空泛的抽象概念，诗中用"昭阳日影"这个具体的意象来替代它，这中间离不开想象和联想，可见，美感和艺术的微妙往往在于联想的微妙。

在美的创造和审美欣赏中都离不开想象。首先，没有想象，人就不能形成审美理想，不能创造出比现实生活中已有的事物更美的现实美和艺术美。一方面，人类总是不断想象更美好的生活，才不断创造新的、更美的生活形象；另一方面，艺术作品中的典型环境和典型人物的创造都是艺术家创造性想象的结果。艺术创作中以创造性想象为主，再造性想象只是在参与创造性想象过程中起作用。其次，对各种美的欣赏都需要欣赏者的想象。审美欣赏中以再造性想象为主，同时也包含一定的创造性想象。比如在对艺术作品的欣赏中，每个人都根据自己不同的人生体验和生活积累再造艺术作品中的形象，形成新形象。有了想象，人们能够从静态的绘画中感受到动态的美感，从虚拟的示意动作中感受到真实的生活形象，使人从文学作品的抽象语言描写中感受生动形象的生活画面。所以说想象不仅在创造社会美和艺术美的过程中具有重要作用，在审美中也占有十分重要的地位。

（三）想象和联想的异同

想象的本质特征在于改造表象并创造新形象，在于创造性。想象的直接结果是创造新的形象，任何想象都是具有创造性的，想象是一种认识，不同于联想。虽然想象是始终不能脱离形象的心理活动，但想象又是分析、综合、加工、改造表象的理性认识。它是一种用形象化来思维的心理活动。联想是从当前事物的感知中回忆起有关的其他事物，是中枢神经已经形成的暂时联系的恢复；而想象是在头脑中改造记忆中的表象，从而创造新形象的过程，是中枢神经中旧的暂时联系经过重新组合形成的新的暂时联系的过程。因此，联想的结果是记忆形象的再现，而想象的结果是记忆形象经过重新组合而形成新的形象。

三、审美情感

情感是人对客观现实的一种特殊反映形式，它是对客观事物是否符合人的需要的一种复杂的心理反应，是主体对待客体的一种态度，是人们对客观事物是否符合自己的需要而产生的体验。强烈的情感性是美感的重要特点。

（一）审美情感的特点

第一，在审美情感中，人的理性（认识）、意志（需要）和情感处于和谐统一之中，由于各种和谐统一，在审美中才会感到无私与自由的愉快。

第二，审美情感以日常情感为基础，但审美情感中蕴含着理性认识，比日常生活情感含有更丰富、更深刻的社会内容。因此，它更能够净化人的心灵、陶冶人的情操。

第三，审美情感不同于认识情感和意志情感，它始终不脱离具体、完整的生动形象，直接对形象产生情感，具有复杂的个性和多样性；而不像认识情感、意志情感那样具有社会普遍性。

（二）情感在美感形成过程中的作用

情感在美的创造和欣赏中具有非常重要的作用。情感贯穿于美感形成的全过程。如果说想象是人们创造美、欣赏美的核心，那么情感就是人们创造美、欣赏美的动力。

首先，在美的创造过程中，情感是人们创造的动力。人在生活中对客观事物产生的情感，是人们对生活形象、现实事物产生美感的基础；在生活中孕育的艺术家的情感，是艺术家产生创作愿望的基础；艺术作品中包含着艺术家的情感，只有浸透了创造者丰富情感的艺术形象才具有感人的艺术魅力。

其次，在对美的欣赏过程中，美感的形成也离不开情感。在欣赏自然美时，往往由于触景生情产生美感；在欣赏社会美时，往往由于社会事物对人具有巨大的感染力或包含了人们在实践过程中对现实事物产生的美好的情感而产生美感；在欣赏艺术美时，往往由于艺术作品中包含的艺术家的丰富情感与欣赏者产生强烈共鸣而产生美感。

第三节　审美效应阶段

在审美活动中，当审美主体离开审美对象时，观照和体验阶段就结束了，随之而来的是审美效应阶段。审美主体开始根据自己的主观愿望和思想观念，对审美对象的各个部分或各个方面开始理性的分析，所以这一阶段是对主要心理因素的审美理解。

一般来说，审美理解过程是一种非理性的直觉认识过程，它与一般认识过程有明显的区别。在一般认识过程中，我们往往通过思维活动对感性内容进行加工。而审美认识中，则没有这种复杂的思考，在头脑中也不会产生什么概念，人们只是通过直觉来观察和审视审美对象，并直接对其做出评价，没有复杂的分析、概括、判断及推理。

一、审美理解的特点

理解是通过揭示事物间的联系而认识新事物的心理过程。理解是对事物的理性认识，只有理解了事物，才能更深刻地知觉它。作为美感心理要素的理解，指对审美对象的文化背景、象征意义、隐喻、表现手法等的理解。每种艺术、每个艺术时代、每位艺术大师都创造了自己特殊的语言。而且，在艺术进化过程中，这种语言显现出复杂化的趋势。所以，理解艺术作品的寓意，理解审美对象的表现手法，是深化美感的必要前提。

审美理解按照理解的深浅程度，可将其分为对事物外部关系的理解和对事物内部关系的理解。这两种理解形式在审美活动中都不是依靠概念、判断和推理的逻辑思维的形式进行的，而是与感知、联想、想象、情感等审美心理因素密切联系在一起。

审美理解具有生动的形象性。美感中的理解因素，既有不脱离具体生动形象的体验，又有在审美感受中包含着的领悟、比较、推敲等理性思维活动。对审美对象的理解和认识是以感性活动的形式完成的。因此，美感中的理解往往不是如语言表达的理性认识那样确定、富有逻辑性，而常常具有可以意会难以言传的特点。

审美理想还具有直接领悟性。也就是说，在审美理解中，是直接通过对感性形象的接触和感知顿悟到事物的本质和意义。

二、理解在审美美感形成过程中的作用

尽管在审美心理过程中没有一个独立的理解联合体，但是理解在审美心理活动中的作用是十分重要的。它广泛渗透于感知、联想、想象、情感等活动中。首先，知觉必须依赖过去的知识和经验，而过去的知识和经验中就包含着理解因素，它必然渗透到当前的感知活动中。没有理解的参与，感知的整体性、选择性和情感性就不可能是积极的。其次，在审美联想和审美想象中，理解具有明显的作用。各种不同形式的联想都是建立在对事物普遍联系的理解基础之上的，没有对事物间关系的理解，任何形式的联想都不可能形成。同时，在想象中具有更深刻的理解内容，没有对事物本质和规律的理解，就不可能在改造旧的表象的基础上创造出新颖的、独特的形象来。再次，情感和理解是互为动力的，理解越深刻，审美情感越丰厚；审美情感越丰富、深厚，则理解越深刻。由此可见，审美理解与知觉、联想、想象、情感等是不可分的，它们是互相渗透、互相作用的。最终审美理解规范着、指导着美感的内容与发展方向。

理解在审美美感形成过程中的作用大致可归纳为四点。

第一，自觉理解到自己在欣赏美，理解到自己处于非实用的审美状态，

自觉保持适当的审美距离，不必对所见所闻做出实际行动的反映。这是对美感中的理解最起码的要求，否则就不能进入欣赏活动。这一点是形成审美美感的前提。

第二，理解因素使人们得以把握艺术作品内容，以产生美感。理解使我们在了解审美对象的历史背景、文化背景、题材典故背景等基础上，得以欣赏审美对象，获得美感。

第三，理解使我们得以从艺术作品形式中产生美感。当我们感受到艺术作品的形式而不理解它的内容时，是不能产生美感的，如对音乐的节奏与旋律的理解，对绘画线条与形状、色彩的理解，对京剧程式的理解等，都是产生美感所必需的。

第四，理解使我们领会到审美对象所蕴含的意义，以形成美感。我们对"弦外之音""象外之意"的体会，对文学作品深刻思想内容或宽泛意境的领会，都是需要通过对生动形象的理解来实现的。

这一阶段的主要心理活动是回味，包括审美实现阶段心理状态的延续与审美主体的"细读"、揣摩等心理活动。在回味阶段，审美主体的情感、情绪开始从高潮的激动或深刻的快感中走了出来，逐渐趋于平静和沉稳。审美主体积极的心理活动，此时主要表现为调动许多记忆中的材料来与自己刚刚面对的对象、经历过的事情进行比较，或者运用自己的知识来重新审视、把握它们。因而，这个阶段中往往会有一定的逻辑过程出现，比如对于主体自己刚刚经历、面对的审美对象和过程进行部分或整体的评价，等等。

第八章　美感的特点

有关美感的特点，看法并非完全一致。从这些不同的见解中，我们可以归纳出比较一致的认识，总结出美感具有非功利性、直觉性、超越性和愉悦性等四大特点。

第一节　美感的非功利性

美感的非功利性是指在审美过程中不带主观的物质实用功利目的的性质，是审美与人的价值关系的体现。对于美感的这一特征，许多美学家都有过论述，并且被普遍认可为美感的最主要特征。

一、美感非功利说的提出

在西方美学史上，伯克和康德的美感非功利说，影响最大。

伯克以经验主义感觉论为基础，认为美源于人的自我保全本能和相互交往本能。以非功利性为中心概念，对审美判断的性质做了深入细致的研究，认为人类的审美判断是"指物体中能引起爱或类似情感的某一性质或某些性质"[①]，"'爱'是在观照一个美的事物时……心里所感觉到的那种满

---

① 北京大学哲学系美学教研室.西方美学家论美和美感［M］.北京：商务印书馆，1982：118.

意、欲念或性欲只是迫使我们占有某些事物的一种心理力量。这些事物之所以吸引我们，并不是因为美，而是由于完全另样的缘故"①。伯克的论述表明这样一个意思，即引起占有欲的对象，不会是审美对象，反之则成审美对象。由于审美对象的非功利性质，而决定了审美的非功利性。

康德在《判断力批判》"美的分析"的第一契机即"质的分析"里认为：鉴赏判断是非功利的，它所获得的美感没有任何利害关系："关于美的判断，只要夹杂着极少的利害感在里面，就会有偏爱而不是纯粹的欣赏判断了。"②因此，他主张对客观事物不能有任何偏爱，而必须做一个"纯然淡漠"的评判者③。首先，康德立足于对"快适"的分析，提出审美不是官能的享受，因为"对于快适的愉快是和利益兴趣结合着的"。④其次，康德驳斥了自古希腊以来从伦理角度去理解美，认为"美是善"或"美是与善的统一"的传统观念。他认为美不是善，因为善是人们的一种理性的评价，如果说感官的愉快仅限于人的肉体，那么善所引起的愉快也只作用于人的精神。也就是说"道德的善"，"带着最高的利害关系"，"善是意欲的对象"⑤。由意欲而产生的善的愉快不是审美的愉快。审美不同于前两种，当人们欣赏一事物的美的时候，不存在有什么欲念，纯粹是静观的，是无利害之感的。美除了使人们感到满意、愉快，没有其他满足。观赏花时所产生的美感就是如此。通过对三种不同特性的愉悦（感性官能快适、善的愉快、审美愉快）比较研究，康德得出结论："在一种愉快里只有对于美的欣赏的愉快是唯一无利害关系的和自由的愉快；因为既没有官能方面的利害

① 北京大学哲学系美学教研室.西方美学家论美和美感［M］.北京：商务印书馆，1982：118.
② 康德.判断力批判：上卷［M］.宗白华，译.北京：商务印书馆，1987：41.
③ 康德.判断力批判：上卷［M］.宗白华，译.北京：商务印书馆，1987：41.
④ 康德.判断力批判：上卷［M］.宗白华，译.北京：商务印书馆，1987：42.
⑤ 康德.判断力批判：上卷［M］.宗白华，译.北京：商务印书馆，1987：44.

感，也没有理性方面的利害感来强迫我们去赞许。"①可见，康德首先抓住美的本质特性，确认鉴赏判断是审美的；然后进一步论证这种审美判断是无利害关系的；紧接着便对无利害性进行剖析，并把它作为鉴别三种愉快中的审美因素与非审美因素的标准。最后，他"从第一契机总结出来对美的说明"，认为："鉴赏是凭借完全无利害观念的快感和不快感对某一对象或其表现方法的一种判断力。"②康德的结论是："鉴赏判断是审美的。"③

意大利克罗齐、美国桑塔亚那以及许多现代美学家，都认为审美不带有直接的实用功利目的，审美具有非功利性，有的甚至完全排斥审美的功利性。

中国美学中的审美心胸理论，魏晋风度所显示的美学趣味，明代以李贽"童心说"、公安三袁的"性灵说"为代表的情感解放潮流，也坚持美感非功利性的主张。

二、美感非功利性的特点

丹麦批评家格奥尔格·勃兰兑斯④和朱光潜都列举过人们看待一个事物（森林、松树）的三种态度，这里仅以朱光潜先生的论述为例：

假如你是一位木商，我是一位植物学家，另外一位朋友是画家，三人同时来看这棵古松。我们三人可以说同时都"知觉"到这一棵树，可是三人所"知觉"到的却是三种不同的东西。你脱离不了你的木商的心习，你所知觉到的只是一棵做某事用值几多钱的木料。我也脱离不了我的植物学家的心习，我所知觉到的只是一棵叶为针状、果为球

---

① 康德.判断力批判：上卷［M］.宗白华，译.北京：商务印书馆，1987：46.
② 康德.判断力批判：上卷［M］.宗白华，译.北京：商务印书馆，1987：47.
③ 康德.判断力批判：上卷［M］.宗白华，译.北京：商务印书馆，1987：39.
④ 勃兰兑斯.十九世纪文学主流：第1分册 流亡文学［M］.张道真，译.北京：人民文学出版社，1958：161.

状、四季常青的显花植物。我们的朋友画家什么事都不管，只管审美，他所知觉到的只是一棵苍翠劲拔的古树。我们三人的反应态度也不一致。你心里盘算它是宜于架屋或是制器，思量怎样去买它，砍它，运它。我把它归到某类某科里去，注意它和其他松树的异点，思量它何以活得这样老。我们的朋友却不这样东想西想，他只在聚精会神地观赏它的苍翠的颜色，它的盘屈如龙蛇的线纹以及它的昂然高举、不受屈挠的气概。

实用的态度以善为最高目的，科学的态度以真为最高目的，美感的态度以美为最高目的。在实用态度中，我们的注意力偏在事物对于人的利害，心理活动偏重意志；在科学的态度中，我们的注意力偏在事物间的互相关系，心理活动偏重抽象的思考；在美感的态度中，我们的注意力专在事物本身的形象，心理活动偏重直觉。①

审美的非功利性由审美主体和对象两方面的特点决定的，一是审美对象的"孤立性"，即审美对象脱离了实在的背景进入一种审美的视域中。只有这样，对象才具有引发美感的属性。德国哲学家、心理学家和美学家尤格·闵斯特堡（Hugo Munsterburg，1863—1916）认为，艺术与科学不同，它不在关联而在孤立，它断绝对象与一切其他事物的关联，让它单独填满我们的心房，除了容纳它，不使我们的心房为其他任何事物留有余地，这种艺术活动在对象上就使对象完全孤立，在主体上就使主体获得了完全的安息，即只沉浸于眼前这个对象本身中，而没有任何企求他物的欲念。因而，孤立对象也就是美感的根本内容所在，为心灵孤立对象也就等于使对象变美，所以，美感的具体内容也就是，只孤立地让对象本身充满着心灵，除此之外，不再有其他任何事物的观念进入心灵，而审美主体只对这对象

① 朱光潜.朱光潜美学文集：第1卷［M］.上海：上海文艺出版社，1982：36.

本身感兴趣，在时空之中并不涉及任何外于它的事物。因此，艺术活动乃至一切审美活动，并不在于推断对象发生在未来的变化，而在于领受其当前所处的状况。由此，审美能力也就是孤立对象的能力，让对象单独填满我们心房的能力。如欣赏维纳斯，不能把它看作一块石头，也不能当作真正的美女看；当梵·高的《向日葵》被高价购买时，也已经不复为艺术品。二是审美主体要有审美的心胸，布洛的"心理距离"说、朱光潜关于人对古松的三种态度等论述都说明：美感产生于审美主体对待审美对象的态度，必须是审美的，才可能产生美感。中国美学中，庄子的审美心胸理论，也是对此的极好证明。

三、无功利中有"大用"

美感的"大用"，即人类活动的目的性。美感活动使人获得一种特殊的精神愉悦：一方面，它是一种无关利害、不涉欲望、没有直接实用性的快感；另一方面，美感又是一种合乎人类目的性的愉悦。在这个意义上说，看似无用的活动却有大用，以无功利的愉悦表现出来的美感却潜藏着人类普遍的功用，也就是说，审美虽然不是为了满足人们认识和实用的功利，但起着陶冶、感染、熏陶和培育人的心灵，对人的精神有潜移默化的特殊作用。席勒认为，审美活动可以复归人类所失去的人性，使他成为一个完整的人；黑格尔认为审美具有解放人的性质，这是美感的最大价值，也是我们审美活动的最高要求。

实际上，也正是因为审美的非功利性，才是许多美学家把审美看作人的解放和全面发展的途径。下面以席勒为例，略加论述。

席勒认为审美可以改良习俗并且能克服人性的分裂，这是由美的特性决定的，美的最根本特性就在于它是"自由观照"，即非功利性。他对美的分析，也是从对人性的分析开始的。他认为，人有两种相互对立的因素：一是"人本身"，二是"状态"。人本身不变，是形式；状态则不断变化，是世界。在变与不变当中，人有两种相反的要求：一是要有实在性，使人本身中一切潜在的东西都能得到实现；二是要有形式性，使人的一切变化处于和谐中。适应两种不同的要求，人有两种相反的冲动，即"感性冲动"和"理性冲动"，前者要求把人本身以内的必然东西转化为现实，变成物质的存在；后者要求使状态中的实在东西获得理性的形式，在变化中见出和谐。因为人本来有物质和精神、感性和理性两个方面，所以这两种冲动都是人的天性。完满的人性，应当是二者的和谐统一。但在劳动分工等带来的人性越来越分裂的情况下，只有借助第三种冲动——游戏冲动——才能把感性和理性结合起来，使人通过审美这个环节从被动状态中摆脱出来而转入主动。这就是他美学中的"游戏说"。游戏的根本特点，就在于自由活动。"我们说一个人游戏，是说他审美地观照自然，并创作了艺术，把自然对象都看作生气灌注的。在这里面，单纯的自然的必然性，让位给了各种能力的自由的活动；精神自发地与自然相和谐，形式与物质相和谐"，而"游戏冲动的对象用一个普遍的概念来说明，可以叫作活的形象。这个概念指现象的一切审美的性质，总之，指最广义的美"[①]。"美是……游戏冲动的对象……在美的直观中，心灵是处于规律与需要之间恰到好处的中点，正因为它介乎这两者之间，它才避免了规律和需要的强制。"[②]换言之，美即"活的形象"，是感性与理性的统一，即物质世界的存在和它的形象显现的统一，内容与形式的统一。也正因为如此，只有在游戏中，人性才不是分裂的，而是统一的，人才成其为充分意义的人。"只有当人在充分意义上是人的时候，他才游戏；只有当人游戏的时候，他才是完整的人。"[③]这样，

① 席勒.美育书简［M］.徐恒醇，译.北京：中国文联出版公司，1984：第二十七封信.
② 席勒.美育书简［M］.徐恒醇，译.北京：中国文联出版公司，1984：第二十七封信.
③ 席勒.美育书简［M］.徐恒醇，译.北京：中国文联出版公司，1984：第二十七封信.

作为游戏冲动的对象的美，是在感性冲动与形式冲动的平衡中产生出来的。对于不同的人，席勒认为可以用不同的美来实行教育。其目的，都在于恢复人性的完整，克服人性的分裂。"通过美把感性的人引向形式和思维，通过美使精神的人回到素材和感性世界。"①美在人性发展的过程中，所起的正是这样一种中介作用，正是这种中介作用，使它能够改造人、教育人、克服人性的分裂，使人成为具有完整人性的人。

美是游戏冲动的对象，那么，美又是怎样把客观和主观、感性和理性统一起来的呢？席勒认为，这是由于美的特性——自由的观照。在自由的观照中，一方面它进入了观念的世界，可是另一方面它又不丢掉感觉的世界。"美是自由观照的作品，我们同它一起进入观念的世界。然而……我们并不会像认识真理时那样抛弃感性世界。"②这样，在审美的观照中，物质和精神、有限和无限、必然和自由，就不是分裂的，而是统一在一起的。人们不用离开感性的客观自然，就能够达到道德理性上的自由。正因为这样，所以最崇高完整的人性，能够通过审美来实现，也正因为这样，所以艺术具有审美的教育意义，能够完成革命所完成不了的使命，能够把人教育成为真正的人。因此，席勒认为必须通过审美教育的阶段，人才配有政治上的自由。

席勒进而认为，理想的人性的实现无论个人或民族都要经过自然、审美和道德的三个阶段。在自然阶段，人屈服于自然的威力，人和客观的物质世界并没有什么区别。人不可能从这样的阶段直接上升到道德阶段，否则，将会出现各种恶果：或者他把自然的个人加以夸大，结果他得到的只能是无限制的欲望和贪求，而不是自由；或者他抛弃感官的世界，走到纯

---

① 席勒.美育书简［M］.徐恒醇，译.北京：中国文联出版公司，1984：第二十七封信.

② 席勒.美育书简［M］.徐恒醇，译.北京：中国文联出版公司，1984：第二十五封信.

粹的抽象的观念世界中去，受到超自然的意志的强制。"当我们怀着热情去拥抱一个我们理应鄙视的人时，我们就痛苦地感到自然（本性）的强制；当我们敌视一个值得我们尊敬的人时，我们就痛苦地感到理性的强制。"①而在审美的阶段中，人把世界放在他的外面来观照，因此，他和世界不再是等同的，而是有了差别，他从自然的束缚中解放出来，以不美的态度，陶醉于事物的"外观"。"对实在的冷漠和对外观的兴趣，是人性的真正扩大和达到教养的决定性步骤。"②同时，人也从理性的束缚中解脱出来以成为一个完整的人。

总之，在席勒看来，只有在审美状态中人才免去了物质的片面性和道德的片面性，他既不再是动物一样的个人，也不是抹杀了个性的抽象的种族，而是成为一个完整的社会的个人。客观和主观、感性和理性、必然和自由、内容和形式，一切都取得了和谐。在这时，一切是自由的，也因而是平等的，政治革命所不能取得的自由和平等，就这样在审美的领域中实现了。因此，对人进行审美的教育，比政治上的革命，更重要得多，基本得多。

第二节　美感的直觉性

心理学一般把人的认识分为三种方式，即直觉、知觉和概念。

直觉（intuition），指直观感觉，没有经过分析推理的观点。直觉是只有形象，而且只关注形象，美感就是具有这种直觉性，审美不必借助抽象的思考，一旦接触到审美对象，主体可以瞬间产生审美判断，获得审美享受。

---

① 席勒.美育书简［M］.徐恒醇，译.北京：中国文联出版公司，1984：第十四封信.
② 席勒.美育书简［M］.徐恒醇，译.北京：中国文联出版公司，1984：第二十七封信.

一、审美直觉的基本特征

中外美学史上，都有关于"直觉"的论述，尤以克罗齐"直觉说"和王夫之的"现量说"论述最为有代表性。

克罗齐认为，所谓美学，即直觉的科学化。在日常语言中，直觉就是"心灵的一种能力，凭借这种能力，不必进行推理和分析，心灵就能直接领会到事物的真相"。直觉是一种独特的知识。"知识有两种形式；不是直觉的，就是逻辑的；不是想象得来的，就是从理智得来的；不是关于个体的，就是关于共相的；不是关于诸个别事物的，就是关于它们中间关系的；总之，知识所产生的不是意象，就是概念。"① 可以看出，作为知识的直觉就是所见即所想，看到某个事物，最初于人内心中只领会事物的形象、意象，这就是知识最初阶段的内心行为。而直觉的知识不被控制也无须控制，不需要依赖他人也无须依赖；它无须通过其他渠道观察了解，它自己能够进行信息撷取。在这里，克罗齐认为，事物通过人体外在感官系统反馈在内心中完整的形象就是直觉。

"现量"本是佛教术语，源于"三量说"。三量是指现量、比量和非量。量，在佛教中指人的认识行为。"现量"指通过感性直观和瞬间直觉获得的知识，从而把握事物的"自相"，即事物本来独特的形象；"比量"指通过比较、分析、综合、逻辑推理和联想方式获得的知识，从而获得事物的"共相"；"非量"指单凭情感激发想象得到的不合理的认识。

王夫之吸收这一思想，将之引入诗论领域，他在《相宗络索·三量》说："'现量'，'现'者有'现在'义，有'现成'义，有'显现真实'义。'现在'，不缘过去作影；'现成'，一触即觉，不假思量计较；'显现真实'，乃彼之体性本自如此，显现无疑，不参虚妄。'比量'，'比'者以

---

① 克罗齐.美学原理　美学纲要［M］.朱光潜，韩邦凯，罗芃，译.北京：外国文学出版社，1983：1.

种种事比度种种理：以相似比同，如以牛比兔，同是兽类；或以不相似比异，如以牛有角比兔无角，遂得确信。此量于理无谬，而本等实相原不待比，此纯以意计分别而生。'非量'，情有理无之妄想，执为我所，坚自印持，遂觉有此一量，若可凭可证。"这里的所谓"现在"即当下感知，要求诗人以直面的人、事、景作为诗歌的审美对象，从视、听、思、感入手，搁置原有的知识和印象，强调直观和新鲜，"身之所历，目之所见，是铁门限"，王夫之强调诗人亲自经历、体验的情境。如杜甫《登岳阳楼》诗句"亲朋无一字，老病有孤舟"，描写了诗人孤独终老的凄凉景象。王夫之认为这是亲身体验所带来的真实创作灵感，否则只是隔垣听戏，难引起审美反应。"现成"——瞬间获得，构思方式的自觉性。《姜斋诗话》卷二中有言："'僧敲月下门'，只是妄想揣摩，如说他人梦，纵令形容酷似，何尝毫发关心？知然者，以其沉吟'推''敲'二字，就他作想也。若即景会心，则或推或敲，必居其一，因景因情，自然灵妙，何劳拟议哉？'长河落日圆'，初无定景；'隔水问樵夫'，初非想得，则禅家所谓现量也。"①在此，王夫之用"即景会心"点明了构思直觉性的具体过程。他用否定"苦思冥想"的创作方式来肯定了"即景会心"，肯定直接的感兴。此外，与"情景"论中王夫之对真情的推崇相同。总之，在"现量说"中，王夫之亦反对使用议论语、叙事语，强调语言"工于达意"，就是直觉。

概括起来，审美直觉有直观性、直接性、模糊性等特点。

（一）直观性

审美主体的身心直接面对审美对象，它所关注的是事物的感性形式的存在，不依赖抽象的概念，它的最终成果也不以概念的方式表述。

这个特征使得审美直觉不仅区别于逻辑思维，而且区别于科学直

---

① 王夫之.姜斋诗话笺注［M］.戴鸿森，笺注.上海：上海古籍出版社，2012：122.

觉——总要指向一般规律，科学符号与审美符号有别。审美符号是一种情感语言，功能不在于唤起主体的情感反应，它的构成是一种"伪陈述"，不存在真假值的问题，后者则是真实的命题。

（二）直接性

美感的产生，不经过抽象的理性推理阶段，而是瞬间生成的，当主体采取直觉方式审视对象时，它无须经过一个逻辑演绎的过程，而是在对客体外观的感性观照的即刻，迅速地领悟到某种内在的意蕴和情感。这是因为审美客体具有形象的特征，使感觉器官可以直接感知，审美主体的生理和心理结构，可以产生一种对美的"条件反射"。

中国古典美学把审美直觉称为"妙悟"，严羽《沧浪诗话·诗辨》中有言："大抵禅道惟在妙悟，诗道亦在妙悟。且孟襄阳学力下韩退之远甚而其诗独出退之之上者，一味妙悟而已。惟悟乃为当行，乃为本色。然悟有浅深、有分限、有透彻之悟，有但得一知半解之悟。汉、魏尚矣，不假悟也。谢灵运至盛唐诸公透彻之悟也。他虽有悟者，皆非第一义也。""妙悟"是受禅宗的影响，"顿悟"——"真如"不可分现象和本质，"极慧"不可分阶段，以不二的"极慧"照不分的"真如"，就会豁然贯通，如陶潜的"采菊东篱下，悠然见南山。山气日夕佳，飞鸟相与还。此中有真意，欲辨已忘言"。没有中介，没有阶段，把不可感觉又不可思议的浑然大全之道，悟了出来，这就是审美直觉的直接性和整体性。

（三）模糊性

在审美直觉中，我们是在一种情感体验状态中整体地把握对象的内在意蕴，这种把握具有相当的模糊性，并不能用明晰的语言（概念）将它准确地表现出来，恰如俗话说的"只可意会，不可言传"。

如李煜的《浪淘沙令·帘外雨潺潺》:"帘外雨潺潺,春意阑珊。罗衾不耐五更寒。梦里不知身是客,一晌贪欢。独自莫凭栏,无限江山,别时容易见时难。流水落花春去也,天上人间。"李煜的《相见欢·无言独上西楼》:"无言独上西楼,月如钩。寂寞梧桐深院锁清秋。剪不断,理还乱,是离愁,别是一般滋味在心头。"辛弃疾的《丑奴儿·书博山道中壁》:"少年不识愁滋味,爱上层楼。爱上层楼,为赋新词强说愁。而今识尽愁滋味,欲说还休。欲说还休,却道天凉好个秋。"愁绪、悲凉,浓烈但又只能"欲说还休"。

二、审美直觉与理性的关系

美感直觉蕴含着理性,这表现在美感能力中渗透了理性能力、美感活动中积淀了理性内容、美感效应中包含了理性认识等三个方面。

(一)美感能力中渗透了理性能力

美感能力是人类符号实践的产物,漫长的历史把理性能力内化在感性之中。美感直觉性的特征,就在于它并不是纯感性的东西,它包含着理性的认识,美感是在直觉的形式中达到对事物本质的认识,它具有普遍有效性。美感表现为直觉性,因为一方面,在长期的生活实践中,一代又一代的文明成果不断融汇,积淀在自然的感性形象及审美的形式中;另一方面,理性的内容已经成为审美主体的审美前提条件存在于人的头脑中并在审美时发挥作用。因此,美感的直觉性中蕴藏着理性的因素。好比看一幅画,有艺术修养的人与文盲得到不同的感受,这是因为后者直觉中没有理性的因素。

(二)美感活动中积淀了理性内容

作为一种高级的感受活动,美感总是把心理积淀结构作为必要的环节包含在自身之内。因此，在直觉的形式中能达到对事物的本质的认识：一方面，文明成果积淀在感性形象以及美的形式中；另一方面，理性的内容已经成为审美主体的审美前提条件存在于人的头脑中并在审美时发挥作用。例如，听到熟人的脚步声就会不假思索地知道是谁，就是因为在心理中，已经"积淀"了这个熟人的特质。

（三）美感效应中包含了理性认识

美感活动产生的美感效应中包含了人的理性认识，如鲁迅谈《红楼梦》："单是命意，就因读者的眼光而有种种：经学家看见《易》，道学家看见淫，才子看见缠绵，革命家看见排满，流言家看见宫闱秘事。"[1] 对《红楼梦》的不同感受，是与读者的认识相关的。

黑格尔说："对于同一句格言，出自饱经风霜的老人之口和出自缺乏阅历的青少年之口，其内涵是不同的。"这也指出了感性认识是理性认识的基础，理性认识需要通过感性认识来说明的道理。

曹雪芹的《红楼梦》中第四十八回，香菱读了王维的诗对黛玉谈体会，也是同样的道理：

我看他《塞上》一首，那一联云："大漠孤烟直，长河落日圆。"想来烟如何直？日自然是圆的：这"直"字似无理，"圆"字似太俗。合上书一想，倒像是见了这景的。若说再找两个字换这两个，竟再找不出两个字来。再还有"日落江湖白，潮来天地青"，这"白""青"两个字也似无理。想来，必得这两个字才形容得尽，念在嘴里倒像有几千斤重的一个橄榄。还有"渡头余落日，墟里上孤烟"，这"余"字和"上"字，难为他怎么想来！我们那年上京来，那日下晚便湾住船，

① 鲁迅.集外集拾遗补编·《绛洞花主》小引［M］//鲁迅全集.北京：人民文学出版社，1981：145.

岸上又没有人，只有几棵树，远远的几家人家做晚饭，那个烟竟是碧青，连云直上。谁知我昨日晚上读了这两句，倒像我又到了那个地方去了。

沙漠的广袤使得人觉得与落日很近很近，落日格外圆。边塞荒凉，没有什么奇观异景，烽火台燃起的那一股浓烟就显得格外醒目，因此称作"孤烟"。一个"孤"字写出了景物的单调，大漠无风，紧接一个"直"字，却又表现了孤烟的劲拔、坚毅之美。沙漠上没有山峦林木，那横贯其间的黄河，就非用一个"长"字不能表达诗人的感觉。落日，本来容易给人以感伤的印象，这里用一个"圆"字，却给人以亲切温暖而又苍茫的感觉，感觉中有理性认识。

第三节　美感的超越性

美学中的超越性，是一种再造另一无限世界的活动，它在不断开启的有限与无限的世界的转换中使心灵得以超越，这正是审美的根本目的。在审美活动中，我们在不断地超越，超越现存世界和人与世界的分裂，使我们进入无限的世界之中，给人们以精神上慰藉，一种尼采意义上的"形而上的慰藉"。

审美的超越，与宗教的超越具有相似性，但也有不同。真正的宗教，发源于人的心灵深处。人生命的有限，使此岸的生活价值、意义变得有限；而有限的生命，只有在托付于无限时才带来内在的安全感和稳靠感。没有这种对无限的依托，人的存在将是飘摇不定的。宗教内在地构成了人的存在性的一部分，因而有人，便有信仰，正如人对艺术的永恒需求一样。就此看来宗教中的彼岸和此岸的说法正是体现了美学中的超越性特征，即宗教中的彼岸就是艺术审美中的无限想象，此岸就是艺术审美中的有限现实。

人类认识个体生命的有限，期望超越有限的肉体生命，探求灵魂的永生不灭，追求人生的终极意义，这是人类自从有了自我意识以来所竭力探索的基本问题，艺术和宗教的产生都反映了人类的这种探索。也就是说，审美（艺术）与宗教具有相同之处的根本点，在于二者都是对个体生命的狭隘的存在时空和有限意义的超越，通过皈依一个永恒、无限的终极实在，个体生命的意义与永恒存在的意义合为一体，从而达到一种绝对的升华。也许宗教有一天会消失，但是审美和艺术将与人类同在。因为人性中这种追求永恒和绝对的精神需求，永远不会消亡，从这一角度，我们也似乎可对"艺术家是人类灵魂的工程师"的说法有一新的诠释角度。

正因如此，美学史上有人将审美和宗教体验相联系，如古罗马的普洛丁就把审美经验说成是经过清修静观而达到的一种宗教迷狂状态，在这种状态中，灵魂凭借精神赋予的直觉，看到了神的绝对善和绝对美，因而超越凡俗，达到与神契合为一。中世纪神学家、美学家托马斯·阿奎纳也说，世间一切美的事物都不过是上帝"活的光辉"的反映，审美使人超越有限事物的美，进而窥见上帝的绝对美。

英国美学家克莱夫·贝尔（Clive Bell，1881—1964）认为就艺术与宗教来说，两者"属于同一个世界，只不过它们是两个体系。人们试图从中捕捉住它们最审慎的与最脱俗的观念。这两个王国都不是我们生活于其中的世俗世界。因此，我们把艺术和宗教看作一对双胞胎的说法是恰如其分的"①，"艺术和宗教都是人类宗教感的宣言"②，而艺术是宗教精神的一种最普遍也最永恒的表现形式。什么是宗教精神或宗教感？宗教感即"人的

---

① 贝尔.艺术［M］.周金环，马钟元，译.北京：中国文艺联合出版公司，1984：54.
② 贝尔.艺术［M］.周金环，马钟元，译.北京：中国文艺联合出版公司，1984：62.

基本现实感"①，它使人们"置正义于法律之上，置情感于原则之上，置感觉于文化之上，置智力于知识之上，置直觉于经验之上，置理想于现实之上"②。也就是说，贝尔所讲的宗教其实相当于一种人生信仰，联系于他的"形而上学假设"，宗教感与终极实在感异曲同工，它们都是对超验世界的信仰，对当下现实世界的超越和对世俗的解脱："审美价值与宗教狂喜的价值绝不依它所能给予的物质上的满足而定"③"艺术和宗教是人们摆脱环境达到迷狂境界的两个途径。审美的狂喜和宗教的狂热是联合在一起的两个派别。艺术与宗教都是达到同一类心理状态的手段"④。

很明显，正因为艺术在某种意味上与宗教相通，它才获得了其独有的价值，才在艺术中，"认为精神生活比物质生活更重要"⑤，也正因如此，"一切艺术家都属于宗教型"⑥，"在人们虔诚的信奉宗教的年代中……人们感到了宇宙的感情意味，人们才超脱尘世，如饥似渴地倾听种种游记故事。正因为如此，宗教信仰的伟大时期通常也就成了伟大艺术兴盛的时期"⑦。

但审美的超越和艺术的超越有区别，如宗教超越是不自由的，受制于固定的仪式；宗教超越遵循既定的教义信仰；宗教最后皈依于人格神。

① 贝尔.艺术［M］.周金环，马钟元，译.北京：中国文艺联合出版公司，1984：62.
② 贝尔.艺术［M］.周金环，马钟元，译.北京：中国文艺联合出版公司，1984：62.
③ 贝尔.艺术［M］.周金环，马钟元，译.北京：中国文艺联合出版公司，1984：60.
④ 贝尔.艺术［M］.周金环，马钟元，译.北京：中国文艺联合出版公司，1984：62.
⑤ 贝尔.艺术［M］.周金环，马钟元，译.北京：中国文艺联合出版公司，1984：60.
⑥ 贝尔.艺术［M］.周金环，马钟元，译.北京：中国文艺联合出版公司，1984：61.
⑦ 贝尔.艺术［M］.周金环，马钟元，译.北京：中国文艺联合出版公司，1984：63.

总之，人在精神上有一种趋向无限、趋向永恒的要求，真正的美感就满足这种愿望。引用《淮南子·泰族训》中的一段著名论述，来印证超越对人的生命的意义，也印证审美超越性的意义：

> 凡人之所以生者，衣与食也。今囚之冥室之中，虽养之以刍豢，衣之以绮绣，不能乐也。以目之无见，耳之无闻，穿隙穴，见雨零，则快然而叹之，况开户发牖，从冥冥见昭昭乎！从冥冥见昭昭，犹尚肆然而喜，又况出室坐堂，见日月光乎！见日月光，旷然而乐，又况登泰山，履石封，以望八荒，视天者若盖，江河若带，又况万物在其间者乎？其为乐岂不大哉！

第四节　美感的愉悦性

愉悦性是美感最鲜明的特征，也是美感心理形成的一种总体效应。失去愉悦，美感就失去了生命。美感有层次之分，可以分为单纯的快乐感和哲理性美感，后者是美感超越性的原因。

一、美感与生理快感的区别

美感中必然带有生理官能上的快感，美感是以感官愉悦为基础的，但二者却有着性质和层次的区别。

（一）性质不同

美感是精神性的，快感是生理性的。

美感愉悦是情理交融、情中寓理的愉悦，是一种高级的情感状态。美感是精神人性空间里的愉悦，而不是对对象的占有。快感是生理本能的满足。

（二）对象不同

快感对象是客体的内容和实体，美感对象是客体的形式和境界。

一般认为，快感取决于对对象的占有消耗，美感来自对对象的观照呵护。美感所涉及的审美感官主要是视觉和听觉，视觉和听觉对对象的感觉停留在形式上，不是对对象的实际占有。快感所涉及的感官主要是嗅觉、味觉、触觉，它们在审美中只是起到辅助作用，而且不能单独成为审美感觉。

然而，美感与快感的关系较为复杂，要真正搞清二者之间的联系和区别，也非美学自身可以完成，必须借助生理学、心理学、人类学等学科的研究成果，尚需进一步探讨。比如，在人的生理快感中，享受美味究竟是美感还是快感，或者，在美味的快感中，生理性满足和精神性满足是什么关系？人的最为敏感和最激动的生理快感是性快感，在性快感中，美感又是怎样的存在状态？美国心理学家罗洛·梅、法国哲学家福柯等人，在对性爱的研究中认为，性爱包含着美感甚至就是一种审美体验，这些都是很值得注意的观点。①

（三）次序不同

实用先于审美。

马克思说："五官感觉的形成是以往全部世界历史的产物。囿于粗陋的实际需要的感觉只具有有限的意义。对于一个忍饥挨饿的人说来并不存在人的食物形式，而只有作为食物的抽象存在；食物同样也可能具有最粗糙的形式，而且不能说，这种饮食与动物的饮食有什么不同。忧心忡忡的穷

---

① 参见梅.爱与意志［M］.冯川，译.北京：国际文化出版公司，1987：71，78.高宣扬.福柯的生存美学［M］.北京：中国人民大学出版社，2005：476，477，484，492.

人甚至对最美丽的景色都没有什么感觉；贩卖矿物的商人只看到矿物的商业价值，而看不到矿物的美和特性；他没有矿物学的感觉。因此，一方面为了使人的感觉成为人的，另一方面为了创造同人的本质和自然界的本质的丰富性相适应的人的感觉，无论从理论方面还是从实践方面来说，人的本质的对象化都是必要的。"① 只有在实用满足的基础上，才有审美活动。

二、美感的层次

审美愉悦可以划分为不同的层次。李泽厚把美感的层次分为悦耳悦目、悦心悦意、悦志悦神三个层次②，悦耳悦目是指个体以耳、目为主的全部审美感官所体验的愉快感受；悦心悦意是一种通过审美想象、审美情感，从感官快速上升到全身心的愉悦的美感享受，类似我们通常所说的那种"只可意会，不可言传"的美感体验；悦志悦神是审美的最高境界，它引发人们对生活的领悟，是指个体在直觉客观对象时，在审美感受基础上产生的突然觉醒。

本书把美感区分为单纯的美感和哲理性美感两个层次。所谓单纯的美感，是真善统一、形神兼备的美感，一般是优美感；所谓哲理性美感，包含着对人生、历史、宇宙的本体和生命的领悟。如老子的"玄鉴"、庄子的"见独"、宗炳的"观道"，等等，都是对这一现象的揭示，它往往体现为惆怅、迷惘甚至焦躁不安。美国心理学家马斯洛将之归结为"高峰体验"："高峰体验是人的最美好的时刻，生活中最幸福的时刻，是对心醉神迷、销魂、狂喜以及极乐的体验的概括"③，"处于高峰体验中的人所体验的欢悦具

① 马克思.1844年经济学—哲学手稿［M］.刘丕坤，译.北京：人民出版社，1979：79.
② 参见李泽厚.美学四讲［M］.北京：生活·读书·新知三联书店，1999：130-144.
③ 马斯洛.自我实现的人［M］.许金声，刘锋，等译.北京：生活·读书·新知三联书店，1987：9.

有一种涵盖宇宙、肖似神明的性质，它超越了各种各样的恶意与敌视……经历了高峰体验以后的人有一种源承神恩、三生有幸的特殊感怀。他们共同的感受就是'受之有愧'，常常因为高峰体验而'喜出望外'"①。

王羲之的《兰亭集序》，作者由美景、雅事起笔，然后笔锋一转，在"仰观宇宙之大，俯察品类之盛"的同时，不由想到"向之所欣，俯仰之间，已为陈迹"，随即生出"后之视今，亦犹今之视昔"的惆怅感叹。这种对生命的体悟与观照，让人感受的是思接千古、遥想后世、荡出远神的逸趣。唐朝陈子昂的《登幽州台歌》"前不见古人，后不见来者。念天地之悠悠，独怆然而涕下"，表达的也是这种情绪。中国古典诗词中，类似的描写和抒发人生伤感和惆怅诗句大量存在，如"白发三千丈，缘愁似个长""一生惆怅情多少。月不长圆，春色易为老""落日五湖游，烟波处处愁。沈浮千古事，谁与问东流""青山不可上，一上一惆怅""何处是归程？长亭更短亭""流光容易把人抛，红了樱桃，绿了芭蕉"等。

汤显祖《牡丹亭·惊梦》中"原来姹紫嫣红开遍，似这般都付与断井颓垣。良辰美景奈何天，赏心乐事谁家院"，充满惆怅之情，《红楼梦》第二十三回中，曾借此表现林黛玉的心理活动：

> 虽未留心细听，偶然两句听到耳朵内，明明白白一字不落道："原来是姹紫嫣红开遍，似这般，都付与断井颓垣……"黛玉听了，倒也十分感慨缠绵，便止步侧耳细听。又唱道是："良辰美景奈何天，赏心乐事谁家院……"听了这两句，不觉点头自叹，心下自思："原来戏上也有好文章，可惜世人只知看戏，未必能领略其中的趣味。"想毕，又后悔不该胡想。耽误了听曲子。再听时，恰唱到："只为你如花美眷，似水流年……"黛玉听了这两句，不觉心动神摇。又听到："你在幽

① 马斯洛.自我实现的人 [M].许金声，刘锋，等译.北京：生活·读书·新知三联书店，1987：260.

闺自怜……"等句。越发如醉如痴，站立不住，便一蹲身坐在一块山子石上，细嚼"如花美眷，似水流年"八个字的滋味。忽又想起前日见古人诗中，有"流水落花春去也，天上人间"之句。又兼方才所见《西厢记》中"花落水流红，闲愁万种"之句，都一时想起来，凑聚在一处。仔细忖度，不觉心痛神驰，眼中落泪。

这里，《牡丹亭》中的戏文，在林黛玉的内心引起了强烈共鸣，进而使她调动起了审美联想，把类似的引起这种感时伤逝情怀的句子一时都想了起来，不能自持。《红楼梦》第二十七回的《葬花吟》，是林黛玉这种情怀的直接宣泄。"闺中女儿惜春暮，愁绪满怀无释处"，既是惜春亦是自惜。《葬花吟》通篇都笼罩在惆怅情绪里，充满了青春易逝、他日未卜的空幻感。

总之，美感是一种复杂的心理体验，可以从不同角度进行归纳，本章所介绍的四个特点，是其最主要的方面，其核心是非功利性，其他美感特点都是以非功利性为前提的。

第三编　欣赏艺术

本编主要内容是在对艺术的起源、本质、层次和功用等基本问题的探讨上，分类对主要的艺术种类做鉴赏，这是大学生美育的重要部分。

艺术可以从内容和形式两个方面进行分类，从内容特征看，艺术是审美再现和表现的统一；从形式特征上，艺术是时间和空间的统一。由于这四者的比重不同，可以将艺术分为：实用艺术——空间表现艺术——建筑、园林、工艺品等；表情艺术——时间表现艺术——音乐、舞蹈等；造型艺术——空间再现艺术——绘画、雕塑等；综合艺术——时间再现艺术——戏剧、电影等；语言艺术——不受时空限制——诗、小说等。

第九章　艺术的起源和本质

本章主要讨论艺术的起源、艺术活动和艺术本质。

第一节　艺术起源的主要学说

关于艺术的起源，有五种主要学说，分别是模仿说、游戏说、表现说、巫术说和劳动说。

一、模仿说

模仿说是一种关于艺术起源问题的最古老的理论，认为模仿是人类固有的天性和本能，艺术起源于人类对自然的模仿。

模仿说始于古希腊哲学家。哲学家德谟克利特提出"模仿说"，认为："从蜘蛛我们学会了织布和缝补；从燕子学会了造房子，从天鹅和黄莺等歌唱的鸟学会了歌唱。"①在此基础上，他提出了文艺应该仿效好人、好事而不应模仿坏人，他的这些主张奠定了西方文艺"模仿说"的基础。西方文化的源头和集大成者柏拉图和亚里士多德都提倡文艺起源于模仿。柏拉图认为世界的本源和最终的真理是一种永恒不变的"理式"，外在自然世

---

① 北京大学哲学系美学教研室.西方美学家论美和美感［M］.北京：商务印书馆，1982：11.

界是对理式的模仿，而艺术则是对自然世界的模仿，因此，艺术品是对理式"模仿的模仿"，是"影子的影子"，与真理隔了三重，并不能反映事物的本质。虽然柏拉图是从贬低文艺的角度提出"模仿说"和"镜子说"的，但他却奠定了以后西方"模仿说"和"镜子说"的文论传统。亚里士多德认为模仿是人的一种本能，文艺也是一种模仿的行为，他强调"史诗、悲剧、喜剧和酒神颂以及大部分双管箫乐和竖琴乐——这一切实际上是模仿"，并且认为悲剧是对比一般人好的人的模仿，而喜剧是对比一般人坏的人的模仿。他把模仿建立在现实生活的基础上，肯定现实生活的真实性，认为文艺对世界的模仿也是真实的，而且文艺模仿的这种真实并不只是表面形象的真实，他是作家在"可然律"和"必然律"的原则下反映的生活的普遍真实，比历史更富于哲学意味，这奠定了西方要求真实、能动反映现实生活的文论传统的基础。模仿说在古罗马时期时实际上变成了对古希腊文艺范例的模仿。贺拉斯在《诗艺》中强调"日日夜夜把玩希腊的范例"，文艺创作成了对古希腊的模仿。在中世纪封建神学时期，以阿奎纳为代表的理论家也主张文艺模仿自然，不过又认为模仿自然就是模仿上帝。阿奎纳说："亚里士多德教导我们，艺术所以模仿自然，其根据在于万物的起源都是相互关联的，从而它们的活动和结果也是如此的。因此，艺术的过程必须是模仿自然的过程，艺术的产品必须是仿造自然的产品。与此同时，人的心灵着手创造某种东西之前，也须受到神的心灵的启发，也须学习自然的过程，以求与之一致。"就这样阿奎纳把模仿自然和模仿上帝看成是一回事，因为上帝是一切的真正创造者。文艺复兴时期的达·芬奇、法国启蒙思想家狄德罗、俄国作家车尔尼雪夫斯基等人都不同程度地继承和发展了这一学说。这种理论直到19世纪末仍然具有极大的影响。

总的来说，模仿说揭示了人具有模仿的天性，也揭示了模仿可能是人类最早采用的艺术创作方法。但受到时代的影响局限，存在一定的机械性和片面性，对原始艺术来说，模仿只是手段，而不是目的。而将人模仿看作人的本能，而没有找到模仿背后的动机。

二、游戏说

游戏说，又称"席勒—斯宾塞理论"，主要由18世纪德国哲学家席勒和19世纪英国哲学家斯宾塞提出，这种理论在19世纪末和20世纪初曾经被许多人所信奉。该学说认为，艺术活动是无功利、无目的、自由的游戏活动，是人与生俱来的本能，艺术就起源于人的游戏本能或冲动。

在古希腊时期，柏拉图就曾发现艺术与游戏的类似之处。在他看来，各种再现性艺术和各种实用艺术之间的区别可以看作游戏和一本正经之间的区别。18世纪德国著名美学家康德在其《判断力批判》一书中，也提到过"自由游戏"的概念。但是，比较系统地提出游戏理论并对后世产生了深远影响的则是18世纪德国作家、美学家席勒。

席勒认为，游戏不仅是审美活动的根本特征，而且是人摆脱动物状态达到人性的一种主要标志。"什么现象标志着野蛮人达到了人性呢？不论我们对历史追溯到多么遥远，在摆脱了动物状态奴役的一切民族中，这种现象都是一样的：对外观的喜悦，对装饰和游戏的爱好。"[①]席勒所说的游戏是指人在摆脱了物质欲望的束缚和道德必然性的强制之后所从事的一种真正自由的活动。他认为，通过高度的抽象概括，可以分辨出人身上具有两种对立因素，即人格和状态。二者在绝对的存在即理想中的人是统一的，但在有限的存在即经验的人中却是分立的。人终究不是作为一般的、理想的人存在，相反，而是作为具体实在的人存在的，因此，理性和感性相互依存的本性促使产生两种相反的要求，即实在性和形式性。与这两种要求相适应，人具有三种冲动：感性冲动、形式冲动和游戏冲动。感性冲动和形式冲动这两种冲动在人的身上同时起作用，或者说两者达到了统一时，便

---

① 席勒.美育书简［M］.徐恒醇，译.北京：中国文联出版公司，1984：第二十六封信.

出现了一种新的冲动——游戏冲动。游戏冲动之所以能够将感性冲动和理性冲动统一起来，是因为游戏冲动即审美冲动的本性是自由，其对象是"活的形象"。所谓活的形象必须经由主体的感性和理性同时运作，既把握了对象的生命，又把握了对象的形象时，才能产生作为审美对象的"活的形象"。简而言之，作为游戏的审美活动就是要创造出形式与内容、感性与理性、客观与主观相统一的美的形象。席勒毕生对其自身理论的追求和探讨都没有离开"自由"二字。可以说，之所以将"审美"命名为"游戏"，与其取意游戏的自由有关。游戏的根本特征在于自由。而人只有在审美活动中才是自由的。基于以上观点，他认为审美与游戏是相通的。这也正是在审美摆脱任何外在目的，而以自身为目的，心灵各种内力达到和谐因而是自由的这意义上使用游戏这一概念的原因。"游戏这个名词通常说明凡是在主观和客观方面都是偶然而同时不受外在和内在压迫的事物。"① "美是这两种冲动的共同对象，也就是游戏冲动的对象。"②只有在游戏冲动中，人才能克服来自内部和外部的强制，在精神和物质方面都达到自由，达到和谐完善的发展，这就是审美的境界。这种自由活动的显著特征在于，它只是对事物的纯粹外观产生兴趣，也就是只对事物的形象本身无所为而为地进行观赏和玩味。因此，所谓游戏，其实就是一种审美活动。

在席勒看来，人之所以会产生游戏的冲动，是因为生命力的盈余。这种冲动，甚至可以追溯到动物那种无目的的本能活动中。"当缺乏是动物活动的推动力时，动物是在工作。当精力充沛是它活动的推动力，盈余的生命在刺激它活动时，动物就是在游戏。"③同样，对于人来说，"不久他就不

① 席勒.美育书简［M］.徐恒醇，译.北京：中国文联出版公司，1984：第十五封信.
② 席勒.美育书简［M］.徐恒醇，译.北京：中国文联出版公司，1984：第十五封信.
③ 席勒.美育书简［M］.徐恒醇，译.北京：中国文联出版公司，1984：第二十七封信.

再满足于事物使他喜欢，他想由自身取得快乐，最初是通过属于他的事物，后来就通过他本身。他所拥有和创造的事物，不能再只具有用性的痕迹、只具他的目的的过分拘谨的形式，除了有用性，它还应该反映那思考过它的丰富的知性、制造了它的抚爱的手以及选择和提出了它的爽朗而自由的精神。这时，古德意志人为自己寻找更光泽的兽皮、更华美的鹿角、更雅致的角杯，而古苏格兰人为自己的庆宴寻找更美丽的贝壳。甚至武器这时也不仅能成为恐怖的对象，而且能成为享乐的对象。工艺精美的剑带也像能够格斗的剑刃一样要引起人们的注目。不满足于把审美的盈余纳入必然的事物，自由的游戏冲动终于完全挣脱了需要的枷锁，从而美本身成为人所追求的对象。人装饰自己。自由的乐趣纳入了他的需求之列，非必需的东西不久就成了他最大的快乐"①，而"对待现实性不关心，并对外观发生兴趣，这是人性的真正扩大，并且是走向文化的一个决定性的步骤"②，"只有游戏，才能使人达到完美并同时发展人的双重天性"。③

英国社会学家斯宾塞认为艺术为人类高级机能提供消遣，给他们剩余的精力寻找一条出路，游戏则为他们的低级机能提供消遣，从服务于实用的功能中独立开来，是产生审美特性的一个必不可少的条件。美感的产生包括来自感觉、知觉或表象的快乐，总是建立在与机体的生物学功能相分离的基础上。斯宾塞对席勒游戏冲动的理解，从发泄剩余精力的角度考察审美，只是从生物学意义去认识审美活动，实际上是把席勒简单化和肤浅化了。

艺术起源"游戏"说，含有一些有价值的成分。首先，这种说法肯定

---

① 席勒.美育书简［M］.徐恒醇，译.北京：中国文联出版公司，1984：第二十七封信.
② 席勒.美育书简［M］.徐恒醇，译.北京：中国文联出版公司，1984：第二十六封信.
③ 席勒.美育书简［M］.徐恒醇，译.北京：中国文联出版公司，1984：第十五封信.

了人们在满足衣食住行的基本物质生活需要的条件下，才可能有过剩的精力来从事"游戏"，即将非功利性看作艺术活动和审美活动的主要特征；其次，这种说法将艺术和"游戏"联系在一起，在某种程度上也揭示了艺术的自由本性，审美的自由自觉性。不过，这种看法对艺术起源的社会历史因素有所忽略，而只是偏重于从生理上寻找原因，有一定片面性。

三、表现说

表现说主张艺术起源于人类情感表现的需要。意大利美学家克罗齐的美学思想的核心就是"直觉即表现"，英国史学家科林伍德也认为艺术是艺术家的主观想象和情感的表现。克罗齐的主要美学著作是《美学原理》，科林伍德的主要美学著作是《艺术原理》。

克罗齐在其《美学原理》中将美学定义为研究直觉或表现的科学。"直觉即表现"说，是克罗齐美学的奠基石，依照"直觉即表现"的原理，克罗齐认为艺术同样是一种直觉，因而也是内在情感的表现。他认为，艺术作为表现与直觉作为表现，区别只是在量上，而不是在性质上。"有些人本领较大，用力较勤，能把心灵中复杂状态尽量表现出来，这些人通常叫作艺术家。有些很复杂而艰巨的表现品不是寻常人所能成就的，这些就叫作艺术品。"

科林伍德认为，艺术的本质，或者说艺术与非艺术之间的根本区别，在于它是作为一个真正的艺术家个人内在情感的表现。这种内在情感在日常状态下并不为艺术家理智所知，只有在艺术创造时，它才逐渐成形和显现。在艺术创造的开始阶段，人只意识到一种情感，感到内心有一阵兴奋或骚动，至于它的真实面目，则一无所知，于是便需要将其"表现"出来。这种"表现"从表面上看来，有点像是"发泄"或"导泻"，因为一旦情感得到"表现"之后，那种"压抑"之感就即刻消失，随之便感到一阵轻松愉快；但是，决不能把艺术"表现"同一个人痛苦时的号啕和愤怒时的咆哮混为一谈，要表现的愤怒情绪不是一个抽象的事实，它是具体的、特殊的，艺术表现就是使自己开初时感到的情感明朗化的过程，这一情感明朗化之时，也就是它得到成功的表现之时。科林伍德认为，这种“表现”只能发生在想象之中，“表现”的结果就是在想象中存在的那个明晰的形象，这就是艺术品。真正的艺术品存在于艺术家的头脑里，它是一种真正的创造物，而将这一形象物化的过程则属于“制造”的范围，“制造”只需要一种特殊的技巧，是次要的事情。

总之，表现说认为艺术就是情感的表现，而情感的表现就是直觉的表现，是与外在形式无关的心灵活动。艺术确实要表现情感，艺术家确实是通过自己的作品向他人、向社会表现自己的思想和情感。但是，把艺术的起源归结为“表现”，脱离了人类的社会实践，脱离原始社会生产力低下的实际情况，仍然是把现象当作本质，把结果当作原因，同样不能科学地阐明艺术的起源问题。

四、巫术说

巫术说主张艺术起源于巫术。巫术说最早出现于英国著名人类学家爱德华·泰勒的《原始文化》一书。他认为，原始人思维的方式同现代人有很大的不同，对原始人来说，周围的世界异常陌生和神秘，令人敬畏。原始人思维的最主要特点是万物有灵，这奠定了巫术说的理论基础。其后英国著名人类学家詹姆斯·乔治·弗雷泽在《金枝》一书中，对原始巫术活动做了极为详尽而细致的研究，认为原始部落的一切风俗、仪式和信仰，都起源于交感巫术。他指出：“如果我们分析巫术赖以建立的思想原则，便会发现它们可归结为两个方面：第一是‘同类相生’或果必同因；第二是‘物体一经互相接触，在中断实际接触后还会继续远距离的互相作用’。前者可称之为‘相似律’，后者可称作‘接触律’或‘触染律’。”由此他认为原始巫术可分为两种形式：一种是以“相似律”为基础的“顺势巫术”

或"模仿巫术"，在这种巫术中，巫师仅仅通过模仿就能实现任何他想做的事；另一种是以"接触律"为基础的"接触巫术"，施行这一巫术也就是通过曾为某人接触过的物体而对其本人施加影响。弗雷泽把上述两种巫术统称为"交感巫术"，因为它们都建立在这样的信念基础上，即认为通过某种神秘的感应，就可以使物体不受时空限制而相互作用。

泰勒的《原始文化》和弗雷泽的《金枝》，并非美学著作，而是人类学著作。但是他们对原始巫术活动所作的系统研究，却为理解原始审美现象提供了十分有益的启示。就是说，巫术活动是孕育艺术的母体，人类最初的艺术只是适应巫术活动的需要而产生，并作为巫术活动的一个组成部分而存在的。巫术说是艺术起源理论中影响最大的。

五、劳动说

劳动说是关于艺术起源问题的几种主要学说之一，是主张艺术起源于劳动的艺术观点。劳动说认为劳动创造了人，也为艺术的产生提供了前提，表现在劳动促进人的感觉器官和能力的发展以及劳动工具的制造和演变。劳动说的代表人物是芬兰艺术学家希尔恩，他在《艺术的起源》中列出专章论述艺术与劳动的关系；普列汉诺夫在《没有地址的信》中得出了艺术发生于"劳动"的观点；恩格斯认为"首先是劳动，然后是语言和劳动一起，成为两个最主要的推动力，在它们的影响下，动物的脑髓就逐渐地变成了人的脑髓"[1]，这一论述被视为劳动说的主要论据之一。

概言之，艺术起源劳动说的主要观点是：首先，劳动提供了文学活动的前提条件，主要原因在于人类的生产活动是一切其他基本活动的前提，包括对基本生存需要的满足，人在生产活动中生成，以及劳动创造出语言

---

[1] 恩格斯.劳动在从猿到人转变过程中的作用［M］//马克思，恩格斯.马克思恩格斯全集：第20卷.中共中央马克思恩格斯列宁斯大林著作编译局，编译.北京：人民出版社，1971：509.

系统，主要理论根据是恩格斯说"劳动是一切财富的源泉。其实劳动和自然界一起才是一切财富的源泉，自然界为劳动提供材料，劳动把材料变为财富。但是劳动还远不止如此。它是整个人类生活的第一个基本条件，而且达到这样的程度，以致我们在某种意义上不得不说：劳动创造了人本身"①。其次，劳动产生了艺术活动的需要。人的活动都伴随一个自觉的目的，这一目的源于某种需要而设定。再次，劳动构成了文学艺术表现的重要内容。最后，劳动制约了最早的文学艺术的形式。各民族最早文学体裁是诗，必须吟唱，载歌载舞，早期的文艺是诗、乐、舞的结合体。这种早期文艺的形式同劳动过程直接相关。原始人将劳动动作和被狩猎的动物的动作衍化为舞蹈，劳动时的号子与呼喊发展为诗歌，而劳动时发出的各种声音和体现的节奏，则为原始人提供了音乐的灵感。诗、乐、舞三位一体实则是劳动过程中这几种艺术形式的萌芽因素统一在一起的反映。

总之，一方面，相对于艺术起源的其他学说，劳动说提供了关于艺术起源的最根本理论基础。另一方面，虽然劳动是艺术起源的根本原因，但是艺术的产生却不能简单地完全归结为劳动，艺术起源是一个十分复杂的问题，应当从多方面、更加广泛深入的层面去考察和探究它的根源。

第二节 艺术作品的层次

对艺术作品的结构层次划分不一。传统美学和艺术理论中，一般分为两个层次（二分）或三个层次（三分），如黑格尔把艺术作品分为"外在因素"和"意蕴"两个层次。他说："遇到一件艺术品，我们首先见到的是它直接呈现给我们的东西，然后再追究它的意蕴或内容。前一个因素，即

---

① 恩格斯.劳动在从猿到人转变过程中的作用［M］//马克思，恩格斯.马克思恩格斯全集：第20卷.中共中央马克思恩格斯列宁斯大林著作编译局，编译.北京：人民出版社，1971：509.

外在的因素，对于我们之所以有价值，并非由于它所直接呈现的；我们假定它里面还有一种内在的东西，即一种意蕴，一种灌注生气于外在形状的意蕴。"① 美国当代美学家苏珊·朗格（Susanne K.Langer，1895—1982），也把艺术作品分为"表现性形式"和"意味"两个层次："艺术品是一种在某些方面与符号相类似的表现性形式，这种形式又可以表现为某种与'意义'相类似的'意味'。"②

把艺术作品划分为三个层次的，如美国美学家乔治·桑塔亚那（George Santayana，1863—1952），将艺术作品分为材料、形式、表现三个层次，又如法国现象学美学家米盖尔·杜夫海纳（Mikel Dufrenne，1910—1995）在其《审美经验现象学》一书中，把一般艺术作品的结构分为材料层、主题层与表现层三个层次。

还有的美学家把艺术作品划分为五个层次，如波兰美学家罗曼·英伽登（Roman Ingarden，1893—1970）基于杜夫海纳的划分，将文学作品分为五个层次：第一层为语词声音和语音构成以及一个更高级现象的层次；第二层为意群层次，句子意义和全部句群意义的层次；第三层为图式化外观层次；第四层为在句子投射的意向事态中描绘的客体层次；第五层为某些文学文本中可能存在的"形而上特质"。

我国古代有"言""象""意"的区分，如王弼《周易略例·明象》中说："夫象者，出意者也。言者，明象者也。尽意莫若象，尽象莫若言。言出于象，故可寻言以观象；象生于意，故可寻象以观意。意以象尽，象以言著。"这也可以看作一种三层次的结构。

宗白华先生说："'形''景''情'是艺术的三层结构。"③ 在宗白华先生

---

① 黑格尔.美学：第1卷［M］.朱光潜，译.北京：商务印书馆，1979：24.

② 朗格.艺术问题［M］.滕守尧，朱疆源，译.北京：中国社会科学出版社，1983：122.

③ 宗白华.略谈艺术的"价值结构"［M］//宗白华全集：第2卷.合肥：安徽教育出版社，2008：70.

看来，艺术至少是三种主要"价值"的结合体：第一种是形式的价值，就主观的感受言，即"美的价值"；第二种是抽象的价值，就客观言，为"真的价值"，就主观感受言，为"生命的价值"（生命意趣之丰富与扩大）；第三种是启示的价值，启示宇宙人生之最深的意义与境界，就主观感受言，为"心灵的价值"，心灵深度的感动，与生命的刺激不同。①

李泽厚将艺术作品分为三个层面，即艺术作品的形式层、形象层和意味层②。形式层是"作为艺术作品的物质形式的材料本身，它们的质料、体积、重量、颜色、声音、硬度、光滑度等，与主体的心理结构的关系，也构成艺术作品诉诸感知的形式层的重要问题"③，而且，艺术作品的形式层"在原始积淀的基础上，向两个方向伸延，一个方面是通过创作者和欣赏者的身心自然向整个大自然（宇宙）的节律的接近、吻合和同构（参天地赞化育）……另一方面的延伸则是它的时代性社会性"④；形象层"一般指艺术作品所呈现如人体、姿态、行为、动作、事件、物品、符号图景等可以以语言指称的具象或具象世界。他们构成所谓再现型艺术作品的题材、主题或内容"⑤；意味层，"'意味'便专指在这些意味之中的某种更深沉的人生意味，如果按神学的说法，即那种接近或接触到绝对本体世界或神的世界的'意味'，所以艺术的最高真实完全不在事物的摹写正确，而只在这'神'意的传达"⑥。

---

① 宗白华.略谈艺术的"价值结构"［M］//宗白华全集：第2卷.合肥：安徽教育出版社，2008：69-70
② 李泽厚.华夏美学·美学四讲［M］.增订本.北京：生活·读书·新知三联书店，2008：365.
③ 李泽厚.华夏美学·美学四讲［M］.增订本.北京：生活·读书·新知三联书店，2008：369.
④ 李泽厚.华夏美学·美学四讲［M］.增订本.北京：生活·读书·新知三联书店，2008：372-373.
⑤ 李泽厚.华夏美学·美学四讲［M］.增订本.北京：生活·读书·新知三联书店，2008：375.
⑥ 李泽厚.华夏美学·美学四讲［M］.增订本.北京：生活·读书·新知三联书店，2008：399.

本书在吸收借鉴方家已有的理论基础上，把艺术作品的层次分为材料层、形式层和意蕴层。

一、材料层

艺术作品必然要有物质材料作为载体。海德格尔说："即使享誉甚高的审美体验也摆脱不了艺术作品的物因素。在建筑品中有石质的东西，在木刻中有木质的东西，在绘画中有色彩的东西，在语言作品中有话音，在音乐作品中有声响。在艺术作品中，物因素是如此稳固，以致我们毋宁反过来说，建筑品存在于石头里，木刻存在于木头里，油画在色彩里存在，语言作品在话音里存在，音乐作品在音响里存在。"[①]

艺术作品的这个物质材料的层面有两方面的意义：一方面，它会影响意象世界的生成。对材料的选择与应用，直接影响到艺术创作的构思和作品形体的构成，如用不同的材料创作出来的雕塑，已经不单纯是简单的雕塑形象，而是具有生命意义等深刻内涵的、深层精神映像的主观雕塑。另一方面，物质材料的层面会给予观赏者一种质料感，如雕塑作品的美，除了其形式美感和内涵，特定的材料所表达出的精神内涵和语言也非常重要。不同的材料有不同的审美属性，如木材与石材，质地不同，陶瓷与金属，光泽不同；即使是同属的汉白玉与花岗岩、不锈钢与青铜也存在不同的属性，材料的物理属性制约着它的审美属性，由此给人的审美感受也不同。

二、形式层

形式层是与材料层相联系的。形式是材料的形式化，但是形式超越材料而成为一个完整的"象"（形式世界）。

---

① 海德格尔.艺术作品的本源［M］//海德格尔选集：上册.孙周兴，选编.上海：生活·读书·新知上海三联书店，1996：239-240.

德国哲学家恩斯特·卡西尔（Ernst Cassirer，1874—1945）说："外形化意味着不只是体现在看得见或摸得着的某种特殊的物质媒介如黏土、青铜、大理石中，而是体现在激发美感的形式中：韵律、色调、线条和布局以及具有立体感的造型。在艺术品中，正是这些形式的结构、平衡和秩序感染了我们。"①

黑格尔认为，美是显现给人看的。艺术家创造的意象世界（艺术美）是显现给人看的。这个显现就是一个完整的"象"（形式世界）。不同的艺术家显现给我们的是不同的形式世界。

宗白华先生将形式的作用分为三项。第一项为美的形式的组织，使一片自然或人生的景象自成一独立的有机体，自构一世界，从人的实际生活之种种实用关系中，超脱自在："间隔化"是"形式"的重要的消极的功用。美的对象之第一步，需要间隔。图画的框、雕像的石座、堂宇的栏杆台阶、剧台的帘幕（新式的配光法及观众坐黑暗中），从窗眼窥青山一角，登高俯瞰黑夜幕罩的灯火街市。这些幻美的境界，都是由各种间隔作用造成的。第二项为美的形式之积极作用是组织、集合、配置，一言以蔽之，是构图。美的形式使片景孤境自织成一内在自足的境界，无求于外而自成一意义丰满的小宇宙，启示着宇宙人生的更深一层的真实。要能不待框廓，已能遗世独立，一顾倾城。第三项为美的形式之最后与最深的作用，就是它不只是化实相为空灵，引人精神飞越，进入美境。而在于美的形式进一步引人"由美入真"，深入生命节奏的核心。世界上唯有最抽象的艺术形式如建筑、音乐、舞蹈姿态、中国书法、中国戏曲脸谱、钟鼎彝器的形态与花纹——乃最能象征人类不可言状的心灵姿势与生命的律动②。

---

① 卡西尔.人论［M］.甘阳，译.上海：上海译文出版社，1985：196.
② 宗白华.略谈艺术的"价值结构"［M］//宗白华全集：第2卷.合肥：安徽教育出版社，2008：70-71.

综合起来，艺术作品中的形式层有两方面的意义：一方面，它显示作品（整个意象世界）的意蕴、意味，即通过艺术形式，通达艺术意蕴。另一方面，这些形式因素本身又可以有某种意味。后面这一种意味，就是我们常说的"形式美"或"形式感"，这种形式感也可以融入美感而成为美感的一部分。例如，文学语言的形式感或形式美；绘画作品的形式感或形式美；色彩的形式感。艺术作品的形式层还涉及艺术的技巧，意味艺术形式要依靠技巧来创造。一个中国画家在画画上创造的形式世界要依靠他笔墨的技巧；一个京剧演员在舞台上创造的形式世界要依靠他唱、念、做、打的技巧。有时这种技巧可以突出出来，成为一种技巧美。观众可以鼓励地欣赏这种技巧美。京剧表演中的一些特技就是如此。这种技巧美可以引起观众的惊奇感和快感。这种惊奇感和快感也可以融入观众欣赏一出戏（意象世界）的整体美感，从而具有审美价值。

三、意蕴层

艺术意蕴是指深藏在艺术作品中内在的含义或意味，常常具有多义性、模糊性和朦胧性，体现为一种哲理、诗情或神韵，经常是只可意会、不可言传，需要欣赏者反复领会、细心感悟，用全部心灵去探究和领悟，它也是文艺作品具有不朽的艺术魅力的根本原因。

第一，从一定意义上讲，艺术意蕴就是艺术作品蕴藏的文化含义和人文精神。中外古今优秀的艺术作品，正是因为具有深刻的艺术意蕴和独特的艺术创造，从而体现出较高的文化品格和艺术价值，具有经久不衰的艺术魅力。显然，艺术意蕴作为民族文化审美心理的积淀，凝聚着具有民族特色与时代特色的文化内涵。

第二，艺术意蕴就是指艺术作品应当在有限中体现出无限，在偶然中蕴藏着必然，在个别中包含着普遍，是形而上的东西。优秀的艺术作品总是通过生动感人的艺术形象，传达出深刻的人生哲理或思想内涵。

第三，艺术作品中的这种深层意蕴，有时由于具有多义性和模糊性，非概念所能穷尽。

还应指出，并不是每一个艺术作品都必须具有艺术意蕴，某些偏重于娱乐性、功利性或纪实性的作品，常常就不存在这一层次。但是，从总体上讲，正是这三个层次的完美结合，形成了流传后世的优秀艺术作品。艺术作品的这三个层次具有相对独立的意义，其中每一个层次都有着自身的审美价值，人们在欣赏艺术作品时都会感受到。有的艺术作品或许只有其中某一个层次比较突出，或者有独创的艺术语言，或者有感人的艺术形象，或者有发人深思的艺术意蕴。但是，真正优秀的艺术作品，总是在这三个方面都卓有成就，并且将这三个层次有机融合为一个整体。从某种意义上讲，这样的作品才是传世不朽的艺术作品。

第三节　意境

一般认为，意境是中国古典美学的核心范畴，其所涉主要是艺术的意蕴问题，有必要单独列出，略加讨论。关于意境的研究成果汗牛充栋、见解不一，但多有启发之言和真知灼见，本节的主要内容就是对这些观点的梳理。[①]

一、意境说的理论基础与历史生成

"意境"这一概念首次出现于唐代诗人王昌龄的《诗格》之中，但作为一种理论，它的形成有着漫长的孕育阶段，其内涵在此后又不断地丰富演化。由此，关于意境说形成的理论基础和发展，都有大量的研究。

---

① 本部分内容参见刘悦笛，李修建.中国审美范畴的多元研究［M］//当代中国美学研究（1949—2009）.北京：中国社会科学出版社，2011.

（一）意境说形成的理论基础的几种说法

1.佛教说

意境说是佛教输入的结果，这一观点一度被广泛接受，"历来盛行着这样一种观点，即意境理论诞生于魏晋南北朝，是佛教输入的结果"。^①如吴调公认为："如果说最早的言意说承袭了儒家文论，那么，魏晋至唐宋的'境界说'就一转而为受佛学的影响，扣合文学的特征，为比较成熟的意境说提供思想基础了。"^②

在此基础上，有人提出儒、道、佛三家综合说："它（意境）是在文学艺术长期发展过程中，吸收并整合了各种美学思想，继承和发展了传统的审美趣味，逐步形成具有特定美学内涵和民族特色的美学理论。根据我国古代文化发展的实际，我们可以清楚地看到，儒、道、佛三家的学说的相互渗透和交融，是意境理论形成的主要来源。我们很难说意境是儒家的理论，还是佛、老哪家的理论；我们只能说意境是在儒、道、佛各家思想影响下所形成的审美理想、审美心理和审美趣味的集中表现。"^③

2.老子哲学说

叶朗在《中国美学史大纲》^④和两篇专论意境的论文中提出此说。叶朗指出："意境说的思想根源是老子的哲学。"^⑤后来他又撰文加以补充，认同禅宗对意境理论形成的促进作用。"禅宗是在道家和魏晋玄学的基础上，进一步推进了中国艺术家的形而上的追求，表现在美学理论上，就结晶出了'意境'这个范畴，形成了意境的理论。"^⑥

更进一步，有人提出老庄学说和《周易》说，认为意境的前身是意

---

① 姚文放.意境探源 [J].扬州大学学报（社会科学版），1989（2）：54-60，68.
② 吴调公.关于古代文论中的意境问题 [J].社会科学战线，1981（1）：235-249.
③ 张文勋.论"意境"的美学内涵 [J].社会科学战线，1987（4）：281-290.
④ 叶朗.中国美学史大纲 [M].上海：上海人民出版社，1985：264-276.
⑤ 叶朗.说意境 [J].文艺研究，1998（1）：16-21.
⑥ 叶朗.再说意境 [J].文艺研究，1999（3）：107-110.

象，其思想源头在先秦的《道德经》《庄子》《易传》①："我国古代关于意境的美学思想发源于老庄学说和《周易》，其基本思想内涵早在老庄学说和《周易》中就已经形成，而在魏晋至唐代，由于受佛家理论的启迪，吸收了'境''境界'的表述形式，进而上升为较为明确的美学范畴。"②

3.刘勰的《文心雕龙》

在中国美学的发展史上，任何一个美学范畴的出现，都有其久远的历史渊源和文化基础。"意境"范畴的出现就是这样。它的历史渊源和文化基础便比较集中地表现在《文心雕龙》之中。③

实际上，应该将意境说的产生视为一个动态的和历史的过程，考虑到它漫长的形成过程，很难说它只是受到了某一家思想的影响，如刘勰本人，他的思想同样受到儒、佛、道的影响。因此，综合看来，意境理论受到了儒、道、佛三家思想的影响，尤其是老庄和禅宗思想的影响。

（二）"意境"的历史发展的研究

20世纪80年代以来的论著中多有论及。有人指出："先秦原始儒学和魏晋玄学，构成中国前意境思想的有机生命形态，前者赋予她人类文化学基础，后者给她以认识论心理学基础。唯其如此，中国意境说遂成为超稳定社会形态的一个超稳定美学符号。"④还有三个阶段说：先秦至魏晋南北

---

① 章楚藩."意境"史话［J］.杭州师范学院学报（社会科学版），1988（4）：28-35.
② 姚文放.意境探源［J］.扬州大学学报（人文社会科学版），1989（2）：54-60，68.
③ 古风.意境探微：上卷［M］.天津：百花洲文艺出版社，2009：36.
④ 胡晓明.中国前意境思想的逻辑发展［J］.安徽师大学报（哲学社会科学版），1986（4）：83-91.

朝是意境说的孕育期；唐宋是意境说的诞生和成长期；明清至近代是意境说的深入发展期。[①]有人将意境理论的发展分成五个时期：先秦是意境的哲学奠基期，庄子的"游心"思想是意境审美理想得以产生的基石；两汉魏晋是意境的美学准备期，"意象"作为意境范畴的重要中介在此期间出现；唐代是意境的诞生时期，王昌龄的《诗格》中第一次出现了"意境"的概念，皎然、刘禹锡、司空图等人又丰富了它的内涵，如刘禹锡提出了"境生于象外"，司空图提出了"象外之象""味外之味"等；宋代为意境的巩固期，宋代美学对意境的独特贡献有两个方面：一方面确立了意境创造的艺术思维形式，另一方面奠定了艺术意境的静态空间结构；明清为意境的完成期，王国维成为意境理论的终结者[②]。还有学者认为"意境"是一个动态的美学范畴，"这条历史轨迹是由一个个'意境'研究者组成的。处于某一历史时期的'意境'研究者，具有不同的学术视野，这样又形成了多维视野中的'意境'理论"。[③]

此外，还有论著对意境的发展史都有所涉猎。可以说，美学界对意境理论的历史生成与发展问题，已经进行了较为深入的研究。

二、意境的美学内涵

关于意境的美学内涵，学界对此探讨很多，并无定见，主要有以下六种观点。

一是认为意境是情景交融。明清时期的理论家，如谢榛、王国维等人都持此说。宗白华在《中国艺术意境之诞生》中也指出："意境是'情'与'景'（意象）的结晶品。"[④]这种观点为学界广泛接受。

---

① 章楚藩."意境"史话［J］.杭州师范学院学报（社会科学版），1988（4）：28-38.

② 薛富兴.东方神韵：意境论［M］.北京：人民文学出版社，2000：48.

③ 古风.意境探微：上卷［M］.天津：百花洲文艺出版社，2009：155.

④ 宗白华.美学散步［M］.上海：上海人民出版社，1981：60.

二是从哲学角度对意境的内涵加以界定。北京大学叶朗教授说："从审美活动（审美感兴）的角度看，所谓'意境'，就是超越具体的有限的物象、事件、场景，进入无限的时间和空间，即所谓'胸罗宇宙，思接千古'，从而对整个人生、历史、宇宙获得一种哲理性的感受和领悟。"[①]薛富兴的观点与此相似，他指出："意境的本质论——主体自由生命的精神家园决定了意境在艺术作品呈现形态上的广阔性和精神性，唯其如此，才能实现其精神自由的本质。所以，意境，如果从其艺术品表现形态上看，它就是一个独特的（艺术的，审美的）、广阔的（超越于单个形象的）精神空间。"[②]

三是认为意境的内涵在于"境生象外"。北京大学张少康教授认为"情景交融"只能概括一般艺术形象的特征，而不能概括意境的独特内涵，他引用刘禹锡的"境生于象外"的观点，认为"境生象外"和空间美是意境的特质。他指出，意境具有动态美和传神美、高度真实感和自然感的审美特点，虚实结合是创造意境的基本方法。[③]

四是认为意境的内涵在于"虚实相生"。中国传媒大学蒲震元教授从绘画空间转换的角度解说意境。他提出："意境的形成是基于诸种艺术因素虚实相生的辩证法则之上。所谓意境，应该是指特定的艺术形象（实）和它所表现的艺术情趣、艺术气氛以及可能触发的丰富联想形象（虚）的总和。"[④]

五是从心理接受与欣赏的角度解释意境。南开大学陈洪教授不认同以情景交融解释意境，他认为情景交融主要是从创作角度立论，而意境多指一种审美感受，偏重于鉴赏方面。他提出："'意境'实质上是文艺创作与

① 叶朗.说意境［J］.文艺研究，1998（1）：16-21.

② 薛富兴.东方神韵：意境论［M］.北京：人民文学出版社，2000：117.

③ 张少康.论意境的美学特征［J］.北京大学学报（哲学社会科学版），1983（4）：50-61.

④ 蒲震元.中国艺术意境论［M］.北京：北京大学出版社，1999：22.

鉴赏中的一种心理现象，既是文艺学的问题，又与心理学有关，若忽视了后者，自难以说透。"①"在审美观照中，当对象可以提供一个心理环境，刺激主体产生自我观照、自我肯定的愿望，并在审美过程中完成这一愿望，我们就认为这样的审美对象具有意境。"②

六是综合性的观点。北京师范大学童庆炳教授在《"意境"说六种及其申说》一文中对六种意境理论进行了分析，他指出："我们要反复强调的是，意境作为抒情型作品的审美理想，是一个多维度的结构。我们必须以全面的流动的视点，才可能接近'意境'的丰富美学内涵。这里需要说明的是，在意境问题上，也有一些研究者看到了意境的复杂结构，其研究也不完全是单视角的。例如宗白华教授说：'意境不是一个单层的平面的自然的再现，而是一个境界层深的创构。从直观感相的摹写，活跃生命的传达，到最高灵境的启示，可以有三层次。'这里是三个角度。在目前的意境研究中，这一观点仍然是最全面的。叶朗的研究主要涉及'象外之象'和'哲学意蕴'两个角度。蒲震元的研究主要涉及情景交融、象外之象和气韵生动三个角度。首都师范大学陶东风教授的研究涉及'象外之象'和'接受创建'两个角度。他们的探讨把已经研究的推到一定的深度。但是，在我看来，这些研究涉及意境的丰富美学内涵还有相当的距离，意境理论仍然有广阔的研究空间。"③童庆炳提出了一个具有综合性的观点："意境是人的生命力活跃所开辟的、寓含人生哲学意味的、情景交融的、具有张力的诗意空间。这种诗意空间是在有读者参与下创造出来的。它是抒情型文学作品的审美理想。"④童庆炳认为"生命力的活跃"是意境的最核心的美学

---

① 陈洪.意境：艺术中的心理场现象［M］//南开大学中文系古典文学教研室.意境纵横探.天津：南开大学出版社，1986：19-20.

② 陈洪.意境：艺术中的心理场现象［M］//南开大学中文系古典文学教研室.意境纵横探.天津：南开大学出版社，1986：19-20.

③ 童庆炳."意境"说六种及其申说［J］.东疆学刊，2002（3）：1-9.

④ 童庆炳."意境"说六种及其申说［J］.东疆学刊，2002（3）：1-9.

内涵。

可以说，以上六种观点从各个不同的角度对意境的内涵进行了揭示。实际上，意境作为一个承载着丰富文化内涵的美学范畴，很难一言以蔽之，需要多角度、多层次地进行研究。

本书认为，意境是一个具有哲学深度和美学内涵的概念，如下的概括，比较接近"意境"的意蕴："从审美活动（审美感兴）的角度看，所谓意境，就是超越具体的有限的物象、事件、场景，进入无限的时间和空间，即所谓'胸罗宇宙，思接千古'，从而对整个人生、历史、宇宙获得一种哲理性的感受和领悟。一方面超越有限的'象'（'取之象外''象外之象'），另一方面'意'也就从对于某个具体事物、场景的感受上升为对于整个人生的感受。这种带有哲理性的人生感、历史感、宇宙感，就是'意境'的意蕴。我们前面说'意境'除了有'意象'的一般的规定性之外，还有特殊的规定性。这种象外之象所蕴涵的人生感、历史感、宇宙感的意蕴，就是'意境'的特殊的规定性。因此，我们可以说，'意境'是'意象'中最富有形而上意味的一种类型。"①

总之，所谓意境，实质就是艺术的深层意蕴，而这种意蕴又与人的生存及世界的本相相连，是对人的生命意义的体悟和对世界本相的揭示，诚如宗白华先生所言："艺术的境界，既使心灵和宇宙净化，又使心灵和宇宙深化，使人在超脱的胸襟里体味到宇宙的深境。"②

第四节　艺术功用

艺术的社会功能指艺术作品作用于人的精神而对社会生活和人的思想

---

① 叶朗.说意境［J］.文艺研究，1998（1）：16-21.
② 宗白华.中国艺术意境之诞生：增订稿［M］//宗白华全集：第2卷.合肥：安徽教育出版社，2008：373.

感情发生的影响，也称"艺术的价值"或"艺术的社会作用"。艺术的社会功能主要表现在审美、认识、教育和娱乐等方面。

一、审美功能

艺术审美功能，指艺术培养人的审美感的功效，主要表现为精神的享受和审美愉悦，是艺术的首要功能，艺术的其他社会功能都是建立在审美功能之上的。

艺术作品本身所具有的美的特质，构成艺术审美功能的客观前提。优秀的艺术作品可以打动人的情感，愉悦人的精神，净化和陶冶人的心灵，升华人的审美理想，培养人的审美能力，使人从中获得特殊的审美享受。

艺术作品具备美的特征，是创作者美感体验升华、外化、凝结的结果。当艺术欣赏者在赏析具体作品时，艺术美的魅力便生发而成为刺激、打动欣赏者心灵的作用力，从而充分显现艺术的审美作用。艺术给予欣赏者审美享受、愉悦和情感上的吸引，并使之感情得到寄托，心灵受到救治。

二、认识功能

艺术认识功能是指艺术使艺术家在艺术创造和欣赏者在艺术欣赏中获得对客观世界深入了解和把握的功效。欣赏者可以通过艺术这个具有较强直观生动性的审美中介，感知、反映和把握人类自身、人类社会以及自然世界的本质和规律。艺术作品能让艺术欣赏者感悟、认知到不同时代、不同社会、不同地区、不同民族和不同阶层的具体生活情景、文化模式、艺术表现风格、心理性格，从而更全面、深刻地认知人生的真谛，认知历史与现实。亚里士多德在批判柏拉图式理论时指出，现实世界是真实的存在，模仿现实世界的艺术也是真实的，具有认识价值。他把模仿与认识联系起来，指出艺术之所以使人产生快感，就因为人一面在欣赏，一面在求知。人们通过艺术鉴赏活动，可以更深刻地认识自然、认识社会、认识历史、认识人生。①

《论语·阳货》云："子曰：小子何莫学夫《诗》!《诗》，可以兴，可以观，可以群，可以怨。迩之事父，远之事君，多识于鸟兽草木之名。"诗的"观"和"多识于鸟兽草木之名"，就是指艺术的认识功能。

艺术的认识功能在于艺术能给欣赏者提供许多直观的、形象化的知识与信息，提供真实、丰富的生活材料。尽管艺术作品不是知识读本，不以提供知识为目的，但只要能真实地反映生活，艺术就能为欣赏者提供认识材料。欣赏者通过这些认识材料，可以进一步把握事物的本质及社会发展的规律。艺术表现的对象并非现实世界的表象，而是去粗存精、去伪存真、由表及里的典型，更能体现事物的本质属性，亚里士多德曾据此认为艺术比历史更真实。"诗人的职责不在于描述已经发生的事，而在于描述可能发生的事，即根据可然或必然的原则可能发生的事。历史学家和诗人的区别不在于是否用格律文写作，而在于前者记述已经发生的事，后者描述可能发生的事。所以，诗是一种比历史更富哲学性、更严肃的艺术，因为诗倾向于表现带普遍性的事，而历史却倾向于记载具体事件。"②

艺术对于社会、历史、人生都具有审美认知作用。由于艺术活动具有反映与创造统一、再现与表现统一、主体与客体统一等特点，往往能够更加深刻地揭示社会、历史、人生的真谛和内涵，具有反映社会生活的深度和广度的特长，并且常常是通过生动感人的艺术形象，给人们带来难以忘却的社会生活的丰富知识。艺术对自然现象具有审美认知作用。对于大至天体、小至细胞的自然现象，艺术也同样具有审美认知作用。艺术可以帮助人们增长多方面的科学知识。

三、教育功能

艺术的审美教育活动，主要是指人们通过艺术欣赏活动，受到真、善、

① 参见朱立元.美学大辞典［M］.上海：上海辞书出版社，2010：656.
② 亚里士多德.诗学［M］.陈中梅，译.北京：商务印书馆，1996：81.

美的熏陶和感染，思想上受到启迪，实践上找到榜样，认识上得到提高，在潜移默化中，使人的思想、感情、理想、追求发生深刻的变化，引导人们正确地理解和认识生活，树立正确的人生观和世界观。艺术的审美教育功能，在很大程度上是通过艺术作品，使读者、观众和听众感受与领悟博大深厚的人文精神。

对艺术的审美教育功能的重视，在中国和西方都延续了两千多年，具有重大的影响。

我国古代教育思想都很重视艺术在道德修养方面的重要作用，孔子以"礼乐相济"的思想，创立了我国古代最早的教育体系。他以"六艺"（礼、乐、书、数、射、御）教授弟子，其中的乐就是诗、歌、舞、演等艺术综合体。孔子还明确提出"兴于诗，立于乐"，认为诗可以使人从伦理上受到感发。礼是把这种感觉变为一种行为的规范和制度，而乐则是陶冶人的性情和德行，也就是通过艺术，把道德的境界和审美的境界统一起来。

西方美学史上，早在古希腊时期，柏拉图就是强调美育与德育结合起来，柏拉图从奴隶主贵族的立场出发，认为《荷马史诗》以及悲剧、喜剧的影响都是坏的，原因是这些艺术作品使人的理智失去了控制，情欲得到了放纵。他提倡"理智"的艺术，特别强调音乐的教育作用。亚里士多德也非常重视艺术的教育功能，认为理想的人格是和谐发展的人格，情感、情欲和理智一样，都是人性中固有的内容，同样有得到满足的权力，所以艺术应当具有三种功能：一是教育，二是净化，三是快感。可以讲，艺术之所以具有审美教育功能，是因为艺术作品不仅可以展示生活的外观，更能够表现生活的本质特征和本质规律。在艺术作品中总是包含着艺术家的思想感情，蕴含着艺术家对生活的认识、理解和评价，渗透着艺术家的社会理想和审美理想，能够使欣赏者从中得到启迪和受到教育。

艺术的审美教育作用不同于道德教育，更不同于其他类型的教育形式，这是因为艺术的教育功能是以审美价值为基础，具有美学的意义和艺术的魅力。在艺术创作活动中，艺术家采用了化真为美的方法，将生活升华为艺术真实，从而使艺术的认识作用具有审美性。同样，艺术教育作用不同于普通的道德说教，而具有鲜明的审美教育特点。艺术这种审美教育作用的特点，可以列举出许多，但是主要是以情感人、潜移默化、寓教于乐。其中以情感人的方式，是艺术教育与其他教育之间最鲜明的区别。艺术作品总是灌注着艺术家的思想情感，通过生动感人的艺术描绘，作用于欣赏者的感情，使人受到强烈的感染和熏陶。艺术作品对人的教育，常常是在毫无强制的情况下，使欣赏者自由自愿、不知不觉地受到感染，在这种渐渐的长期作用下使人的心灵得到净化，对人的思想情感和精神面貌起到潜移默化的教育作用。在艺术作品这种长期潜移默化作用下形成的思想情操，常常具有更强的稳固性和延续性，成为人生观、世界观中最核心的组成部分。

四、娱乐功能

中外美学对艺术的娱乐功能，都有过论述。在西方美学史上，柏拉图最早触及艺术和游戏之间的联系，古希腊的社会学思想和美学思想提出了以艺术填充闲暇时间的问题。亚里士多德在《政治学》中明确提出了音乐的娱乐功能，他认为，人的本能、情感和欲望有得到正当满足的权力，艺术应当使人感到快乐："消遣是为着休息，休息当然是愉快的，因为它可以消除劳苦工作所产生的困倦。精神方面的享受是大家公认为不仅含有美的因素，而且含有愉快的因素，幸福正在于这两个因素的结合，人们都承认音乐是一种最愉快的东西……人们聚会娱乐时总是要弄音乐，这是很有道理的，它的确使人心旷神怡。"而对其进行哲学和理论的思考，则从康德和席勒开始。

在中国，先秦时期的艺术理论著作《乐记》，也有类似的思想，它提出了"乐者乐也"的主张，认为艺术应当使人们得到快乐。荀子在《乐论》

中所说的君子"以琴瑟乐心"，即为艺术的娱乐功能。

艺术的娱乐功能，往往是人们接触艺术作品的直接动因，首先表现为艺术形象的艺术感染力，使人们从中获得感官的享受和满足，进而引发人们的审美愉悦和乐趣，它是对欣赏者要求获得娱乐、休息和精神调剂的满足，但其核心是在审美享受中的精神快感。也就是说，艺术审美娱乐功能，主要表现为精神的享受和审美愉悦。例如舒伯特的《小夜曲》，旋律优美，充满对爱情的渴望和赞美，洋溢着生命的无限活力，令聆听者难以忘怀，从而使其的审美需要得到满足，获得精神享受和审美愉悦，赏心悦目、畅神益智。

第五节　把艺术教育放在更加平等的位置

现今我国各类学校的艺术教育仍然处于边缘地位，在中小学教育中，艺术教育只是文化课的从属；在大学教育中，它也被普遍视作专业课的补充，乃至成为可有可无的一个环节。艺术教育本身在提高青少年审美修养、完善人格、培养创新精神以及促进人的全面发展方面，具有其他教育学科不可替代的作用，远未获得应有的重视乃至承认。

艺术教育是美育的核心，它的根本目的是培养全面发展的人。人的全面发展包括人的感觉的解放和发展，人的社会关系和独特个性的发展。要想实现这些发展，艺术教育及审美活动起到本质性的作用。

艺术的根本特性在于创新和创造，是对现实的超越和提升。通过艺术教育，可以使受教育者摆脱世俗物欲的束缚，以理想之烛光照人生。确切地说，在艺术中，人被整体提升了。因此，追问人为什么需要审美和艺术，就如同追问人为什么要追求自由和全面发展一样。追问艺术教育的职能，就是对人应该如何生活、人应是什么的追问。

艺术教育培养人的个性和独立性。不容置疑，个体性和创造性是审美和艺术的本质特征，这不仅对于艺术家、艺术创造过程、艺术品是这样，而且对于审美接受和体验也是如此。正是个性和创造性，使得艺术获得其独特的光辉和魅力。在人类的所有活动形态和生存领域、精神领域中，审美和艺术以个性化、创造性而卓然挺立。完全可以说，人类的理想境界、生命的自由本性与审美和艺术达到了完全的合一。如此，艺术教育的重要性，就不仅是使受教育者获得某种艺术技能，而是对人的心灵的培育、对情感的滋润，以及对生命本性和生活意义的体悟。

艺术教育是教育中不可缺少的组成部分，是实施全面素质教育的重要内容，应该也必须把艺术教育放在更加平等的位置。要做到这一点，除了在理论上的认识，更要在现实层面进行落实，应该从教育方针和教育政策的制定上，摆正艺术教育的位置。另外，还要澄清将专业艺术教育与素质艺术教育相混同的模糊认识，通过艺术课教学和艺术活动，提高学生的艺术修养，促进其身心各方面和谐全面发展。

正如其他学科帮助构建学生的知识体系一样，艺术教育恰恰能够协助学生完善自我人格。艺术教育对于学生来说并非只是技艺方面的授予，更多的是使其心灵得到寄托，并培养学生的道德感以及审美等。对于学生来说，在他们进行大量知识储备的过程中同时在实现人格的塑造，以及人生观、世界观等观念的形成。艺术教育能够帮助学生正确地对待自己以及身边的人或事物，不因浅薄而迷惑。在他们未来的人生道路中，这种艺术教育的影响必然是一直延续的。

但艺术教育不应该仅是针对学生来进行，由于它所包含的内容是所有人都会面对的精神追求，因此艺术教育的推广自然也应该扩大到学校之外，并涉及每一个人。当下国人的物质生活较为富足，但精神生活却相对匮乏。艺术教育在人类生存的任何阶段都极富意义，而在这样一个物质充盈却精神迷惘的现代社会，艺术教育尤其应该承担起为现代人解惑、抚慰的责任。

　　当人们满足了物质欲望，自然就有了更高的理想追求，而在此过程中若无法找到一种恰当的精神寄托，那么难免会沉溺于沮丧。事实上，艺术与个人理想有着本质性的相通。理想标示着人的自由发展的无限之境。在现实世界中，人的发展和实现总是有限的：就个体而言，他的生命有限、活动范围有限、发展的程度也有限；就整个人类来说，如何协调好人与自然、人与社会的关系也是其要处理的基本问题。人类存在一天，就一天不能摆脱这两大矛盾。因而，对于人来说，无论是从个体角度，还是从人类整体角度，只要他处于现实世界中，也就总处于理想和现实、无限与有限的矛盾之中。

　　而艺术的本质特征恰是从有限形式中表现出无限的内容。对于艺术的这一特征，中国古典美学对此认识得尤为细致。清代的叶燮在《原诗》中说："可言之理，人人能言之，又安在诗人之言之；可征之事，人人能述之，又安在诗人之述之。必有不可言之理，不可述之事，遇之于默会意象之表，而理与事无不灿然于前者也。"这"不可言之理，不可述之事"，就是艺术所要表现的无限深邃而高远的境界。

　　艺术的世界，正如我国美学大师宗白华先生所言："以追光蹑影之笔，写通天尽人之怀。"[1]人在其中，"以宇宙人生的具体为对象，赏玩它的色相、秩序、节奏、和谐，借以窥见自我的最深心灵的反映；化实景而为虚境，创形象以为象征，使人类最高的心灵具体化、肉身化，这就是'艺术境界'。艺术境界主于美。"[2]"在一个艺术表现里情和景交融互渗，因而发掘出最深的情，一层比一层更深的情，同时也透入了最深的景，一层比一层更晶莹的景；景中全是情，情具象而为景，因而涌现了一个独特的宇宙，

---

① 宗白华.中国艺术意境之诞生：增订稿［M］//宗白华全集：第2卷.合肥：安徽教育出版社，2008：371.

② 宗白华.中国艺术意境之诞生：增订稿［M］//宗白华全集：第2卷.合肥：安徽教育出版社，2008：358.

崭新的意象，为人类增加了丰富的想象，替世界开辟了新境，正如恽南田所说：'皆灵想之所独辟，总非人间所有！'这是我的所谓'意境'。'外师造化，中得心源。'唐代画家张璪这两句训示，是这意境创现的基本条件。"①所以说，艺术虽然植根于现实之中，而它的精神却伸进理想的光明的高远的天空，揭示着生命的真谛、宇宙的"奥境"。

艺术抚慰现实人生，人们可从艺术中获得类似理想的体验，从而获得感悟和平衡。在追求经济发展的年代，我们同样需要保证灵魂不落后。要把艺术教育放在应有的、与其他教育更加平等的位置，通过艺术教育来使人们实现"诗意地栖居"。

---

① 宗白华.中国艺术意境之诞生：增订稿［M］//宗白华全集：第2卷.合肥：安徽
教育出版社，2008：360.

第十章　实用艺术

实用艺术指实用性与审美性紧密地结合在一起的艺术。它具有物质生产与艺术创作相统一的特征，实用的、材料的、结构的特点与装饰的、美化的、观赏的特点交融在一起，既具有物质的实用功能，又具有精神的愉悦功能。

实用艺术通常有狭义和广义之分：狭义的实用艺术专指那些运用一定造型手段和艺术技巧，对生活实用品和陈设品进行艺术加工的装饰艺术，如织染工艺、家具工艺、陶瓷工艺、装饰绘画、象牙雕刻、商业广告艺术等；广义的实用艺术则指那些既能满足人们的实用需求，又能满足人们的审美需求，融科学与美学、技术与艺术于一体的作品，一般包括建筑艺术、工艺（或工艺美术）、园林艺术与设计艺术等。本书采用广义的实用艺术的概念，主要介绍建筑艺术和园林艺术。

第一节　建筑艺术

建筑是一种使用与审美相结合的艺术。它通过建筑艺术语言——空间组合、体型、比例、质感、色调、韵律以及某些象征手法，构成一个形体体系，体现一种造型的美，形成艺术意境或艺术形象，以引起人们的联想和共鸣。

一、建筑艺术语言

建筑是由各种构成要素如墙、门、窗、台基、屋顶等组成的。这些构成要素具有一定的形状、大小、色彩和质感，而形状又可抽象为点、线、面、体，以及组合规律，它们构成了建筑的语言。

（一）面

面是表达建筑艺术的基本单位。建筑中的面，一是作为片状形式而独立存在；一是作为体的表面，表现体的形状及表面形式。面的不同形状及其不同的处理方式给人不同的心理感受。建筑的面具有造型艺术的图案美，要运用建筑形式美法则创造性地加以处理，如希腊帕特农神庙、五台山佛光寺大殿的主立面。

（二）体

体是三维的空间造型，在空间中实际占有位置，有长、宽、高三维尺度，从任何角度都可观看。体在建筑中的应用最为直观，人们所感受到的建筑是体的表现形式。对建筑来说，体比面的处理更重要。体包括体形和体量，体形和体量是建筑给人的第一印象，其处理也需要遵循建筑形式的美的法则。

建筑体形组合丰富多样。不同体形的自身特征，不同组合体形的外在形式，都为建筑的表达增加了表现语言。例如中国嵩岳寺塔，体形高耸，层层屋檐形成许多水平线，轮廓饱满而富有张力。而法国巴黎圣母院，一味瘦高，突出升腾之势。

体量巨大是建筑与其他造型艺术的显著区别。有些建筑的面、体形都很简单，主要靠体量的呈现。体量的巨大显示其艺术性格。体量的巨大不是绝对的，适宜才是重要的，如埃及金字塔巨大体量带来震撼。而中国园林中的建筑则注重较小体量，体现亲切感。

（三）空间

空间是建筑独有的艺术语言，具有巨大的情绪感染力。《道德经·第十一章》云："埏埴以为器，当其无，有器之用。凿户牖以为室，当其无，有室之用。故有之以为利，无之以为用。"中国先哲老子智慧地表达了空间与实体的辩证关系，即人们建房、立围墙、盖屋顶，而真正实用的却是空的部分：围墙、屋顶为"有"，而真正有价值的却是"无"的空间；"有"是手段，"无"才是目的。建筑空间是人们为了满足生产或生活的需要，运用各种建筑要素与形式，所构成的内部空间与外部空间的统称。它包括墙、地面、屋顶、门窗等围成建筑的内部空间，以及建筑物与周围环境中的树木、山峦、水面、街道、广场等形成建筑的外部空间。不同的空间特点，会产生不同的情绪效果。巧妙地处理空间的形状、比例、大小、方向、明暗等，使建筑艺术显出连续性的丰富空间感受。

（四）群体组合

建筑群体常常是由若干幢建筑摆在一起，摆脱偶然性而表现出一种内在联系和必然的组合群。建筑群体中各个建筑的体量、高度、地位有层次、有节奏；建筑形体之间彼此呼应，相互制约；外部空间既完整统一又相互联系，从而构成完整体系：内部空间和外部空间相互交织穿插，和谐共处于一体。一系列不同的建筑、空间、顺序的出现，使人的情绪发生一系列的变化，获得整体的享受。建筑群体的艺术感染力，比起某一个单独的建筑单体来得更加强烈、深刻。中国的传统建筑尤其重视群体组合。

（五）环境艺术

环境艺术是人与其居住环境相互作用的艺术。建筑从诞生之日起，便是作为人的环境出现的，它就是环境艺术。任何建筑物都不是孤立地存在的，都处于一定的客观环境之中。建筑艺术是环境艺术的主体，是环境艺术的主要载体的体现者。建筑环境是一个融时间、空间、自然、人文、建筑和相关门类艺术于一体的综合性系统工程。建筑与环境雕塑、环境绘画、建筑小品、工艺美术、书法，甚至文学以及家具、地毯、灯具组合在一起；还与山、水、树、石及它们的形、体、光、色、声、味所组成的自然环境，历史、乡土、民俗等人文环境高度的有机组合，由建筑艺术统率并协调，产生巨大的整体艺术表现力。

二、建筑艺术特征

（一）反映社会中巨大的主题，揭示现实生活的本质

建筑艺术能够以其独特的形象，反映社会中巨大的主题，深刻揭示现实生活的本质。人们创造建筑艺术，除了实用性，还要注重其表现性，反映社会的整体精神风貌。例如，中国古代城市的布局，基本都是方正划一、轴线贯通、主从分明，有一种统一、和谐的韵律感，而这正反映着封建社会等级森严及皇权统一，如北京紫禁城、西安古城，再如中国古代建筑造型以纵向构图，屋顶、墙身、台基三部分轮廓清楚。

之所以具有以上特征，是因为中国封建社会生产技术发展迟缓，以及皇权统治、社会生活停滞，工匠的创造力和想象力贫乏，或者被压制在固定的框架中，缺乏布局、结构方面的变化。

西方建筑史上的三大风格建筑，也是如此，如怪诞、变异的巴洛克风格建筑。巴洛克风格建筑代表了17世纪的建筑风格，在意大利语中，巴洛克意指"畸形珍珠"。这种建筑的特点是重于内部的装饰，其全体多取曲线，常常穿插曲面与椭圆空间，企图以丰富多变的风格刺激人们的视觉，并用夸张的纹样形式强化这种视觉效果。

18世纪20年代产生于法国的洛可可（Rococo），是在巴洛克建筑的基础上发展起来的。洛可可本身倒不像是建筑风格，而更像是一种室内装饰艺术。建筑师的创造力不是用于构造新的空间模式，也不是为了解决一个新的建筑技术问题，而是研究如何才能创造出更为华丽繁复的装饰效果。它把巴洛克装饰推向了极致，为的是能够创造出一种超越真实的、梦幻般的空间。

兴盛于中世纪高峰与末期的哥特式（Goth）建筑，其特色包括尖形拱门、肋状拱顶与飞拱。作为宗教建筑，它以蛮族的粗犷奔放、灵巧、上升的力量体现教会的神圣精神。它的直升的线条，奇突的空间推移，透过彩色玻璃窗的色彩斑斓的光线和各式各样轻巧玲珑的雕刻的装饰，综合地造成一个"非人间"的境界，给人以神秘感。以德国的科隆大教堂为例，此教堂又称圣彼得大教堂，是中世纪欧洲哥特式建筑的代表作。其占地8000平方米，内设礼拜堂10个。中央大礼堂穹顶高达43.35米，中央双尖塔高161米，直插云霄。从线条角度看，形体向上的动势十分强烈，轻灵的垂直线直贯全身。它利用一系列拱形的尖顶组成教堂整体结构，尖利的顶端高耸入云，直插穹窿。许多垂直的平行线条本身就带有某种节奏，轻灵的线条如一组石头的丛林，直冲苍穹。科隆大教堂不仅所有的顶是尖的，而且建筑局部和细节的上端也都是尖的，不论是墙和塔都是越往上分划越细，装饰越多越玲珑，形成一种向上的动势。再如意大利米兰大教堂仅顶上尖塔就有135个，这种以高、直、尖和具有强烈向上动势为特征的造型风格，使整个教堂处处充满向上的冲力，是教会弃绝尘寰的宗教思想的体现，给人一种崇高肃穆的精神震撼，那是对超升的向往，要向上帝接近的如饥似渴的欲望，也是其强大向上蓬勃生机的精神反映。

（二）强烈的艺术感染力，广阔的艺术综合能力

建筑艺术具有强烈的艺术感染力和广阔的艺术综合能力，具体表现在

建筑中，广泛地与绘画、雕塑、工艺美学等艺术联系在一起，如房屋的内饰与绘画密不可分，建筑的环境设计，雕塑是重要组成部分。

例如，故宫从正阳门到景山，全部建筑依一条中轴线布局，十几个院落纵横穿插，有前序、高潮、结尾；几百所殿宇高低错落，有主体，有陪衬；再加上对比强烈的色调和各种装饰的烘托，把皇权渲染得淋漓尽致，自然引起人们对帝王权力的联想。

再如喇嘛庙，其空间逼仄、尺度夸张、色调光怪陆离，给人以强烈的压抑、阴森、恐怖的感觉，辅以壁画、壁像、法具、供器等，给信徒以精神压力。

（三）用象征的手法表现一定主题

建筑艺术一般承载着建筑者所要表达的主题，而这一主题往往通过象征手法表现出来，如北京的天坛和地坛，就是"天圆地方"主题的表现。《广雅·释天》曰"圆丘大坛，祭天也；方泽大折，祭地也。"《逸周书·作雒》记载："设丘兆于南郊，以祀上帝，配以后稷，日月星辰先王皆与食。"嘉靖九年（1530），有大臣谏言："古者祀天于圜丘，祀地于方丘。圜丘者，南郊地上之丘，丘圜而高，以象天也。方丘者，北郊泽中之丘，丘方而下，以象地也。"于是恢复天地分祀的旧制，在大祀殿南建圜丘，圆以象天而祭天；在北城安定门外另建方泽坛，方以象地而祭地。

南京中山陵建筑在整体组合、色彩运用、材料表现和细部处理上均取得极好的效果，音乐台、光华亭、流徽榭、仰止亭、藏经楼、行健亭、永丰社、永慕庐、中山书院等建筑众星捧月般环绕在陵墓周围，构成中山陵景区的主要景观。陵墓建筑从空中往下看，中山陵像一座平卧的"自由钟"，取"木铎警世"之意。山下孝经鼎是钟的尖顶，半月形广场是钟顶圆弧，而陵墓顶端墓室的穹隆顶，就像一颗溜圆的钟摆锤，含"唤起民众，以建民国"之意。整个陵墓都用的是青色的琉璃瓦、花岗石墙面，显得庄重肃穆。青色琉璃瓦既象征了中华民族光明磊落的民族气节，也暗含天下为公之义，以此来显示孙中山先生一心为民的博大胸怀。

（四）"建筑是凝固的音乐"

在古希腊神话中，音乐之神俄耳甫斯的琴声可以使木石按照音乐的节奏和旋律在广场上组成各种建筑物。曲终，节奏和旋律就凝固在这些建筑物上，化为比例和韵律。受此启发，18世纪德国哲学家谢林总结为"建筑是凝固的音乐"。到了19世纪，德国音乐理论家和作曲家霍普德曼又补充为"音乐是流动的建筑"。这两种说法得到许多音乐家、诗人、哲学家以及建筑师的认同。意大利建筑师和建筑理论家阿尔贝蒂在论述美的本质时，谈到数的美与和谐，他认为音乐的和谐是由数造成的，这些数与构成建筑美的数是相同的。文艺复兴时期的人们认为音乐优于建筑学，因此给予建筑学一个与音乐的比率同样确切的和谐比率是建筑师的追求目标。而中国建筑理论家梁思成认为，建筑的节奏、韵律、构成形式和感受等方面都与音乐有相似之处，差不多所有的建筑物，无论在水平方向或垂直方向上，都有它的节奏和韵律。

总之，建筑作为艺术，其节奏、韵律与音乐的节奏、韵律有相似之处，建筑与音乐都是创造性的艺术、抽象性的艺术；建筑的构图与音乐的曲式构成、乐句和乐段的结合形式上存在相似性；建筑的比例与音乐的节奏以及各种不同音阶的高度、长度、力度的比例关系也有着内在的联系。从这个意义上说，音乐和建筑都属于艺术，都是通过体验激发人们对建筑和音乐的心灵感受和想象力的艺术。

第二节　园林艺术

园林是按美的规律创造的可供人们游憩和赏玩的一定现实生活区域，

是对环境加以艺术处理、审美与实用功能相结合的艺术。

黑格尔说："园林艺术不仅替精神创造一种环境，一种第二自然，一开始就用完全新的方式来建造，而且把自然风景纳入建筑的构图设计里，作为建筑物的环境来加以建筑的处理。"他把园林分为两种类型，一类是按绘画原则创造的，另一类是按建筑原则创造的，因而"必须把其中绘画的因素和建筑的因素分别清楚"①。前者力图模拟大自然，把大自然风景中令人心旷神怡的部分集中起来，形成整体，这就是园林艺术；后者则用建筑方式来安排自然事物，人们从大自然取来花草树木，就像一个建筑师为了营造宫殿，从自然取来石头、大理石和木材一样，所不同者，花卉、树木是有生命的。

一、园林艺术的构成要素

空间布局、山石、花木、水体、建筑、雕塑、牌匾等，是园林艺术的构成要素，当然，并非每一处园林都包含以上要素。

（一）空间布局

空间布局，也就是园林的空间序列组合，它关系到园林整体结构的全局性，是根据计划确定所建园林的性质、主题、内容，结合选定园址的具体情况，进行总体的立意构思，对构成园林的各种重要因素进行综合的全面安排，确定它们的位置和相互之间的关系。比如园林内容和艺术形式的选择，山岭、水体的位置和大体轮廓的确定，不同功能用地的划分和衔接，活动和安静景区的布置，园林主景的位置、主要出入口和干道的安排等。布局时需综合考虑平面和立面之间的关系，使全园结构形成一个能够满足功能和景观要求的统一体。

一般有如下几种组合方式：由独立的建筑物和环境组合，形成开放性

① 黑格尔.美学：第3卷上册［M］.朱光潜，译.北京：商务印书馆，1979：103.

空间；园林建筑群自由组合的开放性空间；天井式的组合；混合式的组合。

（二）山石

和西方相比，中国园林艺术与石头有着不解之缘，古有"园可无山，不可无石""石配树而华，树配石而坚"等说法。

中国古典园林的传统庭园景石造型，有法无式，变化百千，大致可分为两类：塑物型景石和筑山型景石。塑物型景石所选的品石素材本身就具有一定的形状特征，稍加加工，寄意于形。塑物型景石不作为庭中观赏的孤赏石时，一般布置在入口、前庭、廊侧、路端、景窗旁、水池边等，置于庭中，往往就成了景观中心，深化园意，丰富园景。有"江南三大名峰"之称的上海豫园的玉玲珑、苏州留园的冠云峰、杭州西湖的绉云峰，均属于此类。筑山型景石的特点是非常注重山型，如砌筑山峰、与岭相辅作景、环屏立岩等。

（三）水体

"景不可无树，景遇水而活。"水是园林艺术中的灵魂。园林用水分为集中与分散两种处理手法。集中即以水池为中心，环列建筑形成一种向心和内聚的格局；分散即分隔成若干相通的小块，化整为零。常见的水体处理手法与效果有：叠山引泉、泉滴潭池、池鱼戏水、溪流绕室、雨洒芭蕉、作影射景、荷池飘香、古舫泊岸等。

（四）花木配置

花木配置可以起到园林美化、增加空间层次、加深色彩变化、激活感觉感官的作用。园林花木基本上以观赏性可划分为：赏花、赏果、赏叶、赏形、赏香五类。

（五）建筑小品

园林建筑小品具有组景、观赏的作用，与桌凳、地坪、踏步、桥岸，灯具、牌匾一起展现艺术化。园林建筑小品可分为亭、廊、台、楼、阁、榭。适当地运用建筑小品可以扩大空间，构成意境，实现突破有限、通向无限的空间表现效果，使人产生一种富有哲理性的感受和领悟。

1.亭

在园林中，亭是让人休息、欣赏美景的地方，其特点是有顶无墙，一般用柱子撑顶。诞生了中国第一行书《兰亭集序》的兰亭正是此类著名的代表。

2.廊

廊是指屋檐下的过道、房屋内的通道或独立有顶的通道，包括回廊和游廊，其具有游赏功能和美学价值，体现了形象美、节奏美。廊作为园林建筑的组成部分具有构成建筑外观特点和划分空间格局的作用，使园林富有虚实变化和韵律感，既创造出多种多样的空间变化，又可以起到引导最佳观赏路线的作用。

3.台

台原意就是大土堆，本是为了方便观看四方风景而特意建造的高台。台上可以有建筑，也可以没有建筑，供人登高眺望。台基牢固、台面平坦、四周虚敞、结构稳重，如曹操的铜雀台、燕昭王的黄金台，武汉的古琴台等。

4.楼、阁

楼堂正规整，比较单一；阁灵活多变，适用范围大。楼、阁都属于古代高层建筑，楼是供人居住的房屋，在园林建筑中多为两三层；阁则起源于巢居的干阑式建筑，其平面多为长方形、正方形或多边形。

5.榭

榭为依水型建筑，三面开敞、体量较小，供人游赏休息。其特点是玲珑透空、精丽细巧、依附花木水桥，借景而成。

（六）园林雕塑

园林雕塑配合园林构图，多数位于室外，题材广泛。园林雕塑通过艺术形象可反映一定的社会理念和时代精神，表现一定的思想内容，既可点缀园景，又可成为园林某一局部，甚至全园的构图中心。

园林雕塑的主题和形象均应与环境相协调，雕塑与所在空间的大小、尺度要有恰当的比例，并需要考虑雕塑本身的朝向、色彩以及与背景的关系，使雕塑与园林环境互为衬托，相得益彰。

中国古代园林很早就有雕塑装饰，如颐和园宫门前的铜狮，庭院中布置的铜鹤、铜鹿，帝王陵园甬道两侧的石人、石兽等。现代的园林雕塑，丰富多样，难以尽数。

（七）园林匾联

匾额是悬挂在建筑室内外檐下正中间的牌匾。中国园林内的匾额大都反映建筑的名称和性质，结合周围的景色、园主的志趣、流传的故事，加之文辞的妙用与书法的创作一起构成一道内涵丰富的文化胜景，使园林的意境无限扩大，令人回味无穷。

匾额横置门头或墙洞门上，在园林中多为景点的名称或对景色的称颂，以三字、四字的居多。

匾额的主要作用是反映建筑的名称或性质，亭台楼阁、廊桥榭舫、鱼沼飞梁，无不有其各自的用途与景致。例如，沧浪亭、起云台、见山楼、冷香阁、沁芳榭、蔚藻堂等。人们只是看到名字也能想见建筑物的类型、功能、特点等。此外，匾额可以标识景点，如听泉亭、探月亭、荷风四面亭、修竹阁、白梅阁、芙蓉榭、听雨轩，光听其名，已经让景色的特点如在眼前；匾额还具有一定的立意，匾额的名字常常暗含着园主的志向和气节，如陶然亭就表现了"更待菊黄家酝熟，共君一醉一陶然"的怡然自得；

匾额亦有记史之功，有的匾额，如同游记，可以通过它们了解历史文化及名人逸事，如欧阳修的《醉翁亭记》、范仲淹的《岳阳楼记》、王羲之的《兰亭集序》。

可以说，匾额是园林的姓名、园林的眼睛、园林的灵魂[①]，恰如《红楼梦》中关于大观园的点评："偌大景致，若干亭榭，无字标题，任是花柳山水，也断不能生色。"可见匾额对园林的重要。

楹联往往与匾额相配，或树立门旁，或悬挂在厅、堂、亭、榭的楹柱上。楹联字数不限，讲究词性、对仗、音韵、平仄、意境情趣，是诗词的演变。匾额楹联不但能点缀堂榭、装饰门墙，在园林中往往表达了造园者或园主的思想感情，还可以丰富景观，唤起联想，增加诗情画意，起着画龙点睛的作用，是中国传统园林的一个特色。

二、园林形式

一般把园林分为规则式、自然式和混合式。

（一）规则式

规则式又称几何式、整形式，在园林平面构图上，有一定的轴线关系或者数比关系。其主要特点是：建筑中轴对称或对称布局，布局严谨；地形处理均采用平面、台地或倾斜平面；广场、水体基本采用几何形体，水体驳岸严整，并以整形水池、喷泉、瀑布、壁泉为主；道路系统由直线或有轨迹可循的曲线所构成。植物多呈行列对称栽植；采用人工整形，运用树墙、树篱组织空间，并将其修剪成绿墙、绿柱、绿门、绿亭等，花卉布置以图案式花坛、花台、花镜等，在园林的轴线的端部、起点或交点多布置雕塑、喷泉、花台等。规则式园林给游人以整齐、庄严、雄伟的感受。

---

① 参见譬如白露.中国园林匾额赏析［EB/OL］.（2018-08-10）［2023-12-05］.
https://www.jianshu.com/p/15140c117c80.

规则式园林以意大利、法国园林为代表。比如文艺复兴时期，意大利出现"庭院式""廊式""台地园""巴洛克式"等风格的园林；法国在中世纪出现城堡式庄园，从16世纪开始学习意大利式台地园，较为著名的有凡尔赛宫苑和枫丹白露宫及庭园。

（二）自然式

自然式又称作风景园式，布局以模仿自然山水和植物群落为主。其主要特点是：建筑的造型和布局不强调对称；地形起伏，富于变化。道路、广场、水体的轮廓线自由曲折，没有轨迹可循。植物配置没有固定的株行距，充分发挥自然植物生长的形态，不同种类的乔木、灌木、花卉以自然植物生态群落为蓝本，构成生动活泼的自然景观。

以中国为代表的自然山水园林以自然山水为蓝本，源于自然，高于自然。寄诗情画意于自然园林之中，寓景于情，创造出深入人心的意境。中国园林以自由、曲折、变化为特点，把自然美和人工美巧妙结合，达到了虽由人作、宛自天开的艺术境界，形成了独特的自然式山水园林风格。中国古典园林中的北京颐和园，承德避暑山庄，苏州园林的拙政园、留园等，都是这类园林的代表。

（三）混合式

混合式园林是综合规则式园林与自然式园林两者的特点，把它们有机地结合起来。混合式园林有两种形式：一种是在规则式园林中加入自然式布局；另一种是在自然式园林中加入规则式布局。全园没有或形不成控制全园的主中轴线和副轴线，只有局部景区、建筑以中轴对称布局，或全园没有明显的自然山水骨架，形不成自然格局。一般情况，多结合地形，在原地形平坦处，根据总体规划需要安排规则式的布局。在原地形条件较复杂，具备起伏不平的丘陵、山谷、洼地等，结合地形规划成自然式。类似上述两种不同形式规划的组合即为混合式园林。

杜甫草堂是非常独特的混合式中国古典园林，草堂旧址内，照壁、正门、大廨、诗史堂、柴门、工部祠排列在条中轴线上，两旁配以对称的回廊与其他附属建筑，其间有流水萦回、小桥勾连、竹树掩映，显得既庄严肃穆、古朴典雅而又幽深静谧、秀丽清朗。

三、中国古典园林的形式

中国古代园林的分类，从不同角度看，可以有不同的分类方法。一般有两种分类：按园主身份分类和按所在地域分类。

（一）按园主身份分类

1.皇家园林

皇家园林是专供帝王休息享乐的园林，其特点是规模宏大，墙体厚重，气势磅礴，强烈的对比色，金碧辉煌，充分体现了皇家的威严和气势。堆山理水，苍松翠柏，奇花异卉。各种雕饰图案精巧新奇，楹联碑刻意境深远。中国古代皇家园林以圆明园、颐和园、避暑山庄等为代表。

2.私家园林

私家园林一般指民间私人所有的园林，其特点是规模相对较小，所以常用假山假水；建筑小巧玲珑。私家园林在建筑风格上强调粉墙花影、曲径通幽、千变万化的空间组合。小桥流水，色彩淡雅，突出宁静致远的氛围。在建筑、堆山理水上追求小中见大。植物配置清新雅致，注重单体欣赏，如对松、竹、梅、荷等情有独钟。私家园林以江南园林为代表作，如苏州的拙政园、网师园，扬州的个园，无锡的寄畅园，上海的豫园，南京的瞻园等。

3.寺观园林

寺观园林在满足宗教和隐居的双重需要的基础上，体现了世俗的美。

在建筑风格上，寺观园林努力营造神秘、庄严、隐秘的氛围。园林中古树高耸，将建筑掩映在苍松翠柏之中。寺观园林的代表有很多，如北京的大觉寺、法源寺、潭柘寺，成都的古常道观，乐山的乌尤寺等。

（二）按所在地域分类

1.北方园林

北方园林因地域宽广，所以占地范围较大；又因园林大多位于古都，所以建筑富丽堂皇。因自然气候条件的局限，河川湖边、原石和常绿树木较少。因为北方园林风格粗犷，所以其秀美略显不足。北方园林代表大多集中于北京、西安、洛阳、开封等地，其中尤以古代洛阳为代表，正如古诗所谓"天下名园重洛阳"。

2.江南园林

江南园林的特点为明媚秀丽、淡雅朴素、曲折幽深。但因江南园林多面积小，故略感局促。江南园林代表大多集中于南京、上海、无锡、苏州、杭州、扬州等地，其中尤以苏州为代表。

3.岭南园林

岭南园林的明显特点是具有热带风光，建筑较高而宽敞。岭南园林集北方园林与江南园林之精华，取国内外园林之特色，综合了多元文化类别。在建筑风格上，岭南园林求实兼蓄，精巧秀丽。岭南园林在构图上常以缩小尺度的山、池、亭桥、路等来扩大空间感，巧用障景、框景来增加景深、层次，利用迂回小路来延长游览路线。小厅以明朗雅致见长，大厅则有高树深池藏荫。现存岭南园林著名的有广东佛山的梁园和顺德的清晖园、东莞的可园、番禺的余荫山房等。

四、园林之美

园林是自然景观和人文景观的高度统一，源于自然，又高于自然景观，是大自然造化的典型概况，是自然美的再现。园林融建筑、文学、美术、书法等各门艺术于一身。

园林之美是形式美与内容美的高度统一，它的主要内容表现在三个方面：山水地形美，含借用天象美、再现生境美；建筑艺术美，造型艺术美；文化格调美。

第十一章　表情艺术

表情艺术有广义和狭义两层含义：广义的表情艺术包括音乐、舞蹈、曲艺、杂技、戏剧、电影等；狭义的表情艺术则专指音乐和舞蹈。在美学和艺术学里，人们通用的是后一种，即狭义的含义，本章也在狭义上使用这一概念。

第一节　音乐艺术

音乐是通过声音的组织，构成听觉意象，表达思想感情与现实生活的艺术形式，包含声乐和器乐。

音乐的最基本要素是旋律和节奏，表现手段有曲调、节奏、和声，以及力度、速度、调式、曲式、织体、音色等。旋律也称曲调，起伏的乐音按一定的节奏、有秩序地横向组织起来，就形成了曲调。曲调是音乐形式中最重要的表现手段，是音乐的本质，是音乐的决定性因素。音乐的节奏是指音乐运动中音的快慢和强弱，音乐的节奏常被比喻为音乐的骨架。

一、音乐的基本特点

与其他艺术一样，音乐也有其基本特点，概括起来有四个方面：声音艺术、听觉艺术、情感艺术和时间艺术。

（一）声音艺术

音乐是以声音为表现手段的艺术形式，意象的塑造，以有组织的音为材料来完成的。因此，如同文学是语言的艺术一样，音乐是声音的艺术。这是音乐艺术的基本特征之一。作为音乐艺术表现手段的声音，有与自然界的其他声音不同的一些特点。

任何一部音乐作品中所发出来的声音都是经过音乐家精心思考创作出来的，这些声音在自然界可以找到，但是没有经过艺术家们别出心裁的创作与组合，是不能成为音乐的。所以，无论是一首简单的歌曲，还是一部规模宏大的交响乐，都渗透着作者的创作思维与灵感。随便涂抹的线条和色彩不是绘画，任意堆砌的语言文字不是文学，同样，杂乱无章的声音也不是音乐。构成音乐意象的声音，是一种有组织、有规律的和谐音乐，包括旋律、节奏、调式、和声、复调、曲式等要素，总称为音乐语言。没有创造性的因素，任何声音都不可能变成为音乐。

语言具有一种约定性的语义，每一句话，甚至每一个字都具有特定的含义。这种含义在运用该语言的社会范围内是被公认的，是一种约定俗成；音乐的声音却完全不同，它仅仅限定在艺术的范围内，只作为一种艺术交往而存在；任何音乐中的声音，它本身绝不会有像语言那样十分确定的含义，它们是非语义性的。因为声音内容的不确定性或多义性，所以，联想非常重要。一般地，音乐只是表达一种情感甚至情绪，没有主题，当然标题音乐例外。由"一"见"多"是音乐的特性。不存在听不懂。如罗曼·罗兰所言，对一个天生的音乐家来说，一切都是音乐——世界上一切都是音乐，只要去听就是了。

（二）听觉艺术

音乐长于表达情感，其主要原因是音乐与听觉相关，而听觉感受的主要优点就是具有时间性。听觉可以灵敏地感受时间的过程，具有动态的性质。而人的声音总与感情相联系，所以与听觉相关的艺术更能表达情感。

黑格尔说："要领会音乐的作品，就需要用另一种主体方面的器官，即听觉。听觉像视觉一样是一种认识性的而不是实践性的感觉，并且比视觉更是观念性的。因为对艺术作品的平静的不带欲念的观照固然让所观照的对象静止地如其本然地存在着，无意要把它消灭掉，但是视觉所领会到的并不就是本身对象观念性的，而是仍保持着它的感性存在。听觉却不然，它无须取实践的方式去应付对象，就可以听到物体的内部震颤的结果，所听到的不再是静止的物质的形状，而是观念性的心情活动。还有一层，往复回旋的材料（声音）所达到的否定一方面否定了空间状态，而另一方面这否定本身又被物体的反作用否定了，所以这双重否定的表现，即声音，就是一种随生随灭，而且自生自灭的外在现象。通过这外在现象的双重否定（这是声音的基本原则），声音和内在的主体性（主体的内心生活）相对应，因为声音本身本来就已比实际独立存在的物体较富于观念性，又把这种较富于观念性的存在否定掉，因而就成为一种符合内心生活的表现方式。"[①]

音乐既然是声音的艺术，那么，它只能诉诸人们的听觉，所以音乐又是一种听觉艺术。心理学的定向反射和探究反射原理告诉我们，在一定距离内的各种外在刺激中，声音虽然看不见，是无形的，但它能够使人的听觉器官去接受这无形的事物，这决定了无形的听觉艺术较之有形的视觉艺术更能在不经意间作用于人们的情感。

音乐只能用声音来表现、用听觉来感受，但这并不等于说人们在创作和欣赏音乐时，大脑皮层上只有与听觉相对应的部位是兴奋的，而其他部位都处于抑制状态之中。实际上，音乐家不只是通过听觉的渠道，而是用整个

---

① 黑格尔.美学：第3卷上册［M］.朱光潜，译.北京：商务印书馆，1982：331-332.

身心去感受和体验、认识和表现生活的，这同其他门类的艺术家并没有什么区别。不同的是在艺术构思和艺术表现的时候，音乐家是把个人的多方面的感受，通过形象思维凝聚为听觉意象，然后用具体的形式表现出来。

因此，音乐作品中所表现的思想情感，不是单纯的听觉感受，而是整体的感受。同样，人们在欣赏音乐的时候，虽然主要是通过听觉的渠道，接受的是听觉的刺激，但由于通感的作用，也可能引起视觉意象，产生丰富生动的联想和想象，进而引起强烈的感情反应，体验到音乐家在作品中表达的思想感情和情境，获得美感，并为之感动。

（三）情感艺术

《礼记》中《乐记》有详细记载："凡音之起，由人心生也。人心之动，物使之然也。感于物而动，故形于声，声相应，故生变。"和美术、文学等艺术形式一样，音乐也有审美情感，它借助声音媒介来真实地传达、表现和感受审美情感。音乐在传达和表现情感上，不同于其他艺术形式，是因为它所采用的感性材料和审美形式——声音是无形的，犹如情感的本性，适宜表达情感，或庄严肃穆，或热烈兴奋，或悲痛激愤，或缠绵细腻，或如泣如诉。音乐可以用一种看不见的方式，直接、真实、深刻地表达人的情感，正如《荀子·乐论》所说："声乐之入人也深，其化人也速。"黑格尔也说："音乐是直接针对心灵的艺术。"[1]其原因就在于音乐的最大特点就是抒发情感及打动情感。

（四）时间艺术

雕塑、绘画等艺术形式凝固在空间，使人一目了然。我们欣赏美术作品，首先看到美术作品的整体，然后，才去品味它的细节。而音乐则不同，

---

① 黑格尔.美学：第3卷上册［M］.朱光潜，译.北京：商务印书馆，1982：332.

音乐要在时间里展开、在时间里流动。我们欣赏音乐，首先从细节开始，从局部开始，直到全曲奏（唱）完，才会给我们留下整体印象。只听音乐作品中的个别片段，不可能获得完整的音乐意象。所以，音乐艺术又是一种时间艺术。

作为听觉艺术的音乐意象是在时间中展开的，是随着时间的延续在运动中呈现、发展、结束的。所谓"音乐意象"，指整个音乐作品所表现出的艺术家的思想感情并在欣赏者的思想感情中所唤起的意象或意境。例如，《春江花月夜》用安适、恬静的曲调，表现了在江南月夜泛舟于景色如画的春江之上的感受，创造了令人神往的音乐意境。

音乐作品不像文学或绘画那样，只要作者创作完成，创作过程结束，就可以直接供人们欣赏了。音乐作品必须通过表演这个中间环节，才能把作品表达的意象传达给欣赏者，实现其艺术作品的审美价值。所以，音乐又是表演的艺术，是需要由表演进一步再创造的艺术。

当作曲家把生动的乐思以乐谱的形式记录下来的时候，就已经抽掉了它的灵魂，所剩下的不过是一系列没有生命的音乐符号。而使音乐作品重新获得生命，把乐谱变成有血有肉的活的音乐的方式，就是音乐表演。如果没有音乐表演，音乐作品永远只能以乐谱的形式存在，而不会成为真正的音乐。

无论哪一位作曲家写下的乐谱，都与他们的乐思之间有着一定的差距。而要使这种差距得到弥补、使乐谱中潜藏的乐思得到发掘、使乐谱无法记录的东西得到丰富和补充，都有赖于音乐表演者的再创造。所以，音乐也是表演的艺术，音乐作品只有通过表演这个途径才能被听众所接受。

二、音乐分类

按照不同的标准，音乐可以有不同的分类。

（一）按表达方式

音乐按照表达方式，可以分为声乐和器乐。作品是通过人声表达的被称为声乐作品，用乐器演奏出来的则被称为器乐作品。世界上一切音乐作品都包括在声乐和器乐这两大类别里。

1.声乐作品

声乐作品又可根据其形式、风格的不同分成歌曲、说唱音乐、戏曲音乐、歌剧等不同体裁。歌曲是一种小型的音乐体裁，包括民歌、艺术歌曲、通俗歌曲、儿童歌曲等；从形式上可分成独唱、对唱、合唱、齐唱、联唱等。说唱音乐是指曲艺音乐而言，包括单弦、大鼓、清音、评弹、数来宝、琴书、二人转、道情、渔鼓等。戏曲音乐指京剧、豫剧、越剧、花鼓戏、采茶戏、黄梅戏、评剧、汉剧，以及其他的地方戏的音乐。歌剧音乐不像戏曲音乐那样有固定的程式和传统的唱腔，而是作曲家使用民族音调和富有时代色彩的音乐语言创作的戏剧音乐。

2.器乐作品

器乐作品可分成独奏曲、重奏曲和合奏曲。独奏曲范围很广，几乎各种乐器都有独奏曲；重奏曲是两件乐器以上的器乐合奏，在中国民间不太多见，但在欧洲，弦乐四重奏、木管五重奏等有很多优秀作品问世，并在世界各地流传；合奏曲是指多种乐器演奏同一乐曲作品，在合奏曲中，各个乐器既充分发挥各自的性能和特长，又可以按一定的和声规律相互协调配合。

（二）按旋律风格

1.古典音乐

英文古典"classic"一词来源于拉丁语，原指罗马社会上等阶层，后转义为人类具有普遍性和永恒性价值的业绩。在国外，这种音乐类型被称为

"classical music"，"classical"有"古典的、正统派的、古典文学的"之义，所以我国将之称为"古典音乐"，确切地说应该是"西洋古典音乐"。首先从概念上解释，"古典音乐"是一种音乐类别的名称。然而即使在国外，对于"classical music"一词的具体意义，也有诸多不同的解释，其中主要异议来自对"古典音乐"时代划分理念的不同：其一，以超时代的普遍性、永恒性的艺术价值和音乐艺术最高业绩为标准，将那些能作为同时代、后代典范的，具有永久艺术价值的音乐统称为"古典音乐"。根据这一标准，古典音乐又被称为"严肃音乐"或"艺术音乐"，用以区分通俗音乐（流行音乐）。其二，特指1750—1820年的古典乐派时期，古典乐派的风格形成于巴洛克时期音乐的逐渐消失之中，消融于浪漫乐派风格的逐渐形成之中，经历了巴洛克音乐向早期古典乐派的过渡。众多乐派中，维也纳古典乐派代表人物有：海顿、莫扎特、贝多芬。

2.流行音乐

流行音乐（pop music）是根据英语popular music翻译过来的。按照汉语词语表面去理解，所谓流行音乐，是指那些结构短小、内容通俗、形式活泼、情感真挚，并被广大群众所喜爱，广泛传唱或欣赏，流行一时的甚至流传后世的器乐曲和歌曲。这些乐曲和歌曲，植根于大众生活的丰厚土壤之中。因此，又有"大众音乐"之称。但是，这样的界定有可能使那些本不属于流行音乐的音乐，如《国际歌》《义勇军进行曲》《马赛曲》《洪湖水浪打浪》《歌唱祖国》《东方红》《南泥湾》等，仅仅因为它们也在群众中广泛流传而都可被划归为流行音乐。

另一方面，有些流行的音乐，由于它们流传不开（这在流行音乐中也为数不少）而排除在流行音乐之外。显然，流行音乐不一定都流行，流行的音乐也不只是流行音乐。流行音乐准确的概念应为商品音乐，是指以赢利为主要目的而创作的音乐。它是商业性的音乐消遣娱乐以及与此相关的一切"工业"现象，它的市场性是主要的，艺术性是次要的。

3.民族音乐

民族音乐广义上指浪漫主义中后期兴起的、富有民族色彩的，或是宣扬民族主义的乐派，狭义地讲，指中国民族音乐。所谓中国民族音乐就是祖祖辈辈生活、繁衍在中国这片土地上的各民族，从古到今在悠久历史文化传统上创造的具有民族特色，能体现民族文化和民族精神的音乐。

中国的民族音乐艺术是世界上非常具有特色的一种艺术形式。中华民族在几千年的文明中，创造了大量优秀的民族音乐文化，形成了有着深刻内涵和丰富内容的民族音乐体系。这一体系在世界音乐中占有重要的地位。我们要认识中国音乐，不能仅仅会唱一些中国歌曲、听几段传统乐曲，还必须从民族的、历史的、地域的角度去考察中国音乐、了解中国音乐，从而真正理解中国音乐的内涵，了解它在世界音乐体系中的地位和历史价值。中国民族音乐可分为：民间歌曲、民间歌舞音乐、民间器乐、民间说唱音乐和民间戏曲音乐等。

三、音乐大师及代表作

（一）世界公认十大著名音乐家

约翰·塞巴斯蒂安·巴赫（Johann Sebastian Bach，1685—1750），巴洛克时期德国著名的作曲家和演奏家。他出生于音乐世家，对音乐有着非常高的天赋。他一生中创作了大量经典体裁丰富的音乐作品，被誉为"西方音乐之父"，有《d小调托卡塔与赋格》《咖啡康塔塔》《马太受难曲》等作品。

路德维希·凡·贝多芬（Ludwig van Beethoven，1770—1827），维也纳古典乐派代表人物之一，欧洲古典主义时期作曲家，一生中创作了众多经典音乐作品，被后世尊称为"交响乐之王"，代表作有《第二交响曲》、《第三交响曲》（英雄）、《第五交响曲》（命运）、《第六交响曲》（田园）、

《第九交响曲》等。

弗里德里克·弗朗索瓦·肖邦（Fryderyk Franciszek Chopin，1810—1849），19世纪波兰著名的钢琴家和作曲家。他的作品深受巴赫影响，大多为钢琴曲，所以他也有着"浪漫主义钢琴诗人"的称号，是世界上最受欢迎的钢琴家之一，代表作有《葬礼进行曲》《f小调第二钢琴协奏曲》等。

沃尔夫冈·阿玛多伊斯·莫扎特（Wolfgang Amadeus Mozart，1756—1791），古典主义时期奥地利著名的作曲家，维也纳古典乐派代表人物之一。除了歌曲，他在歌剧的创作上也取得了非常高的成就，代表作有《魔笛》《唐·璜》《费加罗的婚礼》等。

彼得·伊里奇·柴可夫斯基（Peter Ilyich Tchaikovsky，1840—1893），19世纪俄罗斯著名浪漫乐派作曲家。他一生中创作的音乐作品几乎涵盖了所有的音乐体裁和形式，其中在交响曲上取得的成就最高，最有名的作品有《天鹅湖》《胡桃夹子》等。

弗朗茨·李斯特（Franz Liszt，1811—1886），著名作曲家、钢琴家、指挥家，浪漫主义前期最杰出的代表人物之一。他被誉为"钢琴之王"，代表作有交响诗《塔索》《普罗米修斯》，交响曲《浮士德》等。

罗伯特·舒曼（Robert Schumann，1810—1856），19世纪德国著名的音乐家，一生中创作了众多体裁的音乐作品，对后世乐坛有着非常深刻的影响，有《a小调钢琴协奏曲》《曼弗列德序曲》，声乐套曲《诗人之恋》《女人的爱情与生活》及第一、第二、第三、第四交响曲等代表作。

尼科罗·帕格尼尼（Niccolò Paganini，1782—1840），意大利小提琴/吉他演奏家、作曲家、早期浪漫乐派音乐家，是历史上最著名的小提琴大师之一。他属于欧洲晚期古典乐派，对小提琴演奏技术进行了很多创新，被誉为"进行曲之王"。其主要作品有《二十四首随想曲》《女巫之舞》《无穷动》《威尼斯狂欢节》《军队奏鸣曲》《拿破仑奏鸣曲》《爱的场面》《魔女》等。

　　弗朗茨·约瑟夫·海顿（Franz Joseph Haydn，1732—1809），古典主义时期作曲家，维也纳古典乐派奠基人。他一生中创作的音乐作品数量众多，体裁也十分多样，其中包括100多首交响曲，他也因此有着"交响曲之父"的称号。

　　理查德·瓦格纳（Richard Wagner，1813—1883），浪漫主义时期德国作曲家、指挥家。瓦格纳一生共写了十余部歌剧，其中最著名的有《黎恩济》《漂泊的荷兰人》《罗恩格林》《汤豪瑟》《纽伦堡的名歌手》《特里斯坦与伊索尔德》等。除此之外，他还创作了许多管弦乐序曲和钢琴奏鸣曲等作品。

（二）中国古代十大音乐家

　　伯牙，春秋时代的琴师，代表作品有《水仙操》《高山流水》。

　　师旷，春秋时期晋国的乐师，称为乐圣，代表作品有《阳春》《白雪》《玄默》。

　　李延年，汉代宫廷音乐家，曾担任乐府的协律都尉，代表作品有根据张骞从西域带回的《摩诃兜勒》，制作了28首新曲调，作为仪仗使用的军乐。

　　嵇康，三国时期魏末琴家、文学家、思想家。他学识渊博，善写诗赋文论，热爱音乐，擅长弹琴，以弹奏《广陵散》著称。其代表作品《声无哀乐论》和《琴赋》，对音乐和琴的奏法及表现力，做了细致而生动的描写。

　　苏祗婆，南北朝时宫廷音乐家，善弹胡琵琶，家传龟兹乐调"五旦七声"宫调体系，其音乐理论，有力地促进了我国古代宫调体系的建立和发展。

　　万宝常，隋代音乐家，善弹多种乐器，代表作品有《乐谱》。

　　李隆基，唐代音乐家，也是我国古代第一位皇帝音乐家。他擅长演奏羯鼓和横笛，创作改编了《夜半乐》《小破阵乐》《霓裳羽衣曲》等，建立了唐代音乐机构教坊、梨园。

李龟年，唐代乐师，被后人誉为"唐代乐圣"。他善于演奏吹管乐器，尤其是筚篥技艺高超，很多诗人都听过他的演奏，并且为其写下了许多脍炙人口的诗句。

姜夔，宋代音乐家、词人，别号白石道人，世称姜白石，代表作品有《扬州慢》《凄凉犯》《白石道人歌曲》等。

朱载堉，明代乐律学家，有"律圣"之称。著有《乐律全书》《律吕正论》《律吕质疑辨惑》等书。其中，《乐律全书》总结了前人的乐律理论，并加以发展，首创了"新法密率"的理论。

第二节　舞蹈艺术

舞蹈是以人体为媒介，通过形体有韵律的活动来抒发内心情感的艺术。我国古代乐舞理论中就有类似观点，如《毛诗序》云："情动于中而形于言，言之不足，故嗟叹之；嗟叹之不足，故咏歌之；咏歌之不足，不知手之舞之足之蹈之也。"这也生动地说明了舞蹈是表现人们最激动的情感的产物。

一、舞蹈的特点

舞蹈区别于其他艺术形式，其特点表现为人体美、造型美、抒情性、综合性、虚拟性等方面。

（一）人体美

人体美是舞蹈美的前提，因为创作者、创作工具和创作成品统一于此。舞蹈的美就存在于人体的空间造型和时间流程中。

形象，以舞蹈艺术为手段塑造的人物形象为动态形象，即人体的姿态、造型、步法等动作借助音乐、舞台美术、化妆、服饰等艺术元素产生的具有欣赏价值的视觉效果。其具有可视性、流动性的审美性的特点，是舞蹈欣赏过程中被感知、认识的主要对象和体现舞蹈艺术审美价值的主体。

表情，根据现实生活中人的心理活动和流露表情的习惯特点，经过提炼和艺术加工，用不同的舞蹈形式加以概括并表现出的喜怒哀乐等内心情感变化。除了与动作相协调的面部表情，有节奏的动作、姿态、手势和造型，也可产生富有艺术感染力的舞蹈表情。

（二）造型美

造型美是以舞蹈美的准则创造的人体动作姿态之美。而符合舞蹈美准则的动作源于对人类情感动作和自然界各种动态事物的模仿。其主要包括：单一动作，即以人体某一部位为主动，其他部位静止或随动的动作；复合动作，指人体各部位在同一时间按照一定的顺序、规格做出的动作；动作组合，一般指以训练舞蹈技巧为主要目的，有两个以上单一动作或复合动作按一定顺序、方向、速度和幅度上的结合与变化组成的连续性动作，如滑步、屈伸、踢腿、跳跃、旋转等。

舞蹈动作姿态、组合和技巧都是通过舞蹈造型进行艺术表现。其可分为三类：第一类静态造型，包括一般静止的舞蹈姿态（如中国古典舞的蹬三步等）和特定民族、地区或人物的舞姿形态（如傣族孔雀舞造型等），以及表现一定的思想、意境、情势、气氛或美感的群体舞蹈画面造型（如《荷花舞》结尾的花开造型等）；第二类动态的舞蹈造型，包括一般的舞蹈动作与步法（如翻身、云手等）和特定民族、地区或人物典型的舞蹈动作或动作的组合（如彝族的阿细跳月步等），动态的舞蹈造型通过流动的舞台调度与构图队形来状物言情，表现情势氛围、人物关系、矛盾冲突和形式美感；第三类技巧性的舞蹈造型，指舞蹈技巧的形态（如旋子、摆莲）或运用舞蹈技巧造型表现（如以站肩朝天蹬表现木兰登高瞭望）。舞蹈的技巧造型可用于推进舞蹈的高潮。

（三）抒情性

抒情性是舞蹈以人体动作为主要表现手段所决定的。有些用语言文字难以表述的人的复杂的情感状态，用人体的动作却能予以充分的表达。所以，用人体动作的舞蹈语言来表现语言、文字和其他艺术语言难以表现与描绘的人的内在精神世界以及丰富、复杂的情感就成为舞蹈艺术一个非常重要的审美特征。在生活中，我们把表现人的各种情感和情绪的动作，称作"表情动作"。舞蹈中的表情动作，主要是以生活中的表情动作为基础，经过艺术的提炼、组织、美化、加工而来的。舞蹈既能表达自然情感，也能表达社会情感。可见舞蹈既善于抒情，也能叙事。

（四）综合性

舞蹈是一种以人的身体动作作为主要表现手段的艺术，但是从它产生的那天起就离不开音乐、诗歌、美术等因素，它们同样是舞蹈艺术的重要组成部分。因此，舞蹈的形象是一种综合性的艺术形象。随着舞蹈艺术表现更为复杂和多样的生活内容的需要，特别是产生了舞剧这种舞蹈体裁后就使得舞蹈艺术的综合性发展到更为高级的阶段。它把文学、戏剧、音乐、绘画、雕塑、声光等艺术都融合在舞蹈艺术之中，这就极大地增强和丰富了舞蹈艺术的表现能力，同时相应地促进了舞蹈艺术更高的发展。

（五）虚拟性

虚拟性表现为舞蹈是对生活动作的艺术夸张。

以我国汉族古典舞蹈的戏曲来说，它的舞蹈动作如骑马、划船、坐轿、刺绣、扬鞭等，都是虚拟性和象征性的。事实上，舞蹈中的马、船、轿、针等都是虚拟性的，只是用一根马鞭、一支船桨等来作象征性的示意，但这种假设性的舞蹈动作却被观众承认和接受。在环境的表现上，既无山的模型，又无河的布景，但是双手示意攀登，向高抬腿示意爬山，却使人们相信这是在上山；观众确信一连串的大跳、旋转和翻滚动作是在表现战斗，深信这就是硝烟弥漫的战场。再如，蒙古舞的双肩抖动、罗圈腿、身体中心的摇晃，都是对游牧生活的虚拟性模仿。

二、舞蹈的分类

根据舞蹈的不同风格特点可以把舞蹈分为古典舞蹈、民族民间舞蹈、现代舞蹈、当代舞蹈和芭蕾舞等。

（一）古典舞蹈

古典舞蹈是在民族民间舞蹈的基础上，经过历代专业工作者提炼、整理、加工、创造，并经过长期艺术实践的检验，流传下来的，被认为是具有一定典范意义和古典风格特点的舞蹈。世界上许多国家和民族都有各具独特风格的古典舞蹈。欧洲的古典舞蹈，一般泛指芭蕾舞。

（二）民族民间舞蹈

民族民间舞蹈是由广大人民群众在长期历史进程中集体创造，经过不断积累、发展而形成的，并在群众中广泛流传的一种舞蹈形式。它直接反映人民群众的思想感情、理想和愿望。由于各国家、各民族、各地区人民的生活劳动方式、历史文化心态、风俗习惯，以及自然环境的差异，因而形成了不同的民族风格和地方特色。

（三）现代舞蹈

现代舞蹈是19世纪末和20世纪初在欧美兴起的一种舞蹈流派。其主要美学观点是反对当时古典芭蕾舞的因循守旧、脱离现实生活和单纯追求技巧的形式主义倾向；主张摆脱古典芭蕾舞过于僵化的动作程式的束缚，以合乎自然运动法则的舞蹈动作，自由地抒发人的真实情感，强调舞蹈艺术要反映现代社会生活。

（四）当代舞蹈（新创作舞蹈）

当代舞蹈是不同于上述三种风格的新风格的舞蹈，它常常根据表现内容和塑造人物的需要，不拘一格，借鉴和吸收各舞蹈流派的风格、表现手段和表现方法，兼收并蓄为我所用，从而创作出不同于已经形成的舞蹈风格的独特新风格的舞蹈。

（五）芭蕾舞

芭蕾舞是一种经过宫廷的职业舞蹈家提炼加工、高度程式化的剧场舞蹈。"芭蕾"这个词本是法语"ballet"的音译，意为"跳"或"跳舞"，其最初的意思只是以腿、脚为运动部位的动作总称。法国宫廷的舞蹈大师为了重建古希腊诗歌、音乐和舞蹈于一体的戏剧理想，创造出了"芭蕾"这样一种融舞蹈动作、哑剧手势、面部表情、戏剧服装、音乐伴奏、文学台本、舞台灯光和布景等多种成分于一体的综合性舞剧形式，在西方剧场舞蹈艺术中占统治地位达300余年，至今已经历四个多世纪。

三、舞蹈名作

（一）中国历史上最惊艳的十大舞蹈

1.霓裳羽衣舞

霓裳羽衣舞又称霓裳羽衣曲，是唐代的宫廷乐舞。该曲为唐玄宗所作之曲，用于在太清宫祭献老子时演奏，安史之乱后失传。南宋年间，姜夔发现商调霓裳曲的乐谱十八段。这些片段还保存在他的《白石道人歌曲》

里。霓裳羽衣舞为唐代歌舞的集大成之作，至今仍无愧于音乐舞蹈史上的一个璀璨的明珠。曾经中国古代四大美女之一的杨贵妃就因擅长此舞，而受到唐玄宗的极度宠幸。

2.胡旋舞

胡旋舞是由西域传来的民间舞，此舞的传入，史书中多有记载，主要来自西域游牧民族。胡旋舞节拍鲜明、奔腾欢快，多旋转蹬踏，故名胡旋。伴奏音乐以打击乐为主，与它明快的节奏、刚劲的风格相适应。胡旋舞是通过丝绸之路传来的西域旋转性的舞种，胡旋女穿着宽摆长裙，头戴饰品，长袖摆，旋舞起来时，身如飘雪飞絮。历史中，安史之乱的主要人物安禄山，就极为擅长胡旋舞，颇得唐玄宗的偏爱。

3.剑舞

剑舞又称剑器舞，是唐宋时期的民间舞蹈。因执剑器而舞，故得名。作为手持短剑表演的舞蹈，短剑的剑柄与剑体之间有活动装置，表演者可自由甩动、旋转短剑，使其发出有规律的声响，与优美的舞姿相辅相成，营造一种战斗气氛。舞蹈节奏为"打令"。剑舞原为男性舞蹈，经长期流传，逐渐演变成为一种缓慢、典雅的女性舞蹈。秦末历史故事鸿门宴中的"项庄舞剑"，便是描述的此舞蹈。

4.盘鼓舞

盘鼓舞是一种踏在盘子和鼓上表演的传统舞蹈，起源于中国汉代。舞时将盘子和鼓排列在地上，盘、鼓数目不等，按表演者技艺高低而定。舞者有男有女，在盘、鼓上高纵轻蹑、浮腾累跪，踏舞出有节奏的声响，表演各种舞蹈技巧。因为一般用七盘一鼓，所以又称七盘舞。盘鼓舞将舞蹈与杂技巧妙地结合，体现了中国传统舞蹈的特殊风格。在汉代画像砖石上便有关于盘鼓舞的描绘，其内容丰富，且舞姿生动形象，优美矫健。

5.清商乐舞

清商乐舞是中国魏、晋、南北朝以及隋唐时期俗乐舞的总称，它经过了汉魏六朝直到唐初，不断汲取民间乐舞的营养。汉魏西晋时代的清商乐舞是女乐歌舞，其间尤以曹魏时期最为鼎盛，西晋武帝也是个酷爱清商乐舞的皇帝，他保留了曹操时期的清商署。清商乐舞随着时代的变化发展，包括的内容愈来愈多，既包括中原旧曲、汉魏杂舞，又包括了江南新声，直至唐武则天时期逐渐式微。

6. 惊鸿舞

惊鸿舞属于唐代宫廷舞蹈，是唐玄宗早期宠妃——梅妃的成名舞蹈，现今已失传。惊鸿舞着重于写意手法，通过舞蹈动作表现鸿雁在空中翱翔的优美形象，是极富优美韵味的舞蹈，舞姿轻盈、飘逸、柔美。唐玄宗曾当着诸王面称赞梅妃"吹白玉笛，作惊鸿舞，一座光辉"。

7. 长袖舞

长袖舞属于中国古典舞中的一种，在秦代之前便已存在。它曾是战国时期楚国宫廷的风尚，汉人继承楚人艺术，长袖舞更为盛行。长袖舞以舞长袖为特征，舞人无所持，以手袖为威仪，凭借长袖交横飞舞的千姿百态来表达各种复杂的思想感情。舞女多是长袖细腰，有的腰身蜷曲，能使背后蜷成环状。长袖舞还分为婉约和奔放两种风格，两者各有各的特色，都属于中国古典舞中之翘楚。

8. 巴渝舞

巴渝舞是西汉初年从西南地区賨人（板盾蛮）那里传来的舞蹈，它是中国古代最有影响的战前舞。表演时，舞者自披盔甲，手持矛、弩箭，口唱賨人古老战歌，乐舞交作，边歌边舞。巴渝舞是群舞，舞者有36人。其伴奏乐器以铜鼓为主，配合击磬、摇鼗、抚琴，舞曲有《矛渝本歌曲》《安弩渝本歌曲》《安台本歌曲》《行辞本歌曲》等4篇。巴渝舞发展到魏晋，则已完全变成庙堂祭祀性质的舞蹈。

9. 浑脱舞

浑脱舞原名"泼寒胡戏"，又名"苏幕遮"，是波斯语中"披巾"的意思。它是五代十国北周以及初唐舞蹈，起源于伊朗，由龟兹传入中原。史料记载，北周大象元年（579）腊月在正武殿上使胡人作此舞，以水互浇身子，谓之乞寒。唐代武则天、中宗时期浑脱舞达到鼎盛，不但都市相率为之，宫廷中也舞浑脱。后来浑脱和剑器二舞同演，甚至一度杂糅在一起。

10. 十六天魔舞

十六天魔舞是元代宫廷乐舞，是在宫中做佛事时表演的女子群舞。此舞创作于元顺帝至正十四年（1354）。这种舞的具体表演方式，据《元史》记载，是十六个宫女，身着妖艳至极、性感逼人的服饰。每人手执法器，其中一个执铃杵领舞，另外的宫女穿着白色透明丝衣，头上系着白色丝带，做出各种性感的动作进行伴舞。起初规定该舞只有宫中受过秘密戒者才能观看，后来流入民间。

（二）世界十大经典芭蕾舞剧

1.《天鹅湖》

《天鹅湖》是柴可夫斯基于1876年作曲的芭蕾舞剧，取材于民间传说，是古典芭蕾舞台剧经典中的经典，而这部舞剧中的音乐也是有史以来最受欢迎的芭蕾音乐，是一部艺术价值非凡的芭蕾舞剧。

2.《胡桃夹子》

《胡桃夹子》是柴可夫斯基作曲、列夫·伊凡诺夫编导的俄罗斯古典芭蕾舞剧，于1892年在圣彼得堡玛丽亚剧院进行首演，根据霍夫曼《胡桃夹子与老鼠王》的童话故事进行改编，使得这部舞剧具有强烈儿童音乐特色和神秘的神话色彩。

3.《罗密欧与朱丽叶》

《罗密欧与朱丽叶》由莎士比亚同名戏剧作品改编，第一个版本由威尼斯人奥萨比沃·路茨编导，于1785年进行首演，而后19世纪还有多名编导创作了各自的剧本。

4.《睡美人》

《睡美人》有"芭蕾音乐宝库中的珍品"的美誉，柴可夫斯基作曲，于1890年在马林斯基剧院进行首场公演。

5.《吉赛尔》

《吉赛尔》有"芭蕾之冠"的美誉，取材于德国诗人海涅的《德国冬日的故事》，是浪漫主义芭蕾舞剧代表作，于1841年在法国巴黎进行首演。

6.《海峡》

《海峡》又称《海盗》，是一部三幕芭蕾舞剧，由马季里耶担任编导，于1856年在法国巴黎歌剧院上演，1858年法国编导佩罗将其搬上俄罗斯舞台，并成为俄罗斯芭蕾舞的保留曲目，百余年的发展时间，目前世界很多著名剧团都将其列为保留剧目。

7.《葛蓓莉亚》

《葛蓓莉亚》是根据《睡魔》原著改编而成的浪漫主义晚期的芭蕾舞剧，芭蕾舞剧音乐由法国作曲家德利布创作于1870年，由尼泰和圣·莱昂担任原剧脚本作者，是芭蕾舞剧中少有的喜剧。

8.《唐·吉诃德》

《唐·吉诃德》改编自米格尔·德·塞万提斯·萨维德拉同名小说，路德维希·明库斯作曲、彼季帕编舞，1869年12月底在莫斯科皇家大剧院进行首演。

9.《仙女》

《仙女》是芭蕾丹麦学派的代表剧目，由赫尔曼·塞弗林·勒文肖尔男爵作曲，奥古斯丁·布侬维尔编导，于1836年11月28日在丹麦皇家歌剧院上演的芭蕾舞剧。

10.《魔法师之恋》

《魔法师之恋》的音乐素材来源于帕斯卡拉演唱的歌曲，内容由西班牙著名诗人戈里奥·马丁内斯·谢拉创作，1915年4月15日在马德里拉腊剧院进行首演。

第十二章　造型艺术

　　造型艺术一词源于德语"bildende kunst"，由德国美学家莱辛最早使用这一概念，最初指再现性的美术形式，如绘画和雕塑；而造型艺术的英语"plastic art"早期仅指雕塑、陶器等制造艺术。现在造型艺术的外延已经扩展到几乎与美术同义，本书仍然在狭义上使用这一概念，认为造型艺术，指以一定物质材料和手段所创造的可视、静态的空间形象，来反映社会生活与表现艺术家的思想情感。它是一种空间再现艺术，也是一种静态视觉艺术。造型艺术主要包括绘画、雕塑、摄影艺术、书法艺术、版画、工艺美术、篆刻、艺术设计等。

　　造型艺术相对其他艺术形式，如音乐、文学、电影而言，具有自己独有的存在方式和感知方式，也具有自己特有的本质特征。其主要特征有以下几种。第一，造型性。不管是何种类型的造型艺术，它总是以一定造型手段对一定的物质材料进行加工，创造出客观实在的艺术形象作用于欣赏者的视觉感知。这种造型有的是占有实在三维空间的可触性立体造型（如雕塑和建筑），有的是在二维平面上利用特定的造型手段和艺术语言创造出虚幻的三维造型。有的造型并非完全对自然物象的模拟，而是经过创作者的加工，变成一种意象性或抽象性的形象。值得注意的是，美术作品中的造型并非凭空臆造，而是创作者运用美的规律，结合个体的审美意识和思想感情对客观事物进行概括、提炼、加工、升华，以恰当的艺术手法和艺术语言使最后产生的艺术形象达到形神兼备，具有永恒的艺术魅力。第二，空间性。造型艺术的空间性可以从两个方面去把握：一方面所有的造型艺术都以实物的形式存在，都要占有一定的现实空间；另一方面空间性是造型艺术的一种艺术语言，这一点在雕塑、建筑和写实性的绘画作品中体现得非常清楚，这种空间既有实在空间，也有虚拟空间。第三，静态艺术。造型艺术相对于舞蹈、戏剧、音乐等艺术形式而言，在空间上一般是静止不动的，在一定的时间范围内也是没有变化的。第四，视觉性。视觉是人们感知造型艺术的最主要方式，这也是由它的物质材料特性和语言表达方式所决定的，造型艺术作品的造型、线条、色彩等构成要素只有通过视觉才能被感知。当然除了视觉方式，某些造型艺术还可以通过触觉来感知，如雕塑和建筑以及工艺美术。

第一节　雕塑

雕塑是一种二维空间或三维空间的造型艺术，"雕"是减去不必要的部分，直到所雕形象离开粗糙的自然形态，呈现出艺术家所要求达到的完美为止；"塑"是增，即利用可塑性材料从无到有地创造出完美的形象。"雕塑"是这两种造型过程的统称，指用各种可塑或可雕刻材料，创造出具有一定空间的可视、可触的艺术形象，借以反映社会生活、表达艺术家的审美情感的艺术。

一、雕塑分类

雕塑可以从形式和功能两个方面进行分类，从雕塑形式方面看，可分为圆雕、浮雕、透雕等；从雕塑观念方面看，可分为纪念性雕塑、主题性雕塑、装饰性雕塑、功能性雕塑以及陈列性雕塑等五种。另外也可以按照材料对雕塑进行分类。

（一）雕塑形式分类

圆雕指不附着在任何背景上、可以从各个角度欣赏的立体雕塑。手法与形式也多种多样，有写实性的与装饰性的，也有具体的与抽象的、户内与户外的、架上的与大型城雕、着色的与非着色的等；雕塑内容与题材也是丰富多彩，可以是人物，也可以是动物，甚至是静物；材质上更是多彩多姿，有石质、木质、金属、泥塑、纺织物、纸张、植物、橡胶等。

浮雕是雕塑与绘画结合的产物，用压缩的办法来处理对象，靠透视等因素来表现三维空间，并只供一面或两面观看。

浮雕是雕塑与绘画结合的产物，一般是附属在另一平面上的，因此在建筑上使用更多，用具器物上也经常可以看到。由于其压缩的特性，所占空间较小，所以适用于多种环境的装饰。它在城市美化环境中占有越来越重要的地位。浮雕在内容、形式和材质上与圆雕一样丰富多彩。

浮雕主要有神龛式、高浮雕、浅浮雕、线刻、镂空式等形式。我国古代的石窟雕塑可归结为神龛雕塑，根据造型手法的不同，又可分为写实性、装饰性和抽象性。高浮雕是指压缩小，起伏大，接近圆雕，甚至半圆雕的一种形式，这种浮雕明暗对比强烈，视觉效果突出。浅浮雕压缩大，起伏小，它既保持了一种建筑式的平面性，又具有一定的体量感和起伏感。线刻是绘画与雕塑的结合，它靠光影产生，以光代笔，甚至有一些微妙的起伏，给人一种淡雅含蓄的感觉。

透雕又称为镂空雕，是介于圆雕和浮雕之间的一种雕塑。在浮雕的基础上，镂空其背景，有单面浮雕和双面浮雕，有边框的又称为镂空花板。这种手法过去常用于门窗栏杆家具上，有的可供两面观赏。

（二）雕塑功能分类

雕塑按其功能，大致还可分为纪念性雕塑、主题性雕塑、装饰性雕塑、功能性雕塑以及陈列性雕塑等五种。

1.纪念性雕塑

所谓纪念性雕塑是以历史上或现实生活中的人或事件为主题，也可以是某种共同观念的永久纪念，用于纪念重要的人物和重大历史事件。一般这类雕塑多在户外，也有在户内的，如毛主席纪念堂的主席像。户外的这类雕塑一般与碑体相配置，或雕塑本身就具有碑体意识。例如1990年建成的《红军长征纪念碑》，堪称我国目前规模最大的雕塑艺术综合体。

2.主题性雕塑

主题性雕塑顾名思义，它是某个特定地点、环境、建筑的主题说明，它必须与这些环境有机地结合起来，并点明主题，甚至升华主题，使观众明显地感到这一环境的特性。它可具有纪念、教育、美化、说明等意义。主题性雕塑揭示了城市建筑和建筑环境的主题。在敦煌市有一座标志性雕塑《反弹琵琶》，取材于敦煌壁画反弹琵琶伎乐飞天像，展示了古时"丝绸之路"特有的风采和神韵，也显示了该城市拥有世界闻名的莫高窟名胜的特色。这一类雕塑紧扣城市的环境和历史，可以看到一座城市的身世、精神、个性和追求。

3.装饰性雕塑

装饰性雕塑是城市雕塑中数量比较多的一个类型，这一类雕塑比较轻松、欢快，带给人美的享受，也被称为雕塑小品。这里专门把它作为一类来提出，是因为它在人们的生活中越来越重要。它的主要目的就是美化人们的日常生活空间，它可以小到一个生活用具，大到街头雕塑。装饰性雕塑所表现的内容极广，表现形式也多种多样。它创造一种舒适而美丽的环境，可净化人们的心灵，陶冶人们的情操，培养人们对美好事物的追求。我们平时所说的园林小品大多都是这类雕塑。

4.功能性雕塑

功能性雕塑是一种实用雕塑，是将艺术与使用功能相结合的一种艺术，这类雕塑也是从人们的私人空间（如"台灯座"等）到公共空间（如"游乐场"等）无所不在。它在美化环境的同时，也丰富了我们的环境，启迪了我们的思维，让我们在生活的细节中真真切切地感受到美。功能性雕塑其首要目的是实用，比如公园的垃圾箱、大型的儿童游乐器具等。

5.陈列性雕塑

陈列性雕塑又称架上雕塑，尺寸一般不大，有室内、室外之分，是以雕塑为主体充分表现作者自己的想法和感受、风格和个性，甚至是某种新理论、新想法的试验品。它的形式手法更是让人眼花缭乱，内容题材更为广泛，材质应用也更为现代化。

以上所说的五种分类并不是界线分明的。现代雕塑艺术相互渗透，它的内涵和外延也在不断扩大，如纪念性雕塑也可能同时是装饰性雕塑和主题性雕塑；装饰性雕塑也可能同时是陈列性雕塑。

雕塑还可以按照材料分为泥雕、石雕、根雕、玻璃钢雕塑或者陶瓷雕塑等多种类型。

二、雕塑的艺术特点

（一）以人体为主要对象

雕塑主要表现人的形象，人体美是雕塑艺术不可缺少的构成因素，包括希腊雕塑在内的相当一部分著名雕塑作品都表现了人体的美，就像罗丹所说的那样："裸体是具有丰富意义的"，"在人体轮廓的壮丽的节奏中，能够看到神的智慧散布在整个自然界里的静穆和谐"。不仅许多西方雕塑歌颂了具有理性光辉的人体美，中国古代的宗教雕塑也有一部分在"神"的名义下歌颂了人体的美，如天龙山石窟的唐代菩萨像、麦积山石窟第43号窟的宋代天王像等。

（二）形体美

雕塑的形体雕塑作为三维空间的实体，给予人的感觉，首先来自它的形体，形体美是雕塑形式美的灵魂。雕塑的形体要比例匀称、结构严谨，通过形体展示形象的动势、情绪与生命力。例如，米开朗琪罗的《被缚的奴隶》，又名《反抗的奴隶》，塑造一位强健有力的裸体青年奴隶侧转着身体，胸腰间被一条象征性的绳索缚住，突出的肩肌和隆起的胸肌蕴蓄着极大的力量。雕像具有运动的节奏，他那壮实的躯体呈螺旋形拧起；他力图挣脱身上的绳索，这种动势的转折，体现了巨大的内在激情，似乎将要迸发一股无比强大的反抗力，相比之下，身上的绳索则显得那么脆弱无力，似乎仅仅是饰品。他高昂着头，紧闭着嘴唇，圆睁着眼睛，眼神中流露出反抗的愤怒和坚强不屈的意志。他突出的肩肌和隆起的胸肌蕴蓄着极大的力量，但又不能施展，只得举头祈望解脱。作品中的人物一样具有一种被压抑、被束缚而渴望解脱的痛苦和实现理想的要求。罗丹《思想者》具有感染力的动感语言，赋予雕塑以强劲生命力和丰富精神内涵的形体。

雕塑的形体美构成雕塑的"影像"效果，就是作品形体大的起伏呈现的总体轮廓。这个"影像"可能给人以或是宏伟崇高，或是宁静沉重，或是升腾飞跃的形体之美，这是形体"影像"传达出的作品内容信息之一，也给人们带来各种感受。例如大连的《错》，就像一座宏伟升腾的丰碑。而法国雕塑家马约尔的《河流》，是以女人身体横卧的形体来象征河水流动的"影像"感受。女人身体侧卧着，双腿一前一后自然地弯曲着，右手微微向上，脖子与头几乎成一条直线向下垂着，神情欢乐而陶醉。她乳房丰满、腹部结实、大腿粗壮、头发浓密，完全不是那种苗条纤弱的女性形象，而是一个似有着无限繁衍能力的大地之母的形象，像一条奔腾不息的河流，充满了健康的美感。作者并没有十分细腻地刻画肌肉的纹路，而是用大弧度转折的体面，加上自然光线的照射，显示肌肉富有弹性的力量，整个人体线条粗犷而流畅。马约尔这类的作品有很多，它们充分展示了裸体所具有的无限魅力，人体被赋予了如此丰富和广阔的含义，象征了人的精神世界和充满了生命的活的自然。这件雕塑作品被放置在户外，人们在欣赏它的时候，可以最大限度地将雕塑融于自然之中，并充分展开联想，挖掘出作品更深层次的美。

（三）质感和量感参与审美

雕塑的质感和量感直接影响观赏效果与主题的表达。

质感是材质给人的感觉和印象，是材质经过视觉和触觉处理后而产生的心理现象。注重质感也就是注重作品的材质与内容的关系，雕塑材料的不同和对材料运用得如何，直接关系到作品内容的体现，如《思想者》用青铜铸造，其青铜的质感与其要表现的深沉的内容相吻合。

量感就是指人对事物的可测量属性及大小关系的直观感知。量感是雕塑非常重要的表现手段，体量的大小对观赏者的心理会起到重要的作用。例如四川乐山大佛的体积之大和陕西秦始皇兵马俑之众多，都是构成宏大气场的重要因素，也是作品主题得以表达的重要因素。而面人、泥人的小巧，则给人以玲珑可爱的审美感受，如天津泥人张的作品。

（四）雕塑作品与环境的协调统一性

雕塑作品大多是为某一特定环境制作的，置于室外就要与日影、天光、地景、建筑等发生关系，并受其制约。因此，雕塑作品与环境的协调，使作品作用于环境，并使环境成为作品的组成部分，共生出新的景观，如不同的公共场所的场景，有不同的文化心理与文化背景。人民英雄纪念碑是纪念性雕塑，庄严、肃穆，具有建筑性与宏伟性；园林雕塑适应园林的优美恬静特点，给人以亲切感、轻松感和富有装饰性等。

（五）雕塑讲究简洁、凝练、单纯

雕塑多半以人体为基本对象，而人本身的形体面貌也可以集中反映人的本质力量内在的、完备的、概括的存在。雕塑难以进行复杂的描绘，它要求形象的单纯性，因为雕塑是置放在大庭广众之中的艺术。为了吸引人的注意，雕塑的形象是简练、鲜明、生动有力的。那么过于琐碎或含混不清往往归于失败，所以雕塑一般不表现外在形象中的偶然特殊细节，也不表现面部细微的运动以及颜色变化的细节，这些都是绘画的特长，而不是雕塑所能表现的。单纯性，既是雕塑的局限，又是它的特长。为此，雕塑家对生活就要作更集中、更概括的反映，即雕塑在再现对象时，一般要求高度概括化、寓意化。

雕塑美在于表现崇高的理想性强、高度概括、单纯的艺术形象，也不适于表现事物的运动过程。它本质上是一种空间静态的艺术。它的运动态是从形象的动势中，借助想象和联想使人感觉到的。德国18世纪美学家温克尔曼认为希腊雕塑的艺术特征是"高贵的单纯和静穆的伟大"，这就是静态的崇高美。与此相联系的是，雕塑不宜于表现对象的强烈和复杂的心理活动，雕塑所追求的是内在的、深沉的精神。为此，在形式上必须保持一种单纯的和谐，这也许是雕塑在审美上偏重于理智和内在魅力的一个重要原因。

第二节　绘画

绘画是指用笔、板刷、刀、墨、颜料等工具材料，在纸、纺织物、木板、墙壁等平面（二度空间）上塑造形象的艺术形式。

绘画，按工具材料和技法的不同，以及文化背景的不同，分为中国画、油画、版画、水彩画、水粉画等主要画种。中国画又按技法的工细与粗放，分为工笔画和写意画。版画又根据版材的不同，分为木版画、铜版画、纸版画、石版画、丝网版画等；版画还依制版方法和印色技法分类，常见的有腐蚀版画、油印木刻、水印木刻、黑白版画、套色版画等。以上画种，又依描绘对象的不同，分为人物画、风景画、静物画等。人物画又依据描绘题材内容的不同，分为肖像画、历史画、宗教画、风俗画、军事画、人体画等。

一、绘画的种类

（一）水墨画

水墨画是由水和墨经过调配水和墨的浓度所画出的画，被视为中国传统绘画的代表，故也称国画、中国画。基本的水墨画，仅有水与墨、黑色与白色，但进阶的水墨画，也有工笔花鸟画，色彩缤纷，也称为彩墨画。中国水墨画的特点是：近处写实，远处抽象，色彩微妙，意境丰富。

中国画包括卷轴画、壁画、年画、版画等各种各样的门类；分为三大画科，即人物画、山水画、花鸟画；工笔与写意两大画法；有卷、轴、册、屏等多种装裱形制。

按题材，中国画可以分为人物画、山水画和花鸟画。山水画中的青绿山水画，是具有独特风格的山水画，在古代绘画艺术上占有重要地位，这种画以青绿颜色为主，用笔工整，细笔重彩，色彩浓烈，富有生气。在勾线内用石青石绿着色。色彩浓烈的叫大青绿山水，彩色浅淡些的叫小青绿山水，有用金彩勾勒山石纹理的，显得画面富丽堂皇，这种叫金碧山水；水墨山水画，是唐代大诗人王维奠定的基础，不用色彩，以墨的浓淡、干湿，表现峰峦山石景色。

按风格画法可细分出工笔画和写意画，工笔画以精谨细腻的笔法描绘景物的中国画表现方式。写意画是用简练的笔法描绘景物，较工笔画更能体现所描绘景物的神韵，也更能直接地抒发作者的感情。有的介于两者之间，兼工带写，如在一幅画中，松柏用写意手法，楼阁用工笔，使两者结合起来，发挥用笔、用墨、用色的技巧。

此外，还有院体画，一般指宋代翰林图画院及其后宫廷画家比较工致一路的绘画，为迎合帝王宫廷需要，多以花鸟、山水，宫廷生活及宗教内容为题材，作画讲究法度，重视形神兼备，风格华丽细腻。文人画，亦称"士夫画"，近代陈衡恪则认为"文人画有四个要素：人品、学问、才情和思想"，文人画多取材于山水、花鸟、梅兰竹菊和木石等，借以抒发"性灵"或个人抱负。他们标举"士气""逸品"，崇尚品藻，讲求笔墨情趣，脱略形似，强调神韵，很重视文学、书法修养和画中意境的缔造。

（二）油画

油画是以用快干性的植物油（亚麻仁油、核桃油等）调和颜料，在画布亚麻布、纸板或木板上进行创作的画种，是西画主要画种之一。

（三）版画

版画是以刀或化学药品等在木、石、麻胶、铜、锌等版面上雕刻或蚀刻后印刷出来的图画，有木版、石版、铜版、锌版、麻胶版等品种。其特点是尽可能利用对象的本色，显出木味（木刻）；巧妙利用"留黑"手法，对刻画的形体做特殊处理，获得版画特有的艺术效果；发挥刻版水印的特性，让大块阳刻产生强烈的艺术效果；通过巧妙构图，以丰满密集和萧疏简淡等不同风格来衬托表现主题风格。

（四）水粉画和水彩画

水粉画和水彩画是用水调和粉质颜料描绘出来的图画。水粉颜色一般不透明，有较强的覆盖能力，可进行深细致的刻画。运用得当，能兼具油画的浑厚和水彩画的明快这二者的艺术效果。水彩画是以水作颜料的溶剂和稀释剂所作的画。由于水的透明、流动、渗化等特点，画时又充分利用画纸的白色作白色光的反映，就能使水彩画产生清新、剔透、轻快、明洁、湿润、流畅的艺术特色。

（五）壁画

壁画指绘在建筑物的墙壁或天花板上的图画，可分为粗底壁画、刷底壁画和装贴壁画等。壁画是最古老的绘画形式之一，埃及、印度、巴比伦保存了不少古代壁画。意大利文艺复兴时期，壁画创作十分繁荣，产生了许多著名的作品。我国自周代以来，历代宫室乃至墓室都有饰以壁画的制度；随着宗教信仰的兴盛，又广泛应用于寺观、石窟，例如敦煌莫高窟、芮城永乐宫，现在大量保存着著名的佛教壁画和道教壁画遗迹。

（六）漫画

漫画又称讽刺画，通过夸张、变形、假定、比喻、象征等手法，以幽默、风趣、诙谐的艺术效果，表现、讽刺、批评（或歌颂）现实生活中的人和事。

（七）素描

素描是用单色画的画，可分为铅笔画、炭笔画、钢笔画等，单色水彩和单色油画也可算作素描。素描是一切画种的基础。

二、绘画艺术的特点

（一）二维空间上创造出三维空间

绘画是在二维空间上，依靠明暗和形象结构表现物象的凹凸，造成立体幻象，令观者感到物象是立体的，并通过物象大小、遮挡关系、透视变化、色彩变化和虚实等手法，造成深远的空间效果。

（二）构图是绘画的基础

构图是画家为了表现作品的主题思想和美感效果，在一定的空间，安排和处理人、物的关系和位置，把个别或局部的形象组成艺术的整体。在中国传统绘画中称为"章法"或"布局"。构图是绘画艺术的基础，也是能否表达作者构思和给人以形式美感之所在。

（三）色彩是绘画的重要语言

色彩是最富有表情的形式因素，在绘画中，画面的色调对绘画作品的主题传达起到重要作用。例如，一件描绘女性柔性美的绘画作品，其人物的形体结构和神态风韵都表现得很好，但色调选取不好，过于明艳，则破坏了整体构图和女性柔性美的主题表达。

三、欣赏绘画的层次

绘画艺术包含诸多因素，诸因素又各具特色，基本上可以区分出三种。

一是作品的题材和构图，前者属于内容范畴，后者属于形式范畴，然都是可见因素。作品画的是什么？具体形象怎样？如何经营布局？表现什么情节或景致？不仅看得见，而且看得懂。不过，这是属于表层的现象，故称欣赏绘画的第一层次。

二是形式因素，即作品的笔法和墨法。笔法就是用笔的方法，指运用线条来概括物象的形体结构的方法。墨法包括用墨的浓淡程度和墨色黑白的变化。

三是作品的主题，具体包括对题材的认识、评价，所倾注的思想、感情，拟传达的意境、趣味等，它是内容的核心，却属于不可见因素。它蕴含在题材所呈现的形象、构图所展示的情景、笔墨所反映的形式之中，只有深入分析形象所传达的神韵或情思、情景所营造的境界、笔墨所散发的意趣，才能洞悉其"主题"。因此，主题属于深层因素。

绘画的三层次，使我们对绘画的欣赏也有一个由表及里、由浅入深的过程，亦可分为三个层次。

第一个层次：感官的层次，面对画面，我们可以感觉到一种气氛，但不知道对象为什么就是那个样子，只是感觉到了。

第二个层次：故事的层次，绘画所描绘的对象往往包含故事性，而其故事在画面上得到表现的只是一瞬间，这就需要我们将之完善起来。同样的故事被不断地以各种艺术形式叙述，从而形成了一个习惯的主题，如《圣家族》《维纳斯》等，即使风景或山水画，没有故事，但一定有文化内涵。

第三个层次：本质的层次。在这个层次中，欣赏者追求故事的含义，探求画中故事的文化因素，然后运用直观的能力使绘画作品的表层信息与画上的故事相对应，从而使故事不再局限于自身，而是具有某种"象征的价值"，"本质的意义"就在其中。

第三节 书法

从字面意义上看，书法是指文字符号的书写法则。作为一种艺术形式，书法是指按照文字特点及其含义，以其书体笔法、结构和章法书写，使之成为富有美感的艺术作品。

书法是中国特有的一种传统艺术。

一、书法的内涵

（一）书法的概念

书法是指以文房四宝为工具抒发情感的一门艺术。工具的特殊性是书法艺术特殊性的一个重要方面。以文房四宝为工具，充分体现工具的性能，是书法技法的重要组成部分。离开文房四宝，书法艺术便无从谈起。所以下面介绍一下文房四宝。

毛笔，笔杆一般用竹管制，笔头所用兽毫分为柔（软）、健（硬）两类，柔毫主要是山羊毛所制；健毫则用兔脊毛和黄鼠狼尾毛等制成，柔毫和健毫杂在一起称为兼毫。笔头制作是中间一簇长毫称为锋，即笔尖；四周包着稍短的毫称为副毫。好的毛笔具有尖、齐、圆、健四大优点。墨，根据其原料不同，可分为油烟墨、漆烟墨、松烟墨，分别以桐油、生漆、松枝所烧的烟炱，加黄明胶和麝香、冰片等制成。南北朝时易州的墨和剡县的纸很有名。纸，作为中国书法的载体，其发明和生产极大地方便了汉字的书写，特别是以宣纸为代表的手工纸的发明。宣纸、薄滑纸、六合笺等，都是纸中的上等品。砚，是中国著名的传统手工艺品，中国四大名砚分别指端砚、歙砚、洮砚、澄泥砚。砚台的材料丰富，有玉黛石、洮河石、端石、歙石、澄泥石等几十种，砚台的功能是磨墨，其中下墨、发墨是衡量砚材好坏的重要标准。

（二）书法艺术以汉字为载体

汉字的特殊性是书法特殊性的另一个重要方面。中国书法离不开汉字，汉字点画的形态、偏旁的搭配都是书写者较为关注的内容。与其他拼音文字不同，汉字是形、音、义的结合体，形式意味很强。古人所谓"六书"是指象形、指事、会意、形声、转注、假借六种有关汉字造字和用字的方法，它对汉字形体结构的分析极具指导意义。

（三）书法艺术的背景是中国传统文化

书法植根于中国传统文化土壤，传统文化是书法赖以生存、发展的背景。我们今天能够看到的汉代以来的书法理论，具有自己的系统性、完整性与条理性。与其他文艺理论一样，书法理论既包括书法本身的技法理论，又包含其美学理论，而在这些理论中无不闪耀着中国古代文人的智慧光芒。比如关于书法中如何表现"神、气、骨、肉、血"等范畴的理论，关于笔法、字法、章法等技法的理论以及创作论、品评论等，都是有着自身的体系的。

（四）书法艺术本体内容

书法艺术本体包括笔法、字法、章法、墨法等内容。书法笔法是其技法的核心内容。笔法也称"用笔"，指运笔用锋的方法。字法，也称"结字""结构"，指字内点画的搭配、穿插、呼应、避就等关系。章法，也称"布白"，指一幅字的整体布局，包括字间关系、行间关系的处理。墨法，是用墨之法，指墨的浓、淡、干、枯、湿的处理。

二、五种书体

（一）篆书

篆书为大篆、小篆的统称。大篆指金文、籀文、六国文字，它们保存着古代象形文字的明显特点，大篆的代表作品，有《石鼓文》和《秦公簋》铭文等。小篆也称"秦篆"，是秦国的通用文字，大篆的简化字体，其特点是形体均匀齐整、字体较籀文容易书写，秦时刻石如《泰山》传为李斯所书。

（二）隶书

隶书亦称汉隶，是汉字中常见的一种庄重的字体，书写效果略微宽扁，横画长而直画短，呈长方形状，讲究"蚕头雁尾""一波三折"。隶书起源于秦朝，由程邈整理而成，在东汉时期达到顶峰，对后世书法有不可小觑的影响，书法界有"汉隶唐楷"之称，如《汉鲁相韩勅造孔庙礼器碑》四面均为隶书。

（三）楷书

楷书也叫正楷、真书、正书。从隶书逐渐演变而来，更趋简化，横平竖直。《辞海》说它"形体方正，笔画平直，可作楷模"。

（四）行书

行书是在隶书的基础上发展起来的，介于楷书、草书之间的一种字体，是为了弥补楷书的书写速度太慢和草书的难于辨认而产生的。"行"是"行走"的意思，因此它不像草书那样潦草，也不像楷书那样端正。实质上它是楷书的草化或草书的楷化。楷法多于草法的叫"行楷"，草法多于楷法的叫"行草"。

（五）草书

草书是汉字的一种字体，特点是结构简省、笔画连绵。草书形成于汉代，是为了书写简便而在隶书基础上演变出来的。草书有章草、今草、狂草之分，在狂乱中觉得优美。《说文解字》中说："汉兴有草书。"草书始于汉初，其特点是：存字之梗概，损隶之规矩，纵任奔逸，赴速急就，因草创之意，谓之草书。

三、书法的审美特点

（一）整体形态美

中国字的基本形态是方形的，但是通过点画的伸缩、轴线的扭动，也可以形成各种不同的动人形态，从而组合成优美的书法作品。结体形态，主要受两方面因素影响：一是书法意趣的表现需要；二是书法表现的形式因素。就后者而言，主要体现在三个方面：一为书体的影响，如篆体取竖长方形；二为字形的影响，有的字是扁方形，而有的字是长方形的；三为章法影响。因此，只有在上述两类因素的支配下，进行积极的形态创造，才能创作出美的结体形态。

（二）点画结构美

点画结构美的构建方式主要有两种：一是指各种点画按一定的组合方式，直接组合成各种美的独体字和偏旁部首；二是指通过将各种部首，再按一定的方式组合成各种字形。中国字的部首组合方式无非是左右式、左中右式，上下式、上中下式，包围式、半包围式等几种。这些原则主要是比例原则、均衡原则、韵律原则、节奏原则、简洁原则等。这里特别要提的就是比例原则，其中黄金分割比又是一个非常重要的比例，对点画结构美非常重要。

（三）墨色组合美

书法墨色组合的艺术性，主要是指其组合的秩序性。书法作为一种艺术，其色彩与笔触不能再是杂乱无章的，而应是非常有秩序的。书法也有其书写者必须要遵守的美学原则，如重点原则、渐变原则、均衡原则等。书法结体的墨色组合，主要涉及两个方面：一是对背景底色的分割组合，即"计白当黑"；二是点画结构的墨色组合，从作品的整体效果来看，不但要注意点画墨色的平面结构，还要注意点画墨色的分层效果，从而增强书法的表现深度。

四、历代书法名家

（一）古代书家四贤

关于古代书家四贤，孙过庭《书谱》概括为："汉魏有钟张之绝，晋末称二王之妙。"钟繇、张芝、王羲之、王献之四人被称为古代书家四贤。

钟繇是三国时期曹魏著名书法家、政治家，楷书（小楷）的创始人，被后世尊为"楷书鼻祖"，钟繇的作品有《贺捷表》《请许吴主委质表》《力命表》《荐关内侯季直表》《请复肉刑代死刑疏》《上书自劾》《处士君号谥议》《谢曹公书》《报太子书》《又报书》《答太子书》《与人书》《诘毛玠对状》《杂帖》《隶书势》等。

张芝是东汉大书法家，人称"草圣"，可惜没有真迹传世，仅存《八月帖》等刻帖。

王羲之是东晋书法家，世称"书圣"。王羲之的《兰亭集序》为历代书法家所敬仰。此帖为草稿，28行324字，宋代米芾称为"天下第一行书"。王羲之兼擅隶、草、楷、行各体，精研体势，心摹手追，广采众长，备精诸体，冶于一炉，摆脱了汉魏笔风，自成一家，影响深远。其书法平和自然，笔势委婉含蓄、遒美健秀，世人常用曹植的《洛神赋》中"翩若惊鸿，婉若游龙。荣曜秋菊，华茂春松"一句来赞美王羲之的书法之美。著名书法除了《兰亭集序》，尚有《官奴帖》《十七帖》《二谢帖》《奉桔帖》《姨母帖》《快雪时晴帖》《乐毅论》《黄庭经》等。

王献之为王羲之之子，传世草书墨宝有《鸭头丸帖》《中秋帖》等，与其父合称为"二王"。《中秋帖》卷又名《十二月帖》，草书，传为东晋王献之的传世真迹，原为5行32字，后被割去二行，现仅存3行22字。清乾隆时被收入内府，与王羲之的《快雪时晴帖》、王珣的《伯远帖》一起，被乾隆皇帝誉为"三希"，意为此三帖乃稀世珍宝。

（二）"楷书四大家"

欧阳询、颜真卿、柳公权、赵孟頫，并称"楷书四大家"。

欧阳询被称为唐人楷书第一。其书法于平正中见险绝，号为"欧体"。他的代表作有楷书《九成宫醴泉铭》《皇甫诞碑》《化度寺邕禅师舍利塔铭》

等，行书《仲尼梦奠帖》《行书千字文》等。欧阳询对书法有其独到的见解，有书法论著《八诀》《传授诀》《用笔论》《三十六法》。

颜真卿是唐代中期杰出的书法家，创立了"颜体"楷书。他的代表作有《韵海镜源》《礼乐集》《吴兴集》《庐陵集》《临川集》等，均佚，宋人辑有《颜鲁公集》。

柳公权是唐朝最后一位著名书法家，其书法以楷书著称，汲取了颜真卿、欧阳询之长，自创"柳体"，以骨力劲健见长，后世称"颜筋柳骨"。他的代表作有《神策军碑》《玄秘塔碑》等。

赵孟頫是元代著名书法家、画家，开创元代新画风，善篆、隶、行、草书，尤以楷、行书著称于世。其代表作有《赵世延家庙碑》《玄妙观重修三门记》《胆巴碑》等。

（三）"张颠素狂"的草圣

"张颠"指张旭，"素狂"指怀素。

唐文宗曾下诏，以李白诗歌、裴旻剑舞、张旭草书为"三绝"。《新唐书·艺文传》中说："旭，苏州吴人。嗜酒，每大醉，呼叫狂走，乃下笔，或以头濡墨而书，既醒自视，以为神，不可复得也，世呼'张颠'。"与张旭同时代的诗人李颀在《赠张旭》中曾对张旭有此描述："张公性嗜酒，豁达无所营。皓首穷草隶，时称太湖精。露顶据胡床，长叫三五声。兴来洒素壁，挥笔如流星。下舍风萧条，寒草满户庭。问家何所有？生事如浮萍。左手持蟹螯，右手执丹经。瞪目视霄汉，不知醉与醒。"诗圣杜甫在《饮中八仙歌》中写道："张旭三杯草圣传，脱帽露顶王公前，挥毫落纸如云烟。"张旭传世的书法真迹很少，北宋米芾《宝章待访录》著录有张旭的《前发帖》、《汝官帖》、《昨日帖》、《承须帖》、《清鉴等帖》和"千文帖"（《断千字文》），残缺旧拓本。

怀素，唐时人，书法史上领一代风骚的草书家，他的草书被称为"狂草"。其用笔圆劲有力，使转如环，奔放流畅，一气呵成，与张旭合称"张颠素狂"或"颠张醉素"。其传世书法作品有《自叙帖》《苦笋帖》《圣母帖》《论书帖》诸帖。

（四）北宋之苏黄米蔡

苏轼是北宋著名文学家、书画家、词人、诗人、美食家，唐宋八大家之一，豪放派词人代表。其诗，词，赋，散文，均成就极高，且善书法和绘画，是中国文学艺术史上罕见的全才，也是中国数千年历史上被公认文学艺术造诣最杰出的大家之一。其散文与欧阳修并称欧苏；其诗与黄庭坚并称苏黄；其词与辛弃疾并称苏辛；其书法名列北宋四大书法家之一；其画则开创了"湖州画派"。其存世作品有《赤壁赋》《黄州寒食诗帖》《祭黄几道文》等。

黄庭坚生前与苏轼齐名，世称苏黄，书法代表作品有《华严疏》《跋东坡书寒食诗》《松风阁诗帖》《刘禹锡经伏波神祠诗帖》等。

米芾是北宋书法家、画家。书画自成一家，能画枯木竹石，时出新意，又能画山水，创为水墨云山墨戏，烟云掩映，平淡天真。善诗，工书法，精鉴别。其擅篆、隶、楷、行、草等书体，长于临摹古人书法，达到乱真程度。他的主要作品有《张季明帖》《李太师帖》《紫金研帖》《淡墨秋山诗帖》等。《蜀素帖》，亦称《拟古诗帖》，是天下第八行书，被后人誉为中华第一美帖。

蔡襄是北宋著名书法家，政治家，奸相蔡京的从兄。其书法以其浑厚端庄，淳淡婉美，自成一体。其传世碑刻有《万安桥记》，书迹有《书谢赐卿御书诗》和书札诗稿等。

（五）瘦金体和馆阁体

宋徽宗赵佶自创一种书法字体，被后人称为"瘦金体"。宋代书法以韵趣见长。赵佶的瘦金书既体现出类同的时代审美趣味，所谓"天骨遒美，逸趣蔼然"；又具有强烈的个性色彩，所谓"如屈铁断金"。这种瘦挺爽利、侧锋如兰竹的书体，是需要极高的书法功力和涵养，以及神闲气定的心境来完成的。比较有名的有《楷书千字文》《秾芳诗》《夏日诗帖》《怪石诗帖》《牡丹》《风霜》《大观圣作碑》《神霄玉清万寿宫诏》《瘦金体草书千字文》等。宋徽宗的瘦金书多为寸方小字，而《秾芳诗》为大字，用笔畅快淋漓、锋芒毕露，富有傲骨之气，如同断金割玉一般，别有一种韵味，堪称瘦金书的杰作。

　　馆阁体，又称台阁体，是指因科举制度而形成考场通用字体，早在宋代既已出现，是一种方正、光洁、乌黑而大小齐平的官场用书体，以明清两代为盛。馆阁体讲究黑、密、方、紧，虽方正光洁但拘谨刻板，是明、清科举取士书体僵化的产物。在科举试场上，使用这种书体会令作品加分不少，后来由于用此种书体太多遂成必学书体。它强调楷书的共性，即规范、美观、整洁、大方，并不强调个性。故宫、颐和园里能看到的字迹，多数都是馆阁体，清人写的小楷，基本都属于馆阁体一类。明代书法沈度是最大代表，存世作品有《楷书四箴页》等。

第十三章　综合艺术

综合艺术是指将时间艺术与空间艺术、视觉艺术与听觉艺术、再现艺术与表现艺术、造型艺术与表演艺术等融为一体，并发挥整合后总体优势的一种艺术形式。综合艺术具有独特的审美价值和崭新的审美特点，一般包括戏剧、戏曲、影视、动漫等艺术品种，本章对影视艺术和戏剧艺术加以分析，以研究综合艺术的特点。

第一节　影视艺术

由于电影和电视诞生在文学、音乐、舞蹈、绘画、戏剧、建筑之后，所以常被人们称作"第七艺术"和"第八艺术"。影视是将艺术与科学结合而成的综合艺术，它们以画面为基本元素，并与音响和色彩共同构成影视基本语言和媒介，在银（荧）幕上创造直观感性的艺术形象和意境。

在迄今为止的所有艺术种类中，只有电影和电视是人们知道其诞生日期的两门艺术。1895年12月28日晚，法国人卢米埃尔兄弟在巴黎一家大咖啡馆的地下室里，放映了他们自己拍摄的《火车进站》《水浇园丁》等短片，这一天被电影史家们定为电影正式诞生的日子，标志着无声电影时代的开始。在此之后，电影这门年轻的艺术迅速发展起来。作为现代科学技术的产物，电影经历了从无声到有声、从黑白到彩色、从普通银幕到宽银幕的变化过程，并且随着现代科技革命的飞速发展，形成了越来越丰富的技术手段和艺术语言，甚至带来了电影美学思潮和流派的嬗变。与此同时，作为一门综合艺术，电影吸收了其他艺术种类的多种元素，形成电影自身新的特征，集时间艺术与空间艺术、视觉艺术与听觉艺术、造型艺术与表演艺术、再现艺术与表现艺术于一身，极大地拓展了电影艺术的创造力和表现力，成为20世纪最具影响的一种大众化艺术。

电影的种类除有声片、无声片、黑白片、彩色片外，按内容分有音乐片、故事片、纪录片、科教片、美术片等类别，电影艺术最主要的样式是故事片，又可做各种具体的划分。事实上，电影这门年轻的艺术在它近百年的发展历史上，每个阶段总是侧重于向一门兄弟艺术学习。20世纪20年代，电影主要向诗歌学习，蒙太奇式电影成为主流，以苏联蒙太奇电影学派为代表，涌现出爱森斯坦的《战舰波将金号》（1925）、普多夫金的《母亲》（1926）等一批著名影片。20世纪三四十年代，电影主要向戏剧学习，戏剧式电影盛极一时，尤以美国好莱坞电影最为著名，出现了勒罗伊的《魂断蓝桥》（1940）、柯蒂兹的《卡萨布兰卡》（1942）等一大批影片。20世纪五六十年代，电影主要向散文和小说学习，使纪实性电影达到高峰，出现了意大利桑蒂斯的《罗马11时》（1952）等一批纪实性电影和《罗果和他的兄弟们》（1960）等一批小说式电影。

电影语言作为银幕上视听形象的综合，它由蒙太奇、画面、声音等构成，集中体现为银幕造型。尤其是随着科学技术不断为电影提供物质技术条件，电影语言也在不断地完善和发展。

电视艺术是一门迄今为止最年轻的艺术。1936年英国广播公司在伦敦正式播放电视节目，标志着电视诞生；20世纪50年代，电视迅猛发展，很快遍及世界各个国家和地区。1954年美国正式播放彩色电视节目，彩色电视的出现是现代科技为电视带来的一次重大飞跃。在此之后，卫星转播电视的成功，使得全世界数十亿人能够同时看到电视节目。录像机的问世，以及有线电视、高清晰度电视的出现，更加扩大了电视的影响。作为最先进的传播媒介，电视既具有与报纸、广播相媲美的新闻属性，还具有传播知识的教育功能，是继电影之后新崛起的一种综合艺术，在世界各国拥有数量最多的观众，使其他任何艺术都难与之匹敌。电视艺术凭借着现代化的科学传播手段，已经成为当代社会生活不可或缺的组成部分。

我国自1958年开始播放黑白电视节目。1978年成立的中央电视台，是中国最早正式成立的电视台，其前身是原北京电视台。目前，电视已遍及我国城乡，成为广大群众最喜闻乐见的一门艺术，电视艺术拥有的观众数量，在所有的艺术种类中遥遥领先，这使电视艺术发挥着越来越大的影响。

探讨影视的审美特性，首先遇到的问题是：它们与传统艺术不同，是现代科技与艺术的结合，除了具有艺术的特性，还具有非艺术属性。为严谨和明晰起见，这里所谓的影视艺术审美特性，是建立在电影的艺术属性和电视的艺术属性的前提上。

对电影和电视这两种至少起初很相似的传媒加以比较比对书和电视的比较更有意思。电影和电视都是集声像于一体的媒体，主要用于提供娱乐和信息，都沿用叙述性故事的习惯方式。不过，考察一下电影和电视的相异之处，电视文本的显著特点也就显现出来了。

一、影视审美特性的共同性

对电影和电视的异同，论者甚多，角度各有不同。尤其，这些论述中有许多讨论的是"技术"手段的异同，虽然与"审美（艺术）"有关联，但仍然与我们所要论述的主题——影视审美特性的异同——不是一个性质的问题，笔者也就无意一一列举，而是集中谈论本节的主题。

笔者以为，如果以艺术和审美的角度看待影视创作和影视作品，那它们就遵循艺术创作的一般规律和符合艺术作品的一般特征，它们之间的差异也是在这个大的前提下的差异。如此，笔者在这里按照艺术创作的一般规律，来分析二者的异同。

（一）综合性或交融性

一般将此特性概括为综合性，而我们知道，影视的所谓综合，并非多种单体艺术元素的拼凑，而是一种类似化学式的反应。具体而言，就是戏剧、音乐、舞蹈、美术、文学等元素进入影视后，它们的独立性消失了，一切重新组合，产生了质的变化，成为影视的有机部分，共同凝聚为影视艺术的整体。例如文学作品里的人物对话进入影视后，就演化为台词，这台词比文学作品的对话更简洁、更个性化，并且更有动作性，从而发挥刻画人物、推动剧情、制造气氛等多种功能。绘画进入影视，也会失去原来单幅画的独立意义，而成为影视的布景或是道具上的装饰物。各种单体艺术元素在综合中失去独立性，但却不是失去重要性，只是演变成为影视表现人物、表现生活的新手段而已。

可以说，综合性是影视最明显和典型的特征，也是被讨论最多和最没有异议的特征。但仔细阅读和研究会发现，这些讨论对"综合性"的具体所指却并非认识一致，一般的看法是：二者是对其他艺术形态的综合、多种艺术表现手法的综合、时间和空间的综合、再现与表现的综合，等等。应该说，这些归纳都是影视综合性的含义，但它们也都有一个比较明显的遗憾，那就是这些概括基本上还局限在影视艺术自身所表现出来的一些综合性特征，或者说还只涉及现象的范围，视野不够开阔。在我看来，对二者综合性特征的认识，应该深入哲学和美学的层面，才算是抓住了本质。

事实上，影视综合性的最深刻的本质，从哲学和美学的意义上言，是它们通过艺术与科技的综合，实现了人文精神和科学理性的综合或融合，这一综合，对美学和艺术乃至对人类的精神文明史都有着巨大的意义和深刻的影响。

（二）逼真性

"逼真"，字面的意思是向真实的逼近，《现代汉语词典》的解释是"极像真的"，借用在这里，指影视艺术对现实反映或复现的接近和亲近性。这种接近或亲近，当然首先来自电影电视的技术手段——摄影技术。具有"活动照相术"特征的影视摄影，能够逼真地记录和复现客观世界，大到山川河流，小到人的面部细微变化，以及声音和色彩，都可以真实地记录下来。在这个意义上，影视艺术形象与所有其他艺术形象相比，是最真实、最具有直观性的，逼真性也成为影视艺术最基本的审美特性。

影视艺术的逼真性首先表现在它们可以把现实直观地复现在观众面前，造成一种类似"身临其境"的真实感受。而根据心理学的试验结果，在对外界信息的接受过程中，人的眼睛和耳朵所接受的信息占了绝大部分，而且视听是与人的理性思维最为接近和最具有审美意义的感知器官，所以，被称作视听艺术的影视艺术的真实基本上就是视听的真实感，或者叫作直观性。影视艺术的直观真实，可以达到其他艺术难以企及的效果，与此同时，这种直观真实，也使得影视成为最不容于虚假的艺术，即使是极细微的细节失真，也会影响到观众的美感和影片的魅力。所以，逼真性的美学意义就在于，它使影视艺术把对真实性的要求放到超于其他艺术要求之上，也成为影视与其他艺术形态相比较中最大优势所在。

对空间与时间的真实再现，是影视艺术逼真性的又一含义。巴赞纪实美学的核心就是空间和时间的真实问题。他认为，电影摄影不仅具有照相似的再现空间的功能，它还可以同时记录时间，具有再现现实的时空性，因而电影与摄影一样，其"美学特性在于揭示真实"，这种"真实"自然应当包括视听的"真实"与时空的"真实"。他说："电影的特性，暂就其纯粹状态而言，仅仅在于从摄影上严守空间的统一。"[1]他还指出："基于这种

---

① 巴赞.电影是什么？[M].崔君衍，译.北京：中国电影出版社，1987：56.

观点，电影的出现使摄影的客观性在时间方面更臻完善……摄影影像具有独特的形似范畴，这就决定了它有别于绘画，而遵循自己的美学原则。摄影的美学特性在于揭示真实。"① 为此，巴赞一方面极力批评蒙太奇美学理论随意分切和组接镜头，破坏了镜头的衔接性和多义性，破坏了时空统一性，也破坏了时空真实性；另一方面提出了长镜头摄影与景深镜头，因为"景深镜头"可以保留现实空间的真实，而长镜头则可以通过影片在时间上的延续性，从而保留现实时间的真实。于是，观众就能看到现实空间的全貌与事物发展的时间进程，两者的结合运用可以展现时空的真实。可以说，巴赞的一整套电影现实主义美学观念，就是建立在对电影时空真实和完整性的基础上的，从而与蒙太奇美学理论一起，构成了传统电影美学理论的两大流派。

要特别指出的是，影视艺术的真实性绝不仅限于这种直观的真实。因为美学意义上的真实应该至少区分为两个层面：一是现象的真实，二是本质的真实。所谓"现象的真实"，是指事物表面的、个别的、形式的真实；"本质的真实"也可叫作"哲理的真实"，指事物深层的、普遍的、内容的真实，在这两个层面的真实中，无疑后者是更根本的，也是"真"的核心含义。

将这样一个"真"原则应用于影视艺术，其必然的逻辑是：影视艺术或所涉及的具体人物、事件、时间、地点等要素必须是真实可信的，这是最基本要求，也是影视艺术第一个层面的真实。但是，不能局限于此，还必须透过表面的真实，挖掘其反映出来的社会的、人文的、美学的真实，也就是本质的、哲理的真实，而且只有如此，才可以说真正达到了真实性要求，也才是逼真性的最深刻的含义所在。

当然，影视艺术的逼真性不排除艺术创造和艺术加工，也并不排斥影

---

① 巴赞.电影是什么？［M］.崔君衍，译.北京：中国电影出版社，1987：13.

视艺术家的主观作用。银幕与荧屏的高度逼真性，既可以最大限度地再现客观世界的物质形态，也可以最大限度地表现艺术家的主观世界。正如法国电影理论家马赛尔·马尔丹所说："电影是空间的艺术，电影是相当现实主义地重新创造真实的具体空间，此外它也创造一种绝对独有的美学空间，它那些人为的、经过安排的综合的特征……唯有出现在银幕上的才是这门艺术独有的东西，因此，电影空间是生动的、形象的、立体的，它像真实的空间一样，具有一种延续时间，而摄影机就像我们一样，试验、探索的正是这种空间，另一方面，电影空间也具有一种同绘画一样的美学现实，它通过分镜头和蒙太奇像时间一样，被综合和提炼了。"①

但应该指出的是，这种影视艺术的逼真性是由科学技术赋予的，这是随着电、光等物理与化学工业的发展，在照相的基础上产生的，有"活动的照相"之称。电影与电视通过摄影机拍摄客观现实，不仅能逼真地反映出事物的原貌，而且能再现生活的流程和现实事物的运动态势，将生活的本来面目逼真地再现于观众面前，给观众以身临其境的极大真实感。但影视艺术的逼真并不排斥"假定性"。"逼真"即逼近真实，电影与电视既然是一种艺术创造，就不可避免地带有假定性。许多电影艺术家常常动用假定性的手段在逼真的基础上进行艺术渲染，获得诗意的艺术效果。意大利安东尼奥尼的影片《红色的沙漠》(1964)成功地运用假定性的色彩造型，使大片红色的沙漠具有象征性和隐喻性。爱森斯坦拍摄的《战舰波将金号》在大炮轰击的镜头之中，穿插组接进去三个快速的镜头：躺着的石狮、抬头的石狮和前足蹬起怒吼的石狮，表现了俄国人民对沙皇专制制度强烈的愤怒。

（三）空间再现性

法国电影理论家马赛尔·马尔丹指出："画面是电影语言的基本元素。

---

① 马尔丹.电影语言［M］.何振淦，译.北京：中国电影出版社，2006：48.

它是电影的原材料。但是，它本身已经成了一种异常复杂的现实。事实上，它的原始结构的突出表现就在于它自身有着一种深刻的双重性：一方面，它是一架能准确、客观地重现它面前的现实的机器自动运转的结果；另一方面，这种活动又是根据导演的具体意图进行的。通过上述方式获得的画面形象构成了一种现象，它同时以多种标准的现实作为它存在的基础，这一点是由画面的一些基本特征所造成的。"①这就是说，电影画面不仅可以忠实地再现摄影机所摄录的事件，还可以通过艺术家的创造性工作而获得更加复杂的意义。每一部影片的内容和意蕴，都必须通过画面造型表现出来，即使是人物内在的心理活动和情感世界，也只有通过可见的人物造型、环境造型和摄影造型在银幕上体现出来。正是在这种意义上，马赛尔·马尔丹强调："必须学会看一部影片，去捉摸画面的意义，就像去捉摸文字和概念的意义一样，去理解电影语言的细微末节。"②

影视艺术作为综合艺术，将多种艺术之长集于一身。但是电影电视首先是以视觉为主的视听艺术，必须通过影视画面来塑造人物、叙述故事、抒发情感、阐述哲理，将活动的画面形象作为影视艺术的基本表现手段。的确，电影之所以区别于其他艺术，就在于它是由动感的画面组成的，正如英语中电影也可以被称为活动的绘画（Moving Picture）。

作为视听综合艺术的电影、电视，从其实际的表现方式——拍摄和放映来看，首先是一种视觉艺术，直观造型的"画面"是其最基本的构成因素。

在诸种艺术形式中，除了文学和音乐等具有形象的间接特征，其他艺术形式如绘画、雕塑、建筑、舞蹈、戏剧等，都有直观造型的视觉形象特点，但在反映现实生活的具体、真实的动态性方面，却与影视艺术有较大差别。绘画、雕塑、建筑等视觉艺术的造型是静止的，虽然其艺术特征上

---

① 马尔丹.电影语言［M］.何振淦，译.北京：中国电影出版社，1980：1.

② 马尔丹.电影语言［M］.何振淦，译.北京：中国电影出版社，1980：8.

也强调"静中有动"的表现原则，但毕竟只是"寓动于静"的事物动态的瞬间凝固，舞蹈艺术等尽管是活动的视觉形象，但只是在形体运动的基础上反映出的一种间接的生活运动；虽然戏剧能够以鲜明生动的舞台形象反映丰富多彩的现实生活，但因其舞台表现的手段要受到时间变化的制约，不能如影视一样把生活中的任何客观事物都作为演出的道具和景致，在时间的自由变化中完成空间的自由转换。

影视艺术是活动的视觉艺术，既可以把现实中一切可见的事物再现在银幕上，也可以把现实中不可见的事物表现出来，尤其是在表现人物内心世界的活动上，更有其他艺术不可比拟的优势。在影视艺术的人物塑造上，首先用动作来刻画人物，通过人物的行为动作来展现人物的内心活动；其次，人物的内心活动还能通过面部表情、手势和眼神来展示，或通过细节刻画来完成。虽然这些特点并非影视艺术所独有，但由于电影、电视特殊的摄影表现手段——近景或特写镜头的运用，使之达到了最细致入微的表现，也就产生了远比其他艺术更为强烈的艺术感染力。最后，通过场面调度和光影配合所完成的情绪、气氛的创造，也是影视艺术独特的活动视觉特征。

（四）时间表现性

所谓时间表现性，是指影视艺术是在时间的流程中展现人物命运、情节发展的叙事艺术，有论者将此特征概括为"运动性"。

二、影视艺术的差异性

对影视的差异，人们一般从"技术"的层面讨论得比较多，诸如电影与电视成像原理不同，造成二者在清晰度方面的差异；银幕和荧幕的大小不同，一大一小；电影是用胶片拍摄，需要通过洗印才能放映，是"遗憾的艺术"，电视用磁带摄录，不需要洗印可以重拍等。

我们这里所讨论的是影视艺术的"审美"或"美学"差异，明显地，技术上的差异并不能构成影视姊妹艺术在美学特性上的根本区别。况且，随着技术的进步，这些差异正在日趋缩小。例如，就清晰度而言，高清晰度电视的出现和数字化技术的快速发展，已经极大地缩小了电视与电影的差距；超大型电视走进人们的生活，从面积上讲已经与电影银幕不相上下，甚至出现了超过银幕的"电视墙"；拍摄方法上，电影与电视已经相互交叉，如电视摄制已经开始采用胶转磁的方法，用胶片拍摄的电视剧已经不罕见，而数字化技术又使得电影可以采用电子成像的方式进行拍摄。

所以，我们讨论影视艺术的审美差异，不能局限在这些技术因素上，而应该从二者作为两种不同的文化媒介、艺术形态，不同的创作、传播和接受方式，给观众不同的审美感受等方面入手。

英国当代社会学家尼古拉斯·阿伯克龙比（Nicholas Abercrombie）在《电视与社会》中引述了埃利斯的观点。埃利斯（1982）认为，电影和电视主要有四个方面的不同。其一，电影主要是构思一桩公共事件，本身具有完整单一的表演特点。对比之下，电视则是常常把一系列片段的东西编成系列片或连本电视剧，并以此作为其主要表现形式。其收看方式比较随意，以个人或家庭形式进行。电视的这些制作和收看方式使它具有一些自己的特色。电视基本上是一种家用媒体，它的节目一般锁定的是家庭观众。此外，电视采用日常口语化风格。它与观众的交流方式与其在此家庭中的地位是相符的。它似乎成了家庭谈话的又一位参与者。其二，电影技术的发展使电影在画面和声音的质量上比电视要好得多。电影的逼真效果给观众以特别强烈的感受，使他们认同电影里发生的一切。看电影要求观众目不转睛、全神贯注，而电视观众偶尔分个神也无妨。看电视常用的方式是扫视而不是盯视。眼睛一刻不离电视机——盯着电视看——常常被认为不是很适宜。其三，电影与电视叙事形式不同——表现情节的方式不同。电影故事通常以某种杂乱无序的状态开始，然后是一系列跌宕起伏的情节发展，再到无序状态的结束，最终恢复到平静。电视则没有这样的开局，也没有这种结尾。它表现的是一套不完整的、反复的片段内容。电视系列片或电视连续剧就很典型。每集电视剧自成一体，但很难找到贯穿全剧的结局感。节目的连贯性不是由故事本身而是由人物和地点串联而成。其四，电影和电视对观众的看法不同。电影认为其观众是在忧喜交集中等待着故事的结局的。从某种意义上来说，观众的受控方式如同读书人的受控方式一样，而电视贴近观众运作的成分要大得多。电视如同一双眼睛，借助它，观众可以观察世界。

对埃利斯所列举的电影和电视的差别还可以补充三点。第一，电影和电视的制作凝聚着艺术家的个人作用。埃利斯认为，明星仅是电影的独有特征。换句话说，至少电视上找不到明星。原因是，明星代表的是超凡卓越的人，而电视则是一种普通的、日常家用媒体。因而，一个人或许拥有自己熟悉的电视人物而没有电视明星。同样，电影不仅常与明星而且还与特定的导演或制片人联系在一起。就这方面而言，他们的作用很像一本书的作者，而且人们也这样看待他们。对比之下，电视节目总体说来属集体制作，而不受个人特殊的艺术偏好限制。第二，电视的视觉效果比较零碎，这一零碎的视觉效果可能表现在许多层面，包括摄影这一较为简单的层面。比如，肥皂剧中只是典型地包含大量的短切镜头，即使剧情发生在有限的几个地点，摄像机的角度和距离在空间里也要频繁变换，以标明各个场景。摄像机不停地拉近推远，经常短暂地定格某一谈话场面然后又再次拉远。这种频繁的切换使摄像机所置距离更难把握。因此，电视画面上总有"断裂"。第三，电视具有一定的直接性和即时性。直接性，即常说的直接说，即时性因大多数电视节目比如新闻、时事或体育节目都是现场直播而更具说服力。①

---

① 阿伯克龙比.电视与社会［M］.张永喜，鲍贵，陈光明，译.南京：南京大学出版社，2001：10-12.

尼古拉斯·阿伯克龙比这里引述的电影和电视的差别，有的符合实际而被广泛地承认，有的尚有争议。我们认为，对电影和电视的差别，可以从创作、传播、接受等角度来概括。

（一）创作特性上的差异

1.个性艺术和群体艺术的差异

电影是"导演的艺术"，在一个电影艺术创作集体中，导演是核心和灵魂，电影作品表达的是导演的艺术观和美学追求，在这个意义上，电影是"个性化艺术"，带着鲜明的导演个人色彩。在世界电影史上，对导演在电影创作中的核心作用也并不是一开始就认识一致的，电影曾经被视为演员的艺术，整部电影围绕着电影明星而制作；电影也有过制片人时代，即投资人通过经济上的控制权，掌握着整个电影的制作和发行，并把自己的喜好和价值观渗透进影片之中。但电影艺术发展至今，已经普遍被认为是导演的艺术，而且电影的历史也证明，正是导演的个性特征和美学理想成为一部影片的标志。

与电影相比较的意义上，电视更多的是"群体艺术"，虽然导演在其中也发挥重要作用，但相对而言，一部电视剧的制作、一台文艺节目的完成乃至一档栏目或节目的编播，更需要多个部门和多工种人员的配合，更是"群体的艺术"。

2.表现形式和容量不同

由于电视屏幕画面所限，需要通过各种间接途径来扩展空间范围，通过有限的画面，联想出更为广阔的画外空间，或者通过镜头运用，展示细节，避免大场面、全景的铺陈。因此，电视在一般意义上更适合讲述日常的、家庭的、身边的故事，优势在于叙述人与人的关系，而不是恢宏场面。而电影在镜头纵深方面的表现力远优于电视，电影还可以更多地采用蒙太奇手法，包括镜头内部蒙太奇的作用，发掘时空跳跃的潜力，多角度、多方面地塑造银幕形象。以《三国演义》和《红楼梦》为例，《三国演义》更适合电影，《红楼梦》则更适合电视。电视剧《三国演义》在铺排场面和营造氛围上，可以说下了很大的功夫，但仍然很难让人感到满足，无论是两军对垒的征战场面，还是关公等人的大将风度，都处理得不尽如人意。其实，这应该归结为电视媒体的局限性。与此相反，电视连续剧《红楼梦》，由于以大量的中近景和特写镜头充分揭示了人物内心的隐秘活动，便取得了事半功倍的客观效果。这就是说，从画面表现看，由于电视荧屏的局限性，特写镜头就成为它最常用的镜头；而电影中尽管也使用特写镜头，但它突出强调的是强烈的动作，是画面造型乃至影像的奇观化效果。

与此相关的就是二者的容量不同，与电影相比，电视剧在容量上远比电影灵活，电影的容量相对固定。一部电影胶片的长度将近3000米，放映时间100分钟上下，镜头数不过百余甚至更少；而电视剧却无此限制，极端的例子——英国的《加冕街》长达1100多集，而且收视率不菲，我国目前拍摄的电视剧也有越来越长之势，几十集的连续剧、系列剧屡见不鲜。

3.封闭与开放

电影的制作是由摄制组在相对封闭状态下完成的，而影片一经摄制完成，就自成一体，观众只有对之进行观赏和评判的权利，却无法参与其创作过程，即便有好的建议，也无法在已经摄制完成的影片中体现出来，所以电影是"遗憾的艺术"。而电视文艺的创作则相对开放，导演和制片人可以随时听取观众的意见并及时做出改进，有的电视剧，如情景喜剧已经邀请观众在拍摄现场直接参与电视剧的整个拍摄过程，成为"开放型电视剧"。

（二）传播特性上的差异

1.传播时间的差异

可以把电影和电视在传播时间上的差异简单概括为"日后放映"和

"即时传送"。

电影要经过一系列的摄制、洗印、拷贝等繁复的过程，最后才放映传播给观众。换句话说，电影的制作和传播被区分为界限分明的两个阶段，放映总是在影片制作完成的"日后"。而且，电影所反映的内容往往已经成为"历史"，即便是以新闻和真实人物事件改编的电影作品，等到电影拍摄和放映出来，也已经是"时过境迁"，不会给观众带来时间上的新鲜感。

电视则打破了这种时间限制，创作的过程就是传播的过程，这在现场直播的各类电视文艺晚会中表现得最为典型。

苏联美学家鲍列夫认为，电视的一个重要审美特点是叙述"此时此刻的事件"，直接播映采访的现场，把观众带进此时此刻正在发生的历史事件之中："电视就是因为产生了希望能当时当日、以直观纪录的形式，真实准确地转播并从思想和艺术角度加工当代生活的事实和事件的那种需要才出现的。"[①]电视这种即时传播的特性，对电视艺术也产生了极大的影响，现场效应、原汁原味成为吸引观众的重要原因，晚会进行过程中的许多不确定因素，瞬息万变的变化，与演员与千万其他观众"同时性"的感知，都使直播性质的电视文艺节目具有了一种不可抗拒的魅力。

电视这种即时传播的特性，使人类终于跨越了空间，整个世界仿佛成为一个"地球村"。"如果说从古代岩画直至电影的发展，标志着人类试图通过复制外部世界影像来超越时间达到永恒的努力，那么从远古的烽火到无线电广播的发展线索，则体现了人类试图冲破空间障碍的追求。电视正是沿着两条发展线索而来的：一条线索由绘画、照相到电影，反映出人类尽可能完美地记录现实世界的轨迹；另一条线索由古代通讯方式、电报到无线电广播，反映出人类力争实现远距离快速传递信息的轨迹。两条线索通过电视交合在一起，在人类挣脱自然的束缚，冲破时间与空间的双重障

---

① 鲍列夫.美学［M］.乔修业，常谢枫，译.北京：中国文联出版公司，1986：470.

碑的历程中，树立了一座里程碑。"①

作为现代大众传媒，电视这种同一性，集中体现为在时间与空间两个方面均达到了传播过程与事件发生过程的同一性。电视这种即时传播的功能特性，尤其表现为现场感和时效性，显然这对新闻节目来说是十分重要的。正是由于电视这种即时传播的特性，从现场直接发出的现场报道，几乎可以同时被千万电视机前的观众所接收，在时间与空间两个方面实现了传播过程与新闻事件的一致性，使观众能够及时地、同步地看到从另一个地方传来的活动的影像，听到与影像相伴的现场声音。电视的这种功能与特性，是电影无法办到的。

2.空间范围的差异

在传播的范围上，电视要比电影广泛得多。

电影需要特定的放映设备和场所，而且，相对而言，电影对观众有一定的文化和审美素养、经济状况、闲暇时间、年龄等要求，所以，一般的院线放映，电影观众的人数和受众面都是有限的。

而电视没有放映设备和放映场所的要求，它可以采取现场直播或录播的方式，将一场场话剧、歌剧、舞剧或一台台综艺晚会，传送到世界各地的千千万万户家庭之中，成为名副其实的"家庭艺术"。我们每个人都属于一定的家庭，而家庭是社会的基本细胞，现在，每一个"细胞"上面几乎都附着一台乃至多台电视机，这些家庭的成员，无论男女老幼，都是电视艺术的观众，其受众面之广泛，是不难想象的。换句话说，电视真正打破了艺术传播空间的限制，有人群的地方，就有电视存在，电视对人们生活的渗透真的已经是无孔不入。而电影是不可能做到现场直播或实况传播的。

3.传播方式上的差异

可以将电影与电视在传播方式上的差异，概括为"单向"传播和"双

---

① 苗棣.电视艺术哲学：上编［M］.北京：北京广播学院出版社，1997：48.

向"传播或"多向"传播的差异。

电影的传播方式是单向的，基本都是"你播我看"，观众处于单纯的接收者的位置，与电影的制作者并没有真正意义上的互动。

而电视的传播，尤其是电视文艺晚会的传播，却实现了与观众（现场的和电视机前的）的沟通。近些年，互动环节几乎已经成为各种电视文艺晚会的组成部分，热线电话、网络、手机短信参与，现场观众提问等，构成了电视传播的一大景观，电视的传播早已不是单向的，而变成了多方——节目制作方、播出方、现场观众和电视机前受众——共同投入的游戏和狂欢。

例如电视综艺节目的目的就是营造一个娱乐空间。这是一个非常独特的娱乐空间。在这个空间中，主持人、明星、嘉宾、现场观众以及游戏节目的表演者共同参与游戏节目，既自娱又娱人，类似于巴赫金所论述的狂欢节现象。

狂欢节起源于古希腊，盛行于中世纪和文艺复兴时期，是一直流行至今的民间文化娱乐活动，是一种没有舞台，不分演员和观众，大家都参加的，形式多样的混合演出。巴赫金认为狂欢节活动以及游戏规则形成一种打破生活常规的、狂欢化的生活方式。它消解了等级制度下的一切常规和禁忌，在人与人之间建立平等自由的亲昵关系，大异寻常的言行举止，任意讽刺和亵渎神灵，矛盾和对立事物相互结合——其核心是社会平等和自由，世界矛盾的统一。因此，巴赫金认为："不分阶级、等级的亲昵接触，插科打诨，粗鄙的对话属狂欢化；奴隶变帝王，帝王变乞丐，人生的双重性属狂欢化，庄谐结合的语言风格属狂欢化……总之，狂欢节中的情节和场面随处可见。"

总之，狂欢节给个体生命提供了一种自由解放的场所。综艺娱乐节目所营造的娱乐空间也正是提供了这样一个打破等级的压力和禁忌的空间，即巴赫金所说"狂欢节广场"中获得一种自由和宣泄。这种周期举行的狂欢节一定程度上可以消解人们在日常生活中积累下来的心理毒素。狂欢节过后，人们可以抖擞精神，重新投入现实生活中。综艺娱乐节目中的狂欢，节目的参加者以诙谐戏谑的语言自嘲和互嘲并非对生活的全部否定。

正因为如此，许多电视节目和晚会都需要现场观众的参与，强调一种"面对面"的传播。正因为如此，电视文艺节目同样需要主持人。

（三）接受特性上的差异

1.接受心理的差异——审美和休闲

观赏电影是处在影院情景中的目不转睛的注视，是仪式化的社会行为，而看电视只是家居生活的一部分。电视不是主角，就像家庭中的某件家具，甚至很多打开的电视只是生活的一个背景。电视出现在人们的家庭中，电视是我们展望世界的窗口，但并不是受众被带到了那个世界，而是那个世界被带入了受众的起居室。所以，相比较而言，电视更易成为一种典型化的休闲文化，人们对待电视，就如同对待家中的某件家具、古玩或宠物，是用来填充工作学习之外的空余时间，缓解紧张和生活压力之下的神经，或者干脆就是打发无聊和苦闷，期望借助无深度的电视娱乐节目，在哈哈一笑之后，达到身心的放松。所以，人们对电视不像对其他艺术那样，试图从中得到审美的满足，休闲娱乐才是人们观看电视的主要目的。以至于"看电视剧被称为是比包括吃饭在内的其他活动次要的事，但电视却占去了全部闲暇时间的三分之一，约为闲暇时间的百分之四十……电视成了美国自由支配的生活中的主要组成部分。因此，我们把如此多的闲暇时间用于大众媒介，所产生的是无声的，但却是强有力的一种效果。它使起座间变成娱乐中心，并使我们不想到别的地方去寻求娱乐。它减少了我们的社会生活、旅行和我们闲聊的时间，它使我们睡眠时间减少了，它创造了一系列我们可以称之为'媒介假日'的事情……它在我们不知不觉中重新安排了我们的生活，只有我们问起自己时才觉察到。假如除了报纸和书之外，一切都突然不复存在，当我们一旦惊讶地发现电视频道真正死亡了，我们重新得到这四个多小时的闲暇时间，我们去干什么呢？"①特别是在现代社会竞争激烈、生活紧张的情况下，人们的心理负担加剧，需要通过闲暇时间的休息娱乐来放松一下神经，使紧张的神经与疲惫的身躯得到休息。作为时代的宠儿，电视这一大众媒介适应了电子时代下的社会脉搏和人们的心理节奏，以它视听兼备的优势和刺激感官的直接性，成为千家万户主要的信息工具和娱乐工具。美国著名女学者吉妮·格拉汉姆·斯克特甚至认为，电视谈话节目的兴起和发展，也是由于人们在现代社会中深感孤独和焦虑，尤其在闲暇时间更加强烈，正是由于这种逃避痛苦的现实生活的潜在愿望，才造就了一个为数众多的电视脱口秀观众群体。她指出："广播和电视谈话节目具有强大的吸引力，是因为它们是听众放松身心和表达自己的愤怒和痛苦的一个途径。在今天的地球村里，这些节目还起着古老时代社区议事场的作用，人们在那里进行面对面的交流，讨论现实问题，交流闲闻逸事，或是谈论哲学、艺术和文学。"②除了成人，现在的儿童更是在电视机旁长大的"电视一代"，他们被电视占据的时间更是大大超过成年人。施拉姆教授谈道："还有另一个观察我们用在大众媒介上的时间的方法，是正在成长中的儿童的吸收量。年轻的美国人在他们上到高中三年级时，每人都看电视至少一万五千小时，比他们在学校、玩耍或者是除睡眠之外的其他任何活动的时间都要多。"③

同时，人们的生活方式和生活环境开始发生质的变化，"休闲娱乐"注重生活品质成为公众生活的新准则。20世纪90年代的电视娱乐的制作在这

---

①　施拉姆，波特.传播学概论［M］.陈亮，周立方，李启，译.北京：新华出版社，1984：251.

②　斯克特.脱口秀：广播电视谈话节目的威力与影响［M］.苗棣，译.北京：新华出版社，1999：249.

③　施拉姆，波特.传播学概论［M］.陈亮，周立方，李启，译.北京：新华出版社，1984：249.

样的生活环境中焕发出生机。20世纪90年代末期，社会又出现了新的变化。国家经济进行了结构性大调整，出现了大批"下岗工人"、无职业人员和流动人口，他们的不平、不解和愤懑情绪需要找一个宣泄的通道。这是问题的一个方面。另一个方面，随着双休日的推行和节假日时间的延长，人们可供自由支配的时间增多。根据有关统计表明，实行双休日以后，中国城市居民可以支配的空闲时间从平均每天3.5小时增加到5.5小时。那么人们如何填充这么多的时间呢？外出旅游度假、逛商场购物虽然也是休闲方式，但需要有一定的资金支持。而就经济、方便而言，在家观看电视无疑成为人们选择的主要休闲方式。

由于电视占据了人们如此多的闲暇时间，不但给现当代人类的生活方式带来了巨大影响，而且也对电视艺术产生了巨大影响。电视艺术必须适应广大观众的闲暇性观看方式，必须符合人们日常性接受的电视审美心理。

相反，人们观赏电影的心理是审美的，也就是说，是将电影当作艺术来欣赏的。观众走进影院，与步入画廊、音乐厅、剧场是相似的，都是为了寻求一种精神上的满足，是为了提高自己的审美鉴赏能力和提升审美品位，为了获得情感的陶冶和心灵的净化。

2.接受环境差异

接受环境的差异是电影和电视最为本质的差异，是决定其他差异的决定性因素。电影的接受环境当然是影院，这是一个巨大的黑暗的空间，观众审美注意力集中，审美心理距离适中，审美感完全倾注到影片之中，观众的无意识欲望充分地宣泄。从而给观众一个强烈的心理暗示：在这里，你可以放纵自己的欲望、展开自己的想象、卸下自己的伪装，尽情地笑、忘我地哭，把生活中的一切欢乐和痛苦都投射到眼前的这幅"活动画面"上。进入影院，观众如同参加某种"仪式"，从而把日常意识"垂直切断"，其结果就像法国启蒙运动大美学家狄德罗说的那样——"人们从剧院里出来的时候，要比进去的时候高尚些"；影院还是一个巨大的"审美场"，素不相识的人被同一个情节所打动、被同一幅画面所陶醉、为同一个人物的命运而揪心，从而实现了某种共通的情感交流和情感体验，这对现代人来说，尤为珍贵。电影的共享性决定了电影受众的集体性。那些组成集体的单个人，一旦他们被组成了一个集体，他们就不同于单个人，会产生一种集体意识。感受电影画面的实际行动每一次都会形成一种独特的社会集群，这是一种在心理上联系在一起的集群。在这种集群的范围内会出现某种审美沟通，并通过它出现某种社会行为情境。单个受众加入这个集群，原则上就是在感受过程中发生的复杂内心活动的必要的初始因素。单个受众就自身讲有双重倾向，即倾向于自己本人，又趋向于这个集群（甚至在这个集群之外）的在社会心理、文化和精神方面具有共性的人们。

但在家庭环境中，每一台电视机前只坐着几个人，因此交流是个人的和私下的，电视节目收视的对象基本上是由个体组成的。电视受众的家庭性的个体结构更具有紧密稳固的亲缘关系的责任感，使电视受众具有了一系列与众不同的意识和行为。由于家庭是一个相互影响的人的单位，要求屏幕形象具有积极的影响，并有利于维护整个家庭的关系。

电视家庭受众的个体结构又决定了其自由度，无论是观赏的外在姿态还是与周围受众的联系，都不受任何限制。这种高度的自由，几乎在整个收视过程中都得到了全面表现。电影受众由于身处公共场合的一个社会群体中共享影片，不可避免地要受到社交规则的约束。个体结构的电视受众在收视过程中，从选择观赏对象到观赏的具体进行，都可以随意而行、即兴而言。他们可以选择这个节目，或者跳过某个节目，可以对屏幕形象提出疑问，或者相互交谈、评价。电视受众的这种高度自由，既是电视本质特征的表现，又是受众对这一特征的认识和把握的结果，电视受众在高度自由地接受屏幕形象的同时，不知不觉地会形成一种新的经验和认知模型。

电视的家庭接受环境中，接受场合是有灯光的客厅、卧室，接受氛围是茶余饭后，接受的身体状态是放松，电视观众由于处在日常生活环境之中，相当理性地、随意性地进行观赏，通常只是凭着直觉去被动地接受荧屏上的艺术形象。这一切，都似乎在诉说着电视只不过是一项普通的日常家庭活动和内容，艺术和审美并不是它的必备因素。所以，与电影相比，电视更注重艺术感受而不是艺术欣赏，看电影的神秘感和仪式感便消退了，相对明亮的家与黑暗封闭的影院，心理的遮蔽物消失了，家居的环境也无法创造一个与现实世界相隔离的艺术接受空间和心理氛围。因此，电视剧的认同方式，更多的是想象的，而不是梦幻式的或幻想式的，是积极的、参与式的，观众所做的主要是感知。甚至，游戏成了综艺娱乐节目的基本框架。游戏还是综艺节目设计的基本精神。相声、小品等也具有强烈的游戏精神，而不仅仅是当作纯粹的艺术表演来展现的。

在综艺娱乐节目中，不仅游戏活动是游戏，贯穿这类节目的精神也是游戏精神。它设计了一个公共娱乐空间，人们在其中按照一定的游戏规则进行活动，使自己的心灵和谐、健全。综艺娱乐节目以共性的游戏活动在一定程度上缓解了文化禁忌给人的心灵带来的超负荷的压力，使人至少能够部分地恢复人的天性。游戏的参与者也包括游戏的观看者，同时能够获得一种解脱。综艺娱乐节目通过现代电子媒介把古老的游戏活动搬进千家万户的客厅和卧室，可以说综艺娱乐节目把古老的游戏活动与新兴的电子媒介自然地结合起来。

电影与电视的这种差别，直接决定了它们在内容上的特殊性。由于影院的特殊观赏环境，电影的内容就不会有那么多的禁忌和顾虑，而且，技术和艺术探索也是应该被鼓励的。而对电视来说，家庭的接受环境，无分老幼、性别、职业的家庭成员集体观看的受众构成，使得电视节目的内容必须是不能违背日常伦理的、贴近观众的内容，所使用的艺术手法也应该是大多数人接受没有障碍的，对细节的关注也是要超过电影的。

3.接受方式差异

观看电影一般是与他人共在共时的，电影院特殊的环境客观上营造了一个情感交流的"场效应"——电影观众群体相互之间存在着某种依赖与共鸣。"感受电影画面的实际行动每一次都会形成一种独特的社会集群，一种在心理上这样或那样联系在一起的集群。而在这集群的范围内会出现某种审美沟通，并通过它出现某种社会行为情境。"①电影片的放映，实际上是群体的信息接受过程，其间，群体对作品的喜怒哀乐反应，表现了群体对作品的理解与感受，它可以或多或少，或直接或间接地影响、引导、作用于个体的观赏心理定式及其结果。表面上，影院里的观众相互之间是陌生的，只是为了欣赏同一部影片而坐在了一起，但这个松散的集体在观影过程中，会迅速建立起奇特的关系。银幕信息在每一个观影者身上形成了信息磁场，产生了艺术共赏的氛围，有了无形中的信息交流，从而扩大并提高了电影艺术娱乐信息的数量和质量，这就是受众观影反应的集体性。

然而，电影的这种"集体观赏"，更多的意义是从外部形态上的。因为在"集体观看"过程中，就每一个观众而言，他却是在进行着独特的个体审美体验，他无须与他人交流，只要专注地向银幕投射其喜怒哀乐，咀嚼自己从影片中得到的独特感受，体验影片带给他的审美快乐和满足。在这个意义上，观众观看电影更接近于审美接受，更接近于对艺术的根本特性——独特性、创造性的尊重，更易于走进导演所创造的艺术世界。

电视观赏则主要是在家庭环境中进行，电视上放映的就是我们身边的，电视世界和日常生活世界并无截然的界限，电视世界仿佛只是日常现实生活的延伸，观众往往是清醒地而不是迷狂地观赏电视节目。因此，列·科兹诺夫指出，电视观众从来不会把注意力全部投射到电视节目上，由于日常生活环境的影响，电视观众审美注意力不可能做到始终高度集中。他说："电视观众处于两种现实的某个边界上，或者在它们之间的某个缓冲区。他

---

① 科兹诺夫.电影与电视：相互影响的若干方面［M］//中国艺术研究院外国文学研究所《世界艺术与美学》编辑委员会.世界艺术与美学：第7辑.北京：文化艺术出版社，1986：327.

经常摇摆于两种状态之间，即在充分的审美交流和与画面单纯在生理上适应的陌生化状态之间摇摆。这个中间性，这种摇摆性，这种心理上的松散注意的渗透性，就是电视感受的最重要特点之所在。"① 观看电视则多数情况下同时是家庭成员之间交流的过程，无须也没有可能全神贯注于眼前那方荧屏，他还可能同时从事其他的日常活动，比如做家务、看书、上网、会客、织毛衣。这种接受方式既说明观看电视的日常性非审美性，也要求电视的叙事不应该过于紧凑、情节变化也不应该太快，否则就会使观众由于精力不集中造成情节不连贯，影响观看或者干脆放弃观看，造成观众的流失。

三、影视美学的审美规律

影视美学的审美规律，可以划分为三个层次：普遍性审美规律、特殊性审美规律、个别审美规律。影视艺术的普遍性审美规律，从总的原则上来说，就是对美学基本精神——用理想照耀现实的努力的贯彻。影视艺术的特殊性审美规律，即影视艺术的本质是审美的，但不是一般的审美价值，而是带有影视艺术特点的审美规律，这可以从艺术分类、影视艺术的性质、影视的历史、影视的功能，以及影视的特点等表现出来；影视艺术的个别审美规律，即在影视艺术领域内，对影视艺术的美学分析必须具体化。这三个不同层次的审美规律，相互联系又相互区别，影视艺术既是一个完整的系统，又由各具特色和规律的影视艺术现象及形态构成。影视美学既要把影视作为一个完整的对象，加以系统的研究，又要对组成这一系统的影视艺术现象和形态做具体研究，这种研究方向和方法的多样性，决定了影视美学由各具特色又互相联系的多个分支学科组成。

---

① 科兹诺夫.电影与电视：相互影响的若干方面［M］//中国艺术研究院外国文学研究所《世界艺术与美学》编辑委员会.世界艺术与美学：第7辑.北京：文化艺术出版社，1986：333.

　　在影视艺术领域，以往我们对电影的艺术本性的理解也存在欠缺，甚至对其形态特征的了解也有不足，主要表现为：第一，笼统地认定影视属于综合艺术，而对其本质属性缺乏深入和一致理解，导致无法对之做出美学的、理论的准确把握——只是认定其属于综合艺术是无济于事的，"综合"只是一个定语，重要的还在其"艺术"这一主语，这也就要求挖掘其艺术本性；第二，对影视艺术功能性强调多，本体性把握少；第三，对西方借鉴得多，对本土继承得少；第四，实践积累多，理论总结少；第五，技术、形式的追求多，艺术、内涵的关注少；第六，功利心多，事业心少——心态浮躁、哗众取宠、新闻炒作、热点效应、获奖情结、市井杂耍，独缺严肃认真的艺术创作态度、艺术家应具有的社会责任感和良知、理论素养和对人生的洞察、生活的积累等；第七，因为美学自身的对象和一些基本理论问题仍未廓清，导致美学的分支学科理论价值不高，这也包括影视美学著作。

　　影视美学的研究视野不能仅仅局限于影视，也不是美学和影视艺术学的简单相加，可以说，影视美学是当代美学、影视艺术学在人生意义的寻求上、在人的感性生成上的统一。在其本源上，它与人的现实处境和生存诗意息息相关。

　　影视美学以探求影视对人类生存的意义和影视的艺术存在本体为理念，致力使被遮蔽的影视艺术本体"澄明"，从而肯定人的本真生命、解除人自身的异化，为人的焦虑不安的心灵开辟一块栖息地。因此，影视美学应从本体论高度，将影视艺术看作人对现实沉沦的抗争方式、人的生存方式和人对生存意义的领悟方式。

（一）影视艺术的普遍性审美规律

　　马克思说："动物只是按照它所属的那个种的尺度和需要来生产，而人却懂得按照任何一个种的尺度来进行生产，并且懂得怎样处处都把内在的尺度运用到对象上去；因此，人也按照美的规律来建造。"①审美活动是人类活动的重要组成部分，而且在其中占据着非常重要的地位，在人类的三种活动形态中，它处于最高层次，与人的精神生命最为直接，而所有审美活动都具有共通性，是遵循共同的"美的规律"的。电影艺术活动，是人类审美活动的一种，与其他审美活动也有共通性，也必须遵循普遍性的审美规律。这些普遍、共通性的审美规律，从总的原则上来说，就是对美学基本精神的贯彻；就审美主体来说，电影艺术家与其他领域的艺术家一样，其审美趣味和审美理想的形成，有各自的普遍规律；就审美客体来说，美学中的一些基本的范畴、概念、原则，也是具有共通性的；影视艺术作品，与其他艺术作品一样，一经产生，就成为社会审美现象，对其进行批评和鉴赏，也同样必须在普遍性的审美规律下进行；审美主体和审美客体的相互作用，仍有共同的规律。所以，影视艺术与普遍性审美规律不可分割。

（二）影视艺术的特殊性审美规律

影视艺术是审美活动的独特形态，又是一门高度综合性的艺术，与其他审美活动和现象有许多共通性，也从姊妹艺术中汲取了大量营养，但它又不同于其他审美活动，例如它与文学是具有非常直接的关系的，剧本在未拍摄之前就是文学作品，但影视是视听艺术，与文学的阅读是明显不同的；再如影视与戏剧，虽然有更广泛的共通性和血缘性，但在创作方式、传播手段和工艺上都差别巨大，等等。

影视艺术的本质是审美的，但又不是一般的审美价值，而是带有影视艺术特点的审美规律。从艺术分类的角度说，艺术可以分为时间艺术和空间艺术，或表现艺术和再现艺术两大类。不同的艺术在这两者中有不同的侧重，如音乐是比较典型的时间表现艺术，它以乐音在时间中的流动表现

---

① 马克思.1844年经济学—哲学手稿［M］.刘丕坤，译.北京：人民出版社，1979：50-51.

情感为长，在空间造型性上的局限就比较大，而建筑则更趋向于空间再现艺术，在一定的立体空间范围内传达一定的艺术和人文理念，但一般不直接表达具体的主观情调。也就是说，侧重表现性其再现性受到限制，侧重再现性则其表现性被削弱。而影视艺术可以说真正实现了两类艺术的综合，兼具时间表现性和空间再现性艺术的特征，它可以如时间艺术那样，通过时间流程展示画面，也可以像空间艺术那样，在画面空间上展开形象，这就需要对影视进行符合其特点的美学分析；从影视艺术的性质上，它是所有艺术门类中最大众性的艺术，对社会文化的影响最为直接，接受面最大，相应地，它也最易受社会政治文化思潮的左右，尤其，影视需要大量的资金投入，迫使影视艺术家不得不考虑其作品的商业效益；从影视的历史来说，它是所有艺术门类中最年轻的艺术种类，这既给它带来了活力和发展空间，又产生一些由于其不成熟所伴随的问题。对于影视美学来说，对其审美和艺术规律的把握就很难一下子清晰，也许正因此，影视美学直至今天仍然不得不借助其他艺术领域的审美规律来把握影视，我国电影界曾经纷纭一时的"电影语言现代化""电影与戏剧离婚""电影的文学性"等讨论，就是如此；从影视的功能来说，它不能简单归纳为一般的认识、教育及审美作用，而是一种特殊的审美作用。例如，它应该有认识作用，但影视的认识作用是通过视听综合的形象性画面直接作用于观众，而不是像文学那样要借助语言文字的阅读，影视的教育作用在影视中表现得应该更为隐晦，因为直接的说教不仅会损及影视的艺术性，还会与影视的娱乐性产生矛盾，引起观众的反感而不进影院，也就谈不到其教育作用的发挥。还有，影视的逼真性、运动性、假定性等，都是与其他艺术不同的。

（三）影视艺术的个别审美规律

在影视艺术领域内，又可以划分为不同的样式。比如电影，从形态上，可以划分为故事片、纪录片、科教片、美术片，而在故事片内，又可以分为战争片、喜剧片、科幻片、历史传记片、儿童片等；从社会功能角度，可以划分为主旋律片、娱乐片、艺术片；而电视艺术也可以基本上分为电视剧、电视文艺，电视剧可以再分为单本剧、连续剧、系列剧，电视文艺还可分为电视文学、电视音乐、电视舞蹈、电视综艺等。当然，我们还可以从其他角度对影视艺术进行分类，但无论怎么划分，都说明对影视艺术的美学分析必须具体化，因为这些不同的影视艺术样式或形态都有相应不同的审美特性和审美规律，要研究和掌握影视艺术的全部特性和规律，既要把握基本的美学精神和原则，又不能笼而统之，还需要剥笋般步步深入影视艺术中。

艺术与其他一切艺术现象一样，都具有普遍、特殊、个别三个层次的规律，影视艺术的审美规律，也有普遍、特殊、个别之分。这三个不同层次的审美规律，相互联系又相互区别，影视艺术既是一个完整的系统，又由各具特色和规律的影视艺术现象及形态构成。影视美学既要把影视艺术作为一个完整的对象，加以系统的研究，又要对组成这一系统的影视艺术现象和形态做具体研究。这种研究方向和方法的多样性，决定了影视美学由各具特色又互相联系的多个分支学科组成。

第二节 戏剧艺术

戏剧艺术，是一种综合艺术。它融文学、美术、表演、音乐、舞蹈等多种形式于一体，由语言、动作、场景、道具等组合成为表现手段，通过编剧、导演、演员的共同创造，把生活中的矛盾冲突，十分尖锐、强烈、集中地再现于舞台之上，使观众犹如亲眼所见或亲身经历戏剧中发生的事件一样，从而获得具体生动的艺术感受。

戏剧艺术历史悠久，种类繁多。按照作品容量的大小，可以分为多幕剧和独幕剧；按照作品题材不同，可以分为历史剧、现代剧、儿童剧等；

按照作品的样式分类，又可以分为悲剧、喜剧、正剧三大类。在世界戏剧史上，这三种类型具有很大影响。

一、戏剧艺术特点

戏剧艺术的表现过程通常分三个阶段：编剧创作戏剧剧本阶段、导演指挥排练阶段、演员台上表演阶段。就整体而言，戏剧艺术具有如下四个基本特征。

（一）矛盾冲突性

矛盾冲突性是戏剧最鲜明的特点。所谓矛盾冲突，是指构成作品情节的人物性格间的矛盾和冲突。没有冲突就没有戏剧，戏剧受舞台的时空限制，不允许徐缓从容地展开情节，要求组织尖锐的矛盾冲突，迅速地展开情节。只有这样才能在有限的时空里把人物性格和主题思想鲜明地表现出来，才能吸引观众的注意力，引起强烈的共鸣。人物性格之间的冲突，有一个发生、发展、解决的过程。冲突是通过剧情来展开的，表现戏剧冲突就必须巧妙安排好情节，要善于制造悬念，使剧情的发展和结局让观众难以预料，出其不意，不落俗套。

（二）剧场假定性

戏剧是在剧场里演出的。戏剧艺术这种创作的条件和具体的样式便形成了它的一大特性：剧场性。戏剧的中心要素是演员的表演。表演的依据是剧本，表演的处所即剧场。表演是给人欣赏的，欣赏者即观众。所以演员、剧本、剧场、观众构成了戏剧的四要素。在演出的过程中，这四个要素相互关联又相互制约，形成了戏剧艺术同其他艺术不同的特征，戏剧是在剧场里演出的，演出的空间是有限制的，演出的时间也是有限制的；演出的欣赏者是成百上千的观众，观众不能无限期地坐在剧场里；剧场的舞台又是固定的，不能像电影可以自由转换空间环境。如此等等的条件限制，就迫使戏剧必须具有高度的集中性。

正因为戏剧的演出是在剧场里直接面对观众进行的，演员的创造活动与观众的欣赏活动既在同一空间，又在同一时间进行，台上的表演与台下的欣赏直接产生交流。表演会在观众中引起欣喜、悲哀、愤怒、紧张等情绪，欣赏者的情绪又影响着台上的表演者，欣赏者与表演者实际上在共同完成艺术创造活动。这种表演者与欣赏者的直接交流是电影所没有的，这也是戏剧剧场性的一种表现。

假定性这个概念是从外国戏剧理论中借鉴来的，有时又译为"约定俗成""程式化""象征性"等。任何艺术都有假定性，但戏剧艺术的假定性更为突出。因为戏剧是在舞台上演出的，演出的时间和空间都有极大的局限性。例如人物活动的空间是用布景制造的假定的现实空间，即使是最写实的布景，也同真实的生活环境不同。时间方面，在具体的某个场面，事件发生的真实时间与表演时间大不一致。从全剧而言，也许描绘的是几年、几十年的事情，但演出时间也不过两三个小时，至于中国的戏曲，那假定性就更为突出了。

一支木桨，配合行船的动作，就代表划船过江；一根马鞭，配合趟马的表演，就代表骏马奔腾；跑个圆场，就表示已越万水千山；几个虚拟动作，就算开门、进门……这种假中求真、以假代真的表现形式，正是戏剧的特点。台上的表演者是"假戏真做"，台下的欣赏者便"认假作真"，双方形成一种默契。可见，没有假定性便没戏剧艺术，假定性是戏剧的特性。这里必须指出：假定性与逼真性不是矛盾的，因为戏剧艺术的逼真性，其含义便是让观念感到"酷似生活"。戏剧的假定性也没有什么固定的比例，一切以"约定俗成"为原则，一切以观众认可为标准。

（三）集中性

戏剧受时间、空间的严格限制。空间位置局限在舞台上，舞台三面是封闭的，敞开一面对着观众，回旋余地很小，戏剧表演只能在这个极有限的空间内进行。观众看戏注意力高度集中，精神极为兴奋，持续时间不可能太长，因此，戏必须在两三个小时内演完。戏剧是用来再现社会生活，而生活是复杂多样的。要想在舞台的小天地容纳人间生活的大天地，就必须对生活加以概括，以高度浓缩的形式来表现。具体表现为：第一，主题集中，不能像小说那样可以有几个主题，戏剧一般只强调实现基本主题，不强调表现副主题；第二，人物集中，不能像小说那样有众多人物出场，只能集中表现几个人物；第三，场景集中，由于戏剧受到舞台限制，不可能随时变迁场景，也不能详尽地表现事件的全过程，因此要求尽量减少场景，让丰富的戏剧情节容纳在有限的场景内表现；第四，情节集中，戏剧中只能突出主要线索，把一些次要情节删去，为了节省场景，常把不同时间、不同地点发生的事情集中到一个场景内来表现；第五，冲突集中，戏剧中往往突出主要矛盾冲突，把次要矛盾一带而过。

戏剧的情节，一般是突出主干，单线发展，情节复线发展的剧作不多。只有这样，才能在有限的时间里，将剧情内容清楚地表现出来。像《雷雨》，剧作者巧妙地将周家几十年的罪恶史，用鲁侍萍来到周公馆找女儿一天内发生的事表现了出来，通过对话使人物关系明朗化，使戏剧故事完整化，从而体现了深刻的戏剧主题。人物的集中，可使笔力不至于分散而影响刻画人物的性格。人物众多，会给观众浮光掠影的印象。越剧《红楼梦》主要突出贾宝玉、林黛玉、薛宝钗三人，删去了原小说中大量的人物，戏倒反而生动集中了。矛盾的集中，是为了防止喧宾夺主，淡化主要矛盾。不少由小说改编成戏剧的作品都大刀阔斧地删去次要矛盾，抓住最尖锐、最紧张、最激烈的事件来写。由于舞台演出的限制，场景不能过多，否则对制景、换景和表演都会带来麻烦。欧洲古典主义戏剧创作，强调遵循"三一律"（剧情发展要集中在一个地方，时间不超过一天，一个剧只能有一个情节），这虽然近乎机械刻板，但对戏剧的集中，倒也有合理之处。

当然戏剧的集中性不止这几点，还有主题的集中、语言和动作的集中等，这些集中性在戏剧中的表现是不能截然分开的，而是密切相连、不可分割的。

戏剧要通过演员扮演角色，用语言和动作的方式来表现生活。演员要将自身化为剧中的人物，并以这个人物的身份和面貌去思想、去行动，去创造出一种与演员自身毫不相干的"剧中人生活"。戏剧表演艺术的创造者（演员）、创造材料（剧中人）和创造结果（艺术形象）是三位一体的；戏剧表演的创造过程与观众的欣赏过程是同步进行的；戏剧的表演是以动作和语言（对话）为其表现手段的。在演员扮演角色的过程中，人物的动作是最基本的，没有动作是建造不起戏剧艺术的大厦的。动作在戏剧里是表达戏剧情节和人物思想、感情、行为的基本手段，演员就是通过他自身的动作（包括语言），把剧作者的思想意图传达给观众。因此，动作是扮演角色的戏剧所不可缺少的构成因素。

（四）综合性

一出戏，不仅要有剧本、演员、布景、灯光、服装、道具，而且还要有音乐穿插其间。这里就包含了文学、表演、舞蹈、美术、音乐乃至武术、杂技等各种艺术因素。因此，戏剧艺术需要各类艺术家的通力合作，也需要由具备组织、指挥才能的导演来完成整台戏剧演出的创造过程。

二、戏剧的要素

（一）编剧

任何一部成功的作品，好比一座完美的建筑物，所有的一切，都始自蓝图，编剧就是这一原始蓝图的创造者。无论是一个好的构思、一个创意或是一段奇思妙想，都不足以引领能工巧匠们创建完美建筑，只有把那些碎片般的思考和创意落笔成章，才是一部戏剧作品的真正开始。编剧永远是这门艺术领域里最重要的起始环节。

（二）导演

导演在剧作流程里的作用举足轻重，除了参与编剧、演员考核，他还应该通晓基本美术学，以便对舞台视觉效果的整体艺术效果进行把握和判断，同时他也需要对多种风格类型的音乐做到良好的分析和体会，最重要的是，他应该具备丰富多样的心理学以及人际关系学知识，在指挥和协调剧作各创作单位时起到高效整合的作用。

（三）表演

演员承载着一出戏剧成功与否的重大责任，要求演员技术熟练（台词、舞台调度记忆、角色真实感强等），临场应变能力强，并在舞台上与伙伴们保持均衡。

戏剧表演因其特殊性，通常会塑造、锤炼演员的性格，每一个经历过舞台的个体，面对的选择是残酷的，因为这是一份无法谋取更多物质利益的职业，在舞台上一个拥有神圣性的演员，因此戏剧舞台不会诞生明星。

（四）人物造型

舞台戏剧作品，由于其表达空间的特殊设定（演员与观众在共有空间的共生关系），导致了舞台层面的丰富技术设定，人物造型是极其重要的环节。把一个演员从他的生活中带走不光需要演员自身的艺术表现能力，还需要有符合剧作要求的造型修饰。这一门艺术其实可以简约包括服装和化妆两大项目，人靠衣装指的就是在观众看来，演员的人物造型是识别戏剧作品和戏剧人物的第一要素。

戏剧化妆与生活中的化妆是两种完全不同的概念，它的主要作用就是塑造人物，它可以把年轻演员变成老人，也可以使原本精神矍铄的演员变成萎靡不振的样子。服装化妆是最直接参与人物塑造的物理手段。一个好的造型师，最大作用就是能够帮助演员建立起更加自信的表演状态，从而对剧作起到推动作用。

（五）舞台美术

舞台美术，包括布景、灯光、道具等，给予观众最直接的是来自视觉和听觉的感受，而视觉除了演员表演，舞台营造的整个美术效果也是一切作品的稳健基石。舞台美术是一个载体或者说一个平台，衬托着演员在其中流转盘桓，并且根据剧情需要不断推进切换。虽然舞台艺术不能如电影艺术一样如实再现，但对于观众而言，身临其境的想象力空间却可以被一些好的美术效果无限打开，结合演员表演及音效音乐，观众对整个剧作的感知就会完整而丰富。

舞台美术在当代戏剧创作中更多的时候采用了当代艺术领域里的许多既有成果，毕竟人类文明的前进已经可以让技术手段越发精益求精，所以一个好的舞台美术工作者，首先应该是一个艺术家（指当代艺术），他要对当代艺术的广度、宽度有足够的了解，并能够从中汲取最多的养分，运用到舞台艺术创作中，当然，有的时候，一个优秀的舞台艺术家，也可以成为一个独立剧作的倡导者和执行者。

（六）音乐

对于当代戏剧来说，音乐也扮演着极其重要的作品诠释者角色。在舞台上，戏剧故事的起伏流转，在结合人物命运的重要节点，恰到好处的音乐总是会烘托起最好的戏剧效果，令观众在已经完美的体验中，阅读灵魂之上的高潮。

（七）观众

观众是完美舞台艺术的一个重要环节，一部作品的好坏，最简单直接的标准就是观众的认可，假如观众缺位或者在观剧过程中完全游离，则不能够认定剧作是成功的，也就是说观众是最好的试金石。

第三节　中国戏曲

戏曲是文学、音乐、舞蹈、美术、武术、杂技以及表演艺术等因素综合而成的一门中国传统艺术。戏曲的剧种繁多有趣，表演形式载歌载舞，有念有唱，有文有武，集"唱、做、念、打"于一体。中国戏曲在世界戏剧史上独树一帜，其主要特点，以集汉族古典戏曲艺术大成的京剧为例：一是男扮女（越剧中则常见为女扮男）；二是划分生、旦、净、丑四大行当；三是净角有夸张性的化妆艺术——脸谱；四是"行头"（戏曲服装和道具）有基本固定的式样和规格；五是利用"程式"进行表演。中国民族戏曲，从先秦的"俳优"、汉代的"百戏"、唐代的"参军戏"、宋代的杂剧，直到清代地方戏曲空前繁荣和京剧的形成。

中国戏曲虽然产生得比希腊、印度晚一些，但是早在汉代就有了百戏的记载，在13世纪已进入成熟期，其鼎盛时期是在清代。新中国成立之初，已经发展到300多个剧种，剧目更是难以数计。世界上把它和希腊悲喜剧、印度梵剧并称为三大古老的戏剧文化。戏曲始终扎根于中国民间，为人民喜闻乐见。而在其中，京剧、豫剧、越剧、黄梅戏、评剧依次被称为中国五大戏曲剧种。其他各种地方剧种都有其自己的观众对象。远离故土家乡的人甚至把听、看民族戏曲作为思念故乡的一种表现形式。

一、戏曲艺术特点

综合性、虚拟性、程式性是中国戏曲的主要艺术特征。这些特征，凝聚着中国传统文化的美学思想精髓，构成了独特的戏剧观，使中国戏曲在世界戏曲文化的大舞台上闪耀着独特的艺术光辉。

（一）综合性

中国戏曲是一种高度综合的汉族民间艺术，它把曲词、音乐、美术、表演的美熔铸为一，用节奏统御在一个戏里，达到和谐的统一，充分调动了各种艺术手段的感染力，形成中国独有的节奏鲜明的表演艺术。其中，唱、念、做、打在演员身上的有机构成，便是戏曲的综合性的最集中、最突出的体现。唱，指唱腔技法，讲究"字正腔圆"；念，即念白，是朗诵技法，要求严格，所谓"千斤话白四两唱"；做，指做功，是身段和表情技法；打，指表演中的武打动作，是在中国传统武术基础上形成的舞蹈化武术技巧组合。这四种表演技法有时相互衔接，有时相互交叉，构成方式视剧情需要而定，但都统一为综合整体，体现出和谐之美，充满节奏感。中国戏曲是以唱、念、做、打的综合表演为中心的富有形式美的戏剧形式。

（二）程式性

程式是戏曲反映生活的表现形式。它是指对生活动作的规范化、舞蹈化表演并被重复使用。程式直接或间接来源于生活，但它又是按照一定的规范对生活经过提炼、概括、美化而形成的。例如关门、上马、坐船等，都有一套固定的程式。程式在戏曲中既有规范性又有灵活性，所以戏曲艺术被恰当地称为有规则的自由动作。除了表演程式，戏曲从剧本形式、角色行当、音乐唱腔、化妆服装等各方面，都有一定的程式。优秀的艺术家能够突破程式的某些局限，创造出自己具有个性化的规范艺术。程式是一种美的典范。

（三）虚拟性

虚拟是戏曲反映生活的基本手法。它是指以演员的表演，用一种变形的方式来比拟现实环境或对象，借以表现生活。中国戏曲的虚拟性首先表现为对舞台时间和空间处理的灵活性方面，所谓"三五步行遍天下，六七人百万雄兵""顷刻间千秋事业，方寸地万里江山"。这就突破了西方歌剧的"三一律"与"第四堵墙"的局限。其次是在具体的舞台气氛调度和演员对某些生活动作的模拟方面，诸如刮风下雨、船行马步、穿针引线等，更集中、更鲜明地体现出戏曲虚拟性特色。

戏曲脸谱也是一种虚拟方式。中国戏曲的虚拟性，既是戏曲舞台简陋、舞美技术落后的局限性带来的结果，也是追求神似、以形写神的民族传统美学思想积淀的产物。这是一种美的创造。它极大地解放了作家、舞台艺术家的创造力和观众的艺术想象力，从而使戏曲的审美价值获得了极大的提高。

二、戏曲行当

扮演剧中人物分角色行当，是中国戏曲特有的表演体制。行当从内容上说，它是戏曲人物艺术化、规范化的形象类型。从形式上看，行当又是有着性格色彩的表演程式的分类系统。这种表演体制是戏曲的程式性在人物形象创造上的集中反映。每个行当，都是一个形象系统，同时也是一个相应的表演程式系统。

戏曲中人物行当的分类，在各剧种中不太一样，以京剧的分类为参照，有如下分类。

（一）生行

生行是中国戏曲表演主要行当之一，泛指净、丑之外的男角色。生的名目最早见于宋元南戏，指剧中男主角，与元杂剧的正末相当。清代以后又衍化为老生、小生、外、末四个支系。按其扮演人物属性、性格特征和表演特点，生大致可分为老生、小生、外、末、武生、娃娃生等类。老生主要扮演中年以上、性格正直刚毅的正面人物，因多戴髯口，故又称须生，俗称胡子生。京剧老生行又分唱功、做功、靠把和武老生以及主要扮演关羽的红生。小生扮演青年男性，分中生（扇子生）、冠生（官生）、穷生、雉尾生（翎子生）、武小生等。外，泛指生的副角，不表现确定的性格特征，唯汉剧的外唱、念、做并重。末，沿袭南戏、北杂剧之名目，今多数剧种已并入老生行。武生扮演擅长武艺的人物，分长靠武生和短打武生两类。娃娃生扮演儿童角色，京剧中还有娃娃武生。生除了红生某些勾脸的武生，其他都是素脸，也就是内行说的"俊扮"。

（二）旦行

旦行中有青衣（正旦）、花旦、武旦、彩旦等。青衣，旦行里最主要的一类是青衣，扮演的一般都是端庄、严肃、正派的人物。大多数是贤妻良母，或者旧社会的贞节烈女之类的人物。服装上青衣穿青褶子为多，所以青衣的另外一个名称叫青衫。花旦指服装都是穿裙衣裳，扮演比较活泼、开朗，动作也比较敏捷、伶俐的青年女性。武旦是表演一些精通武艺的女性角色，刀马旦和武旦有一些区别。刀马旦一方面要有很好的武功，同时还得长于做功，而且有时候说白、功架都很重要。彩旦俗称丑婆子，以做功为主，表演、化妆都很夸张，是以滑稽和诙谐的表演为主的喜剧性角色。

（三）净行

净行俗称花脸，以各种色彩勾勒的图案化的脸谱化妆为突出标志，表现的是在性格气质上粗犷、奇伟、豪迈的人物。这类人物在表演上要音色宽阔洪亮，演唱粗壮浑厚，动作造型线条粗而顿挫鲜明，大开大合，气度恢宏。关羽、张飞、曹操、包拯、廉颇等都是净扮。净行人物按身份、性格及其艺术、技术特点的不同，大体上又可分为正净（俗称大花脸）、副净（俗称二花脸）、武净（俗称武二花）。

（四）末行

末，一般扮演比同一剧中老生作用较小的中年男子，多数情况下会有胡子装饰，即所谓的挂须。

（五）丑行

丑（小花脸或三花脸），是喜剧角色，在鼻梁眼窝间勾画脸谱，多扮演滑稽调笑式的人物。在表演上一般不重唱功，以念白的口齿清晰流利为主，有文丑和武丑两大分支。

三、中国主要戏曲剧种

中国的民族戏曲历史悠久，剧种种类繁多，有据可考的就有近300个剧种。这里主要选取介绍其中八大剧种。

（一）评剧

评剧流行于华北、东北等地区，它源自河北东部一带的"莲花落"，并吸收京剧、河北梆子、皮影、大鼓等音乐和表演形式发展而来。这个剧种从农村进入城市后，受到话剧和京剧的影响，演了许多新戏，擅于表现小市民生活。评剧的唱词通俗易懂，唱腔口语化，吐字清晰易解，生活气息浓厚。20世纪30年代后，评剧表演在京剧、河北梆子等剧种的影响下，逐渐形成了李金顺、刘翠霞、白玉霜、喜彩莲、爱莲君等流派。20世纪50年代以后，评剧以《小女婿》《刘巧儿》《杨三姐告状》等剧目在全国广为流传，出现新凤霞、魏荣元等著名演员。

（二）京剧

京剧是流行全国，影响最大、最具有代表性的剧种，有"国剧"之称。它的前身为徽调，曾一度被称为"平剧"，后改称京剧。表演上歌舞并重，既融合了武术技巧，多用虚拟性动作、节奏感强，又创造了许多程式性的表演动作。京剧表演在演唱时讲究行腔吐字，念白具有音乐性，在唱、念、做、打方面自成京剧艺术体系，对各地剧种影响很大。京剧有四大名旦——梅兰芳、程砚秋、尚小云、荀慧生，四大老生——马连良、谭富英、杨宝森、奚啸伯等代表人物，《宇宙锋》《玉堂春》《长坂坡》《群英会》《打渔杀家》《五人义》《挑滑车》《打金枝》《四进士》《搜孤救孤》《打严嵩》《挡马》《金玉奴》《霸王别姬》等代表剧目。

（三）豫剧

豫剧是在河南梆子的基础上，不断进行继承、改革和创新发展起来的。新中国成立后，因河南简称"豫"，所以被称为豫剧。豫剧在安徽北部地区称梆剧，山东、江苏的部分地区仍称梆子戏。豫剧的流行区域主要在黄河、淮河流域。除了河南省，湖北、安徽、江苏、山东、河北、北京、山西、陕西、四川、甘肃、青海、新疆、台湾等省区市都有专业豫剧团的分布，豫剧是我国最大的地方剧种。豫剧比较有代表性的剧目有《对花枪》《三上轿》《宇宙锋》《地塘板》《提寇》《铡美案》《十二寡妇征西》《春秋配》《红娘》《花木兰》《穆桂英挂帅》等，代表人物有马金凤、张宝英、常香玉等。

（四）越剧

越剧是江南流行较广、深受群众欢迎的地方戏曲之一。越剧发源于浙江一带，即古越国所在地，故名越剧，已有七八十年的历史，是由说唱艺术"落地唱书"发展而成的。越剧长于抒情，以唱为主，声音优美动听，表演真切动人、唯美典雅，极具江南灵秀之气；多以"才子佳人"题材为主，艺术流派纷呈，公认的就有十三大流派之多。越剧主要流行于上海、浙江、江苏、福建、江西、安徽等广大南方地区，以及北京、天津等北方地区，鼎盛时期除了西藏、广东、广西等地，全国都有专业剧团存在。越剧的代表性剧目有《梁山伯与祝英台》《红楼梦》《西厢记》《祥林嫂》《何文秀》《碧玉簪》《追鱼》《情探》《珍珠塔》《柳毅传书》《五女拜寿》等。公认的越剧流派有袁雪芬派、范瑞娟派、尹桂芳派、傅全香派、徐玉兰派、戚雅仙派、王文娟派、陆锦花派、毕春芳派、张云霞派、吕瑞英派、金采风派、张桂凤派等。

（五）黄梅戏

黄梅戏是安徽省地方剧种，旧称黄梅调或采茶戏，流行于安徽、江西、湖北部分地区，以黄梅采茶调为主的民间歌舞基础发展而成。黄梅戏初以演出"两小戏""三小戏"见长，后受青阳腔和徽调影响，逐渐发展为演出完本大戏。它的唱腔保存民歌本色，委婉动人，属板式变化体，有花腔、彩腔、主调三大腔系。花腔以演小戏为主，曲调健康朴实，优美欢快，具有浓厚的生活气息和民歌小调色彩；彩腔曲调欢畅，曾在花腔小戏中广泛使用；主调是黄梅戏传统正本大戏常用的唱腔，有平词、火攻、二行、三行之分，其中平词是正本戏中最主要的唱腔，曲调严肃庄重，优美大方。黄梅戏的代表性剧目有《天仙配》《牛郎织女》《女驸马》《夫妻观灯》《打猪草》《玉堂春》等，代表人物有严凤英、王少舫、张云风、吴琼等。

（六）秦腔

秦腔是流行于我国西北地区陕西、甘肃、青海、宁夏、新疆等地的最大剧种，因以枣木梆子为击节乐器，又叫"梆子腔"，俗称"桄桄子"。秦腔源于古代陕西、甘肃一带的民间歌舞，经历代人民的创造而逐渐形成，是相当古老的剧种。秦腔的代表性剧目有《春秋笔》《八义图》《紫霞宫》《和氏璧》《麟骨床》《鸳鸯被》《射九阳》《哭长城》《伐董卓》《白蛇传》《长坂坡》《临潼山》《斩单童》《三娘教子》《柜中缘》《三上殿》《献西川》等，传承人有马友仙、贠宗翰、李爱琴、康少易等。

（七）昆剧

昆剧是我国的古老剧种，又称昆山腔，流行于江苏昆山一带。嘉靖年间戏曲音乐家魏良辅汲取海盐腔、弋阳腔的长处，对昆腔加以改革，创造闻名的"水磨腔"，使昆曲音乐获得很大的发展。昆曲有一套完整的表演体系和独特的声腔系统，曲调清新婉转，表演优美动人。在演唱技巧上昆曲注重声音的控制，节奏速度的顿挫疾徐和咬字吐音的讲究，场面伴奏乐曲齐全。昆剧的音乐曲牌、表演舞蹈对其他剧种影响很大。昆剧的代表剧目有王世贞的《鸣凤记》，汤显祖的《牡丹亭》《紫钗记》《邯郸记》《南柯记》，沈璟的《义侠记》，高濂的《玉簪记》，李渔的《风筝误》，朱素臣的《十五贯》，孔尚任的《桃花扇》，洪昇的《长生殿》等。另外还有一些著名的折子戏，如《游园惊梦》《阳关》《三醉》《秋江》《思凡》《断桥》等。昆曲的演员主要来自民间戏班职业艺人、士大夫蓄养的家班和业余的"串客"三个方面。万历年间，就有了著名演员蒋六、宇四等，著名的昆曲戏班有南京的沈周班，士大夫蓄养的家班有申时行、张岱等。明末清初，士大夫蓄养家班成风，著名的有阮大铖家班、长洲尤桐家班等。著名戏班有北京的聚和、三也、可娱，南京的兴化，苏州的寒香、凝碧等。新中国成立后，经过长期的艺术实践，成长起了一批具有全国影响的著名演员，如小生蔡正仁、岳美缇，旦角华文漪、梁谷音、张静娴，老生计镇华，武旦王芝泉，丑角刘异龙、张铭荣等。

（八）晋剧

晋剧，即中路梆子，是山西省的代表剧种，为山西省的四大梆子之一，它的活动地区在山西中部，尤其是在太原附近、晋中一带。中路梆子的特点是旋律婉转、流畅，曲调优美、圆润、亲切，道白清晰，具有晋中地区浓郁的乡土气息和独特风格。晋剧的代表剧目有《渭水河》《打金枝》《临潼山》《乾坤带》《沙陀国》《战宛城》《白水滩》《金水桥》《火焰驹》《梵王宫》《双锁山》等，晋剧表演艺术家有张宝魁、丁果仙、张美琴、牛桂英、郭凤英、郭兰英、郭彩萍、李月仙、武忠等。

第四编　名著导读

美学的学习和美育的实施，均需要阅读一定数量的美学及美育名作，本编精选美学史上的经典著作十余种，对其内容做简要介绍，以期作为一个线索，引导学生进入经典的研读中。

第十四章 《文艺对话集》*导读

柏拉图，古希腊哲学家，也是整个西方文化中最伟大的哲学家和思想家之一，在西方文化史上的地位，以如下说法最直截了当："西方的思想或者是柏拉图的，或者是反柏拉图的，但是在任何时候都不能说是非柏拉图的。"① 其主要著作是《理想国》。

《文艺对话集》具体内容为：《伊安篇》，论诗的灵感；《理想国（卷二、三）》，论统治者的文学音乐教育；《理想国（卷十）》，论诗人的罪状；《斐德若篇》，论修辞术；《大希庇阿斯篇》，论美；《会饮篇》，论爱美与哲学修养；《斐利布斯篇》，论美感；《法律篇》，论文艺教育。

第一节 美的本质论

柏拉图关于美的本质的理论，主要见《大希庇阿斯篇》和《会饮篇》。

在《大希庇阿斯篇》中，关于美的流行见解：第一，美是具有美的属性的具体事物（美的小姐、母马、竖琴、汤罐等）；第二，美是使事物显得美的质料或形式（黄金）；第三，美是某种物质与精神上的满足；第四，美

---

* 柏拉图.文艺对话集［M］.朱光潜，译.北京：人民文学出版社，1963.

① 波普尔.开放社会及其敌人：第1卷 柏拉图的符咒［M］.陆衡，张群群，等译.北京：中国社会科学出版社，2016：28.

是恰当、有用、有益；第五，美是由视觉与听觉产生的快感。

柏拉图对以上美的流行见解进行了驳斥：第一，美和美的东西是两码事；第二，质料或形式的意义有限，大千世界的美并非全用黄金镶嵌，如雅典娜雕像；第三，物质与精神上的满足是短暂和不断变化的，美却是永恒的；第四，美是恰当、有用、有益，这是从功用主义观点看待美，而且，恰当、有用、有益若是对坏人而言，就难以说通；第五，美是由视觉与听觉产生的快感，有些美如习俗、制度的美不是由视听觉产生的；有些快感如味觉等并非美的；视觉、听觉是两种官能，而美只能有一种。

在《会饮篇》中，柏拉图提出了美的核心问题：美本身是什么？柏拉图给出的回答是美超越于物质世界，又独立于人心的形而上学的实体，亦即"理式"。

理式是本体，统摄具体；理式是万物追求的目标和赖以产生的动因；理式是一般，先于个别；理式是万物本源，为万物所分有。

美是理式，有两层含义：美是永恒绝对的，事物的美是由于理式的参与形成的；美具有非功利性与神圣性。

第二节　审美论

柏拉图关于审美的理论探讨，主要见于《斐德若篇》和《会饮篇》。

柏拉图认为，人的灵魂不灭，人在降生前，灵魂已经具有了真善美的各种知识，认识、学习、审美都是对以前获得的经验的回忆。

第一，审美就是回忆，通过具体事物的触引，回忆起上界里真正的美，而且审美需要激情。

第二，审美中，回忆可以理解为联想。

第三，审美是高尚而神圣的事，需要具备两个条件：灵魂生来就是纯洁的，在上界曾经有幸观照过美的本体；灵魂在尘世没有受到罪恶的污染，没有忘记真正美的境界。

第四，灵魂需要净化：灵魂不能屈从于肉体；不恣溺感官而独任理智；不随波逐流而保持克制、公正、勇敢、智慧；根据灵魂净化程度不同，人分为九等。

第五，审美的标准：灵魂净化程度较高的是老年人，在年长的哲学家身上体现得特别明显。"乐老年人所乐的东西，哀老年人所哀的东西"，"哲学家之快乐为真快乐，余皆快乐之影像耳"。

第六，审美是一个逐步深化的过程。

第三节 艺术论

柏拉图关于艺术的理论，主要见于《理想国》《斐德若篇》《伊安篇》。

一、艺术本质论

艺术即模仿，但只是模仿的模仿、影子的影子，和真理隔着三层。他以床为例；床有三种，第一种是神所制造的本然的床，第二种是木匠按照床的理式制作出的个别的床，第三种是画家模仿木匠的床画成的床，它只是对个别的具体的床的外形的模仿，所得到的只是一种"影像"或"幻相"，所以更不真实，它和真实隔着三层，只能算是模仿的模仿、影子的影子。

二、艺术功能论

（一）艺术的罪状

艺术满足感性需要，而感性需要属于人性中低劣的部分（感伤癖、哀怜癖）；艺术丑化了神，对城邦尤其青少年是毒素。

（二）柏拉图心中理想的艺术

艺术的出发点是"对国家和人生都有效用"；艺术的题材以写善德的人为本，应表现人的好品德、好性情、好行为；艺术的形式和风格应严整和简朴；艺术家需要具备天赋、知识和训练三个条件。

（三）艺术批评的品性

柏拉图看来，艺术批评要有鉴别力、品德、教养等品性，不能由听众或观众的快感来判定。柏拉图提出了"剧场政体"，与"贵族政体"相对立，"剧场政体"建立在市民娱乐的基础上，无法与"贵族政体"相提并论。

三、灵感论（《伊安篇》）

柏拉图灵感论是关于艺术创作来源的学说。柏拉图认为：诗歌创作不是凭技艺而是凭灵感，神是灵感的来源，诗人是代神说话；灵感来临，意味着人理性的丧失，意味着"迷狂"（激情和想象）；灵感既是诗人创造力的来源，也对表演者和观众产生吸引力。

英国哲学家怀特海曾言："整个西方哲学史，不过是柏拉图的注脚。"这句话放到美学领域，也适用，此书的意义也已无须多言。

第十五章 《诗学》*导读

亚里士多德，马克思称其为"古代最伟大的思想家"，恩格斯赞其为"古希腊哲学家中最博学的人"，追随柏拉图20年，留下"吾爱吾师，吾更爱真理"的名言，他同时是亚历山大的老师，古希腊哲学美学的最后一位代表。亚里士多德的主要著作有《工具论》《物理学》《形而上学》《伦理学》《政治学》等，《诗学》是其主要美学著作。

《诗学》全书共26章，可以分为5部分：第1—5章，绪论或总论性质，主要讨论艺术模仿的对象、模仿所采用的媒介和方式，诗的起源、艺术分类的原则及悲喜剧的历史；第6—22章，是该书的重点，主要探讨悲剧理论；第23—24章，论史诗；第25章，批评理论；第26章，对史诗与悲剧进行了比较。

第一节 艺术理论

文艺学，或称诗学，真正成为一门独立的科学，可以说是从亚里士多德开始的。

---

* 亚理斯多德，贺拉斯.诗学·诗艺［M］.罗念生，杨周瀚，译.北京：人民文学出版社，1962.

一、艺术的本质是模仿

在《诗学》中，亚里士多德将艺术与自然科学、哲学、历史具体区别开来；在《形而上学》中，根据人类活动的不同特点，把科学分为三类：理论或思辨科学，包括数学、物理学、哲学；实践或行为科学，包括政治学、伦理学；制作或创造性科学，包括诗学和修辞学。诗学属于创造性科学。

诗人之所以为诗人，是因为他是模仿者，而不是某种格律的使用者。亚里士多德主张，艺术作品不同于自然科学或哲学著作，应给予诗人以独立的地位。"即使是医学或自然哲学的论著，如果用'韵文'写成，习惯也称这种论著的作者为诗人。"

（一）一切艺术都是模仿

> 史诗和悲剧、喜剧和酒神颂以及大部分双管箫乐和竖琴乐——这一切实际上是模仿。只是有三点差别，即模仿所用的媒介不同，所取的对象不同，所采的方式不同。

亚里士多德的模仿说与柏拉图的模仿说有本质不同，亚里士多德模仿说的核心是说艺术的本质是模仿现实生活中行动着的人，描写人的性格、情感和行为，而非"理式"。

（二）艺术模仿是一种创造

亚里士多德在阐明事物的成因时，指出的"四因说"之一是创造因，在探讨艺术的本质时，他的可贵之处在于十分重视艺术家的主观创造性。没有艺术的创造力，现实的对象存在的"潜能"，就无法形成艺术作品。

（三）艺术模仿不是照相，而是理想化的

亚里士多德认为艺术模仿的是现实的人，不是低于现实而是可以高于现实中的人。

"诗人应该向优秀的肖像画家学习，他们画出一个人的特殊面貌，求其相似而又比原来的人更美。""为了获得诗的效果，一桩不可能发生而可能成为可信的事，比一桩可能发生而不能成为可信的事更为可取。"

二、艺术的基本特征

（一）诗（艺术）更富于哲学意味

亚里士多德认为，艺术创造的特点是通过个别形象体现出事物的普遍性。

诗人的职责不在于描述已经发生的事，而在于描述可能发生的事，即按照可然律或必然律可能发生的事……写诗这种活动比写历史更富于哲学意味，更被严肃对待。

（二）两种不同的创作原则

在亚里士多德看来，诗人对于现实事物的描写有两种不同的创作原则：按照事物本来的样子模仿还是按照事物应然的样子模仿。

如果有人指责诗人所描写的事物不符合实际，也许他可以这样反驳："这些事物是按照它们应当有的样子来描写的。"正像索福克勒斯所说，他按照人应当有的样子来描写，欧里庇得斯则按照人本来的样子来描写。

（三）艺术的整体性

亚里士多德认为，艺术具有整体性：

> 一个美的事物——一个活东西或一个由某些部分组成之物——不但它的各部分应有一定的安排，而且它的体积也应有一定的大小；因为美要依靠体积与安排，一个非常小的活东西不能美，因为我们的观察处于不可感知的时间内，以致模糊不清；一个非常大的活东西，例如一个一万里长的活东西，也不能美，因为不能一览而尽，看不出它的整一性；因此，情节也须有长度（以易于记忆者为限），身体，亦即活东西，须有长度（以易于观察者为限）一样。

在亚里士多德那里，美是"秩序、匀称、明确"，实际上这也就要求艺术具有整体性。秩序是时间上的匀称；匀称是空间上的秩序；明确是秩序与匀称的限定。

第一，整部作品应是一个有机的整体。头、身、尾依照必然律结成一个完全整体："所谓'完整'，指事之有头、有身、有尾……"他这里所说的整体性，还仅是单向的因果链，不是球形的、立体的网络结构。

第二，情节的整一性。在亚里士多德看来，美应当具有情节的整一性。"在诗里……它所模仿的就只限于一个完整的行动，里面的事件要有紧密的组织，任何部分一经挪动或删削，就会使整体松动脱节。要是某一部分可有可无，并不引起显著的差异，那就不是整体中的有机部分。"

第三，人物形象的整体性。在人物创造上，亚里士多德提出将分散的众美集中概括成一个活的整体的观点。这个艺术上的活的整体是个别性与普遍性、感性与理性的活的整体（形与神的统一整体）。比如描述一个人的性格，既要使他的外形保持整一性，在绘画中就是要比例适度，各部分和谐一体，同时也应表现出性格的内在统一性（合乎必然律）。

（四）艺术的真实性

亚里士多德的真实论与柏拉图针锋相对。他认为艺术不仅能够通过个别具体的事物反映真理，同时人们也能够通过艺术形象认识真理。但，"诗的真不同于政治科学的真及其他的技艺的真"。

第一，偶然性与必然性的统一。亚里士多德强调安排情节、刻画性格，都应合乎必然律，即使描写偶然也是为了通过偶然体现必然，脱离了必然的偶然是不可取的。《诗学》第9章对这个问题做了反复的论证。他认为在戏剧创作中，只有那些拙劣的诗人才去搞一些"穿插式的情节"，使"各穿插的情节看不出可然的或必然的联系"。

第二，可信性与可能性的统一。亚里士多德认为，在艺术作品中，具体的事件虽不具有可能性，现实生活中不存在，也不可能存在，但它却是可信的，具有可信性。

三、艺术的起源和社会功能

（一）艺术的起源

亚里士多德认为，艺术起源于人的模仿本能，人有模仿的天性，模仿自然界和社会现实。"诗的起源仿佛有两个原因，都是出于人的天性。人从孩提的时候起就有模仿的本能……人对于模仿的作品总是感到快感……我们一面在看，一面在求知……模仿出于我们的天性，而音调感和节奏感也是出于我们的天性。"

（二）艺术的功能

首先，亚里士多德肯定在阅读或欣赏作品时有"求知"的一面，就是肯定艺术的认识真理的价值。他在《形而上学》中说："知识和理解属于艺术较多，属于经验较少，我们以为艺术家比只有经验的人较明智……因为艺术家知道原因而只有经验的人不知道原因。只有经验的人对于事物只知其然，而艺术家对于事物则知其所以然。"

其次，在亚里士多德看来，文艺有审美教育作用。音乐应该学习，并不只是为着某一个目的，而是同时为着几个目的，那就是教育、净化、精神享受，也就是紧张劳动后的安静和休息。

第二节　悲剧理论

亚里士多德的悲剧理论是其美学思想的重要部分，在西方美学史上影响巨大，也被公认为悲剧理论的奠基之作。

一、悲剧的定义

亚里士多德在《诗学》中给了悲剧这样的定义："悲剧是对于一个严肃的、完整的、有一定长度的行动的模仿，具有一定的意义；它的媒介是语言，具有各种悦耳之音，分别在剧的各部分使用。模仿的方式是借人物的动作来表达而不是采用叙述法，借引起怜悯与恐惧来使这种情感得到陶冶净化。"

亚里士多德关于悲剧的定义全面揭示了悲剧的性质、特点、表现方式和审美功能，是他悲剧论的中心内容。

二、悲剧的性质

在亚里士多德看来，悲剧的性质体现在"对于一个严肃、完整、有一定长度的行动的模仿"。所谓"完整"指事之有头、身、尾。长度，也就是说不可太短，也不可太长。具体讲，一是就悲剧的事件来说的，一是就演出的时间来讲的。"有一定长度"，是悲剧与史诗的不同，史诗显得更宏伟、更富于变化。"严肃"指悲剧描写的人物是高尚的人，比一般人在品行上更好的人；而他的行为又是可怕的和可怜的。人们正是在这种可怜可怕交错而生的激情中才体味到作品的严肃性。

三、悲剧的成分

在《诗学》中，亚里士多德认为，整个悲剧艺术的成分可分为六种，即情节、性格、言词、思想、形象与歌曲。六种成分的相互关系及其在悲剧中的地位如下。

情节是指事件的安排。"情节乃悲剧的基础，有似悲剧的灵魂。"因为悲剧是对人的行动的模仿，而情节也就是模仿行动。悲剧中没有情节，就不成其为悲剧。

性格在悲剧成分中居第二位。因为性格是人物的品质的决定因素。性格与情节具有相互作用：情节（行为）通过性格表现出来，行为决定性格。性格决定行为的性质和方式，是行为的动因。语言属于第四位，即所谓"表达"，指通过词句以表达意思。这是悲剧模仿行动的媒介。歌曲占第五位，要求"悦耳"。形象是悲剧艺术的表现方式，在悲剧演出中，多指演员的装扮样子。

四、悲剧人物论

"悲剧总是模仿比我们今天的人好的人。"悲剧人物的特点，即好人犯错误，亦即"过失论"。有三种情况的人不应成为悲剧主人公。

第一，不应写好人由顺境转入逆境。亚里士多德认为："不应写好人由顺境转入逆境，因为这只能使人厌恶，不能引起恐惧或怜悯之情。"因为写很好的人得到不好的下场，这是惨剧，使善人得到恶报，容易引起人们反感。

第二，亚里士多德主张，不应写坏人由逆境转入顺境，因为这最违背悲剧的精神——不合悲剧的要求，既不能打动慈善之心，更不能引起怜悯或恐惧之情，坏人得到好报，不能满足观众的正义感。坏人在逆境中，也不值得同情。

第三，他认为，不应写极恶的人由顺境转入逆境，因为这种布局虽然能打动慈善之心，但不能引起怜悯或恐惧之情。穷凶极恶的人，由顺境转入逆境，是罪有应得，可以满足观众的正义感，谈不上引起恐惧与怜悯。

悲剧人物既不是完整无缺的好人，也不是完全的坏人，他们的特点是："不十分善良，也不十分公正，而他之所以陷入厄运，不是由于他为非作恶，而是由于他犯了错误，这种人名声显赫，生活幸福，例如俄狄浦斯……"

悲剧主人公是比一般人好的、犯有一定错误的人物。他比一般人好，才值得怜悯；与一般人相似，才能引起我们的恐惧。

五、悲剧的净化作用

悲剧借引起怜悯与恐惧，来使这种情感得到陶冶或净化。

观众在看悲剧时，通过剧中人物的命运和遭遇，可以使自己身上潜存的某种过分的情绪因宣泄而达到平静、适度，因而恢复和保住心理的健康，培养一种高尚的情操。

第三节　喜剧和史诗

在古希腊人建立的分类中，喜剧是区别于悲剧的概念。在亚里士多德看来，不同于悲剧描写的人物是高尚的人，比一般人好的人，喜剧总是模仿比我们今天的人坏的人。

> 喜剧是对于比较坏的人的模仿，然而，坏不是指一切恶而言，而是指丑而言，其中一种是滑稽。滑稽的事物是某种错误或丑陋，但不致引起痛苦或伤害，现成的例子如滑稽面具，它又丑又怪，但不使人感到痛苦。

亚里士多德提出了喜剧的美感不同于悲剧的美感等问题，但未展开论述。

什么是史诗？史诗是指"用叙述体和'韵文'来模仿的艺术"。

关于史诗创作依据的原则，亚里士多德认为，史诗应具有完整性与历史的宏伟特征。史诗的创作同样应"按照人应当有的样子"与"按照人本来的样子"的原则去描写：

> 史诗的情节也应像悲剧的情节那样，按照戏剧的原则安排，环绕着一个整一的行动，有头，有身，有尾，这样它才能像一个完整的活东西，给我们一种它特别能给的快感；显然，史诗不应像历史那样结构，历史不能只记载一个行动，而必须记载一个时期。
>
> 史诗则因为采用叙述体，能描述许多正发生的事，这些事只要联系得上，就可以增加诗的分量。这是一桩好事（可以使史诗显得宏伟）……

史诗的种类分为简单史诗、复杂史诗、"性格"史诗、苦难史诗。有的可互兼，如《伊利亚特》是简单史诗兼苦难史诗，《奥德赛》是复杂史诗兼"性格"史诗。

史诗的成分，除了缺少歌曲与形象，其余同悲剧的成分一样，即情节、性格、思想、语言。史诗的情节发展中，也应有突转、发现与苦难。

第十六章 《神曲》*导读

　　但丁·阿利吉耶里，意大利托斯卡纳郡人，代表作有《筵席》《帝制论》《俗语论》《新生》《神曲》等。但丁在作品中融入了他对意大利黑暗社会和腐败政治的鞭挞和反思，力图通过哲学、神学的思考在精神层面解救出水深火热的意大利人，洗涤其灵魂。恩格斯在《共产党宣言》意大利版序言中将但丁称为"中世纪最后一位诗人，同时又是新时代的最初一位诗人"①。托马斯·斯特尔那斯·艾略特则将但丁与莎士比亚比肩，认为"莎士比亚所展示的，是人类感情的至广，但丁所展示的，是人类感情的至高和至深"②。《神曲》是采用中世纪流行的梦幻文学形式创作的一部长篇史诗，分为地狱篇、炼狱篇、天国篇，共100首，每首诗都按照但丁独创的三韵格的格律，即每一单元为三行，第一句和第三句押韵，第二句和前一单元的第三行、后一单元的第一行押韵，这是意大利语中较多的元音所创造的优美格律。

　　在《神曲》的三界旅途中，但丁由象征理性和哲学的维吉尔带领，尽数了地狱的黑暗和罪恶灵魂的可怖与痛苦，炼狱中因忏悔而免遭地狱之灾，

＊　　但丁.神曲［M］.朱维基，译.上海：上海译文出版社，2011.

①　　马克思，恩格斯.马克思恩格斯选集：第1卷［M］.中共中央马克思恩格斯列宁斯大林著作编译局，编译.北京：人民出版社，1995：269.

②　　但丁.神曲［M］.黄国彬，译.海口：海南出版社，2021：48.

在磨砺中等待救赎的亡灵，最后在象征神学的女神贝阿特丽切带领下领略了天堂的希望和光明，并由圣伯纳德带领，凝视观照了凡眸无可注目的三位一体的神。

第一节 地狱

地狱位于北半球耶路撒冷的边境地区，是由地表向地心延伸的漏斗状深渊，由外围层和九层地狱组成。

地狱外围是无所作为者，第一层"林勃"（Limbo）为"先于基督教而生""不曾受过洗礼""无法对上帝做应有的崇敬"的灵魂，这里有诗人之王荷马、讽刺诗人贺拉斯、奥维德、卢卡努斯、维吉尔、亚里士多德、柏拉图、苏格拉底、托勒密等，通读全篇可见但丁在对神话、历史、哲学、天文等方面的引用和构思深受这些人的影响。这一层的灵魂不受地狱苦刑，而是"生活在无望之中，心愿永远得不到满足"；第二层关押的是淫欲罪者；第三层是贪食者；第四层为贪财者和挥霍者；第五层为易怒者；第六层是各种异端邪教的鼻祖和他们的信徒；第七层为暴力罪者；第八层关押的是欺诈者；第九层关押的是背叛者。

第二节 炼狱

炼狱山由外围、七层炼狱和伊甸园组成。外围由海滨和悬崖构成，在这部分的灵魂是被逐出教会、临终忏悔而蒙神赦罪者，需要在山外绕山环行三十倍于被逐出教会的时间才可进入山门。悬崖上的亡魂是懒惰者、忙于尘世而迟至临终才忏悔者，需要等待和罪孽时间相同的时日才可进入炼狱之门。但如果凡间有人为他们向上帝祷告，也可减少受罚时间。炼狱由卡托作为监管者，但丁认为，卡托是"认识和相信人生的目的就在于追求严峻的美德的人之一"。

炼狱山的七层是根据教会所规定的七种罪状设定，分为傲慢、嫉妒、暴怒、怠惰、贪财、贪食、贪色。但丁在《神曲》中批判了"爱是永远值得赞美，是永远向善"的观点，提出因为人有自由意志，爱也有善恶之分，正是爱的对象的偏移导致了犯罪，而这种罪是道德和伦理层面的罪行。教徒会犯罪正是因为对爱的理解和行为出现错误。爱可分为"自然之爱"和"心灵之爱"，"自然之爱"是基督教认为的人生来具有的善，是上帝所赐，人不会在"自然之爱"上犯错误；"心灵之爱"是上帝所赐予的理性和自由意志，这是人可能会犯错的地方。第一种错误是爱的"目标不正"，爱他人之不利，会犯傲慢罪、嫉妒罪、暴怒罪，分别在炼狱山的第一、第二、第三层赎罪。第二种错误是爱得不够强烈，爱"善"不足而犯怠惰罪，在第四层赎罪。第三种错误是爱得过分强烈，沉湎于对世间财物之爱，造成贪财、贪食、贪色，相较于前两者罪行更为深重，在第五、第六、第七层赎罪。各层亡魂经历磨难后，经过烈火的洗礼便可来到最上层的伊甸园。伊甸园象征着人的现世幸福。亡魂最后浸入勒特河中洗涤前世的罪恶记忆便可升入天堂。在炼狱层，但丁肯定了人的自由意志，人可以根据自己的理性和自由意志压制内心的欲望，追求至善。旅人但丁也在炼狱山洗涤了自己身上的罪行，坚定了自己的道路，得以荣升天堂。

第三节　天堂

在炼狱篇的第30首，维吉尔将但丁交付给贝阿特丽切，回到了地狱。但丁在洗涤了现世的罪恶后得以到达天堂，穿过层层天环，最终实现对上帝的瞻仰，完成自己的救赎旅程。

天堂按照灵魂功德的高低分为九重天和三位一体的上帝所在的净火天。九重天分为等级最低的月天，居住着信誓不坚定的灵魂；第二重天是水星天，为追求世上荣耀而建功立业的灵魂；第三重天是金星天，为多情的灵魂；第四重天是日天，为智慧的灵魂；第五重天是火星天，为信仰而战亡的灵魂；第六重天为木星天，为公正贤明的灵魂；第七重天为土星天，是因隐逸默想的灵魂；第八重天为恒星天，代表基督的胜利，对玛利亚的赞美；第九重天是原动天，代表天使的凯旋；在原动天需要穿过白玫瑰林才可来到第十重天，即净火天觐见上帝，那里是超越时间和空间的永久居住之所。在天堂，越远离地球的天层旋转速度越快，接收到上帝的仁爱之光越强烈，获得的幸福也越多，形象也越模糊。三位一体的上帝则是没有具体形象的"永恒之光"，在天堂篇的第24—26首，但丁在基督三位一体的门徒圣彼得、圣约翰和圣雅的提问中，道出了自己对三神德——信仰、希望和仁爱的理解。

但丁自述《神曲》的主题就是"人凭自由意志去行善行恶，理应受到公道的奖惩"[①]。《神曲》作为从中世纪向文艺复兴过渡的作品，对中世纪基督教会进行批判，并注入了对现世的肯定和人性自由解放的思想。

---

① 朱光潜.西方美学史［M］.北京：人民文学出版社，2002：136.

第十七章 《判断力批判》*导读

伊曼努尔·康德，德国哲学家、天文学家，星云说的创立者之一、德国古典哲学的创始人、唯心主义者、不可知论者、德国古典美学的奠定者。康德的主要著作有《关于自然神学和道德的原则的明确性研究》《论感觉界和理智界的形式和原则》《纯粹理性批判》《实践理性批判》《道德形而上学》《判断力批判》等。

其中，《判断力批判》是康德的美学经典著作，1790年德文版问世，是康德著名的"三大批判"（另两部为《纯粹理性批判》《实践理性批判》）中的最后一部。

在《判断力批判》中，康德寻求两个分割的世界的沟通，认为自由的道德律令要在感性的现实世界实现出来，其中介是反思判断力。反思判断力既带有知性性质，又带有理性性质，其从特殊去寻求普遍从而达到按照"自然合目的性"来沟通认识与道德两大领域，实现自然界的必然王国与道德界的自由王国的和谐，康德在认识论和伦理学之间建构一反思判断，最终完成了其先验论哲学体系。此书分为"审美判断力批判"与"目的论判断力批判"两部分。

第一部分"审美判断力批判"重点分析美和崇高两个范畴。在"美的分析"中，从质（肯定、否定等）、量（普通、个别等）、关系（因果、目

---

* 康德.判断力批判［M］.宗白华，译.北京：商务印书馆，1988.

的等）和方式（必然、偶然等）四个方面对审美判断作了严格的界定和概括：从质上讲，"那规定鉴赏判断的快感是没有任何利害关系的"；从量上讲，"美是那不凭借概念而普遍令人愉快的"；从关系上讲，"美，它的判定只以一单纯形式的合目的性，即一无目的的合目的性为根据的"，这也就是美的没有明确目的而又符合目的性的矛盾或二律背反；从方式上讲，"美是不依赖概念而被当作一种必然的愉快的对象"，这种必然是建立在人都有"共同感受力"这个前提上的。书中还提出"纯粹美"和"依存美"的区别，认为纯粹美是自由的美，只在于形式，排斥一切利害关系，但不是理想美；理想美是"审美的快感与理智的快感二者结合"的一种美，即"依存美"。在"崇高的分析"中，康德把崇高与美作为两个对立的审美范畴，提出数学的崇高与力学的崇高的概念。康德提出了"美是道德的象征"的重要命题。

第二部分"目的论判断力批判"则从审美判断力的"主观合目的性"转向对自然界有机体组织的"客观合目的性"的探讨，辩证地表述了康德的自然观。书中亦论及艺术与天才等问题，阐述了艺术与自然、艺术与科学工艺品、艺术与手工艺品的区别，认为美的艺术是天才的艺术。天才的特征有四：天才不循规蹈矩，具有独创精神；天才不是靠人传授的，只能从天才的作品中窥见法则；天才仅限于艺术领域，不赋予科学；天才的作品皆具有典范性，可作为他人模仿的范本。

《判断力批判》对审美现象的分析，纠正了唯理主义美学和经验主义美学的片面性，突出了美的本质特征，将美与认识和道德现象鲜明地区别开来。《判断力批判》奠定了德国古典美学的基础，并对19世纪和20世纪西方美学思潮产生了多方面的影响。

整个19世纪和20世纪以来，西方所有有成就的美学家与美学流派，都在不同程度上受到《判断力批判》的启示和影响。该书在出版后的近两个世纪中，已被译成几十种文字在世界各国流传。

第十八章 《浮士德》*导读

约翰·沃尔夫冈·冯·歌德,出生于美因河畔法兰克福,德国著名思想家、作家、科学家,他是魏玛的古典主义最著名的代表。而作为诗歌、戏剧和散文作品的创作者,他是最伟大的德国作家之一,也是世界文学领域的卓越人物。他在1773年写了一部戏剧《葛兹·冯·伯利欣根》,从此蜚声德国文坛。1774年发表的《少年维特之烦恼》,更使他名声大噪。

《浮士德》是用诗剧形式写成的,全书共有12111行,题材采自16世纪的关于浮士德博士的民间传说,这些传说是文学家们经常利用的创作素材。

第一节 《浮士德》梗概

刚出场的浮士德满腹经纶,久负盛名,但是对长期的生活状态感到迷茫和不满,不知该去向何方。学术上的成就不能使他收获内心的满足,理性和感性在这里发生了极大的冲突,在这时理性占据上风,压制了他的感性需要。在极端迷茫和苦恼的状态下浮士德想到的第一种解决方案竟然是自杀。当然事情并没有真的这样发展,否则剧情就没法往下写了。随着耳边传来的复活节的音乐,浮士德少年时期的美好生活记忆被唤醒,熙熙攘

---

* 歌德.浮士德［M］.董问樵,译.上海:复旦大学出版社,1983.

攘的复活节人群帮助他完成了思想上的转变。

魔鬼和上帝打了一个赌，作为赌注的浮士德却全然不知此事。他在魔鬼的引诱下与之签署了一份协议：魔鬼将满足浮士德生前的所有要求，但是要以在浮士德死后拿走他的灵魂作为交换。这一情节的设定体现出了文艺复兴之后的人们所追求的精神状态：我生前当及时享乐，死后哪管他洪水滔天。当摩非斯特与浮士德签约时，他说："思想的线索已经断头，知识久已使我作呕。"借助摩非斯特的帮助，久居书斋的浮士德开始了世俗生活，进入爱情生活阶段，尝试与体验另一种生活。浮士德到达的第一个的地方是"酒吧"，返老还童后的浮士德在大街上追逐少女玛甘蕾。一开始见到玛甘蕾，他就对摩非斯特表示："你给我把那个小姑娘弄来"，"如果我今夜不能搂抱她，我们在午夜就分道扬镳"。对此，甚至连魔鬼摩非斯特都看不下去："你开口像登徒子之流。"

可是连玛甘蕾也无法满足浮士德对享受尘世生活的渴望，他又开始了新的追逐。通过魔鬼摩非斯特与酒室小伙的饮酒作乐，歌德肯定了人类自身的现世享受。然而又通过玛甘蕾肯定了爱情的无私与纯洁。浮士德之所以既不满足于书斋生活，又不满足于现世享受，正好体现了精神需求和肉体需求之间的冲突。浮士德有两种冲动。他感叹："我们精神的翅膀真不容易，获得一种肉体翅膀的合作，可是，这是人人的生性。"浮士德的痛苦，来自这两种需求无法达到完美的平衡状态。

之后，他又经历了政治生活阶段与对古典美追求的阶段。随着与玛甘蕾的爱情生活以悲剧告终，浮士德逃离现实，返回到以追求人性完美为目的的古典美，回归希腊。作为一种受到羡慕的古典美的典范，18世纪德国古典美学家希望让人性重新回归到古希腊"和谐"与"静穆"的境界，以克服人性分裂、克服困难。人们认为人应该在婴儿时就回到古希腊，接受古典美的熏陶，形成完善的人格，成年以后将这种人格带回以完善自己的民族。

主人公与海伦之间的结合生出了欧福良，表现出歌德希望18世纪的人们能够找回古代那种完美的人格。浮士德饱学的形象代表着近代社会科学的极大发展给人们带来的理性思维追求。而海伦则代表着历史中那种无法通过理性逻辑推理了解的部分，无法征服。然而欧福良很快就夭折了，他的夭折和海伦的离去表明了近代科学并非万能，理性强行超越自己的应用领域将无可避免地遭到失败。最后通过"填海造陆"，浮士德，或者说歌德感受到了理性的力量，或者说弥补了理性无法触及某些领域的遗憾。至于与魔鬼的协议，歌德让天使用爱火把魔鬼打败，上天将浮士德解救，最终结束全篇。

第二节 《浮士德》的主要观念

《浮士德》中的主要观点可以概括为五个悲剧，分别为知识悲剧、爱情悲剧、政治悲剧、美的（古典）悲剧和事业悲剧。

一、知识悲剧

知识悲剧写浮士德在阴暗的书斋里钻研枯燥的书本，一无所得，感到厌倦而诅咒一切。随后他便同魔鬼订约，走出书斋，投身社会实践。知识悲剧的主旨是个性解放，渴望实践。

二、爱情悲剧

爱情悲剧写浮士德和小市民出身的玛甘蕾相爱，以玛甘蕾被判处死刑，浮士德被靡非斯特带走结束。爱情悲剧的主旨是揭露精神需求和肉体需求之间的冲突，被释放的情欲虽然挑战了迂腐的礼教，但也造成了理性的薄弱，甚至道德的沦丧。爱情既引发了真诚的情感，也引发了自私的欲望。

三、政治悲剧

政治悲剧写浮士德在经历了爱情悲剧后开始了政治生涯，他到罗马帝国宫廷服务，企图有所作为，但以失败告终。政治悲剧的主旨是表现知识分子与政治的无法融合，政治的成就依托于其与权力阶层的联手，而取得权力阶层的信任，又必须出卖自己的良知与人格。浮士德虽然对现实的黑暗有清醒的认识，但是不敢直言，在这样的政治背景下，他无法通过世俗功利实现自己追求人生价值的理想。

四、美的（古典）悲剧

美的（古典）悲剧写浮士德幻游希腊神话世界，与美女海伦（古典美的象征）结合，他们的儿子在探索世界中不幸身死，海伦悲恸欲绝，也随之消逝。美的（古典）悲剧的主旨在于说明，对古典美的追求也不能实现改造社会的美好愿望。

五、事业悲剧

事业悲剧写浮士德带领人们在国王赏赐的一块封地上用劳动开辟了万亩良田，创建了一个人间乐园。征服大自然的成功，使浮士德感到无比欢乐，他情不自禁地喊出："你真美呀，请你暂停！"他随后倒地而死。但他的灵魂并未被魔鬼带走，而是被天使接到了天堂。事业悲剧的主旨是追问：创造本身是不是就是美？

第三节 "浮士德精神"

一、启蒙精神

作为西方历史上的"第一个现代人"，浮士德是人类现代精神的典型代表。浮士德在魔鬼摩非斯特的引领下经历了知识悲剧、爱情悲剧、政治悲剧、美的（古典）悲剧和事业悲剧等五个不同阶段的追求：走出中世纪的书斋，是对中世纪僵化知识的一种否定；体验到了甜蜜的爱情，却仍然无法满足，因为个人情欲的满足并不是人生的最高意义；去参与政治，以获得权力来为封建王朝服务，但是在腐朽的封建帝国却无法体现自己的真正价值；于是回到古希腊，企图在古典美的王国之中去求解人生的困惑，然而优秀的古典艺术并不能解决现代社会人类所遇到的问题；最终浮士德在自己创造的事业中找到了自我存在的意义——被忧愁吹瞎双眼后，他在对自己所建立的事业的美好憧憬中得到满足。浮士德在这样一个从"小世界"向"大世界"行进的过程中不断地否定自我，一次次获得新的追求目标，寻求人类生存的终极意义。

《浮士德》的结论是人类必须不断地努力进取，才能最终被"拯救"："人必须每天每日去争取生活与自由，才配有自由与生活的享受。"这就是"浮士德精神"—— 追求一种使有限生命获得无限延伸的可能性：永不满足现状、不断追求真理、自强不息、重视实践和现实。这也是西方的启蒙精神。

二、对现实的怀疑与批判精神

对传统教会的批判、对封建专制制度的抨击、对新兴资产阶级阴暗面的揭露，都是源于启蒙运动的怀疑和批判精神。

通过浮士德的精神体验，借浮士德之口，摩非斯特扮作浮士德在学生面前对中世纪知识的嘲弄，否定了中世纪的四大学科，对知识僵化、脱离实践的状况进行了批判。玛甘蕾的悲剧，是对封建主义愚昧思想和资产阶级利己主义的批判；浮士德的政治生涯，批判了封建王朝的腐朽堕落、封建帝王的荒淫无耻；浮士德移山填海的事业描述，通过摩非斯特远航归来的自白以及对不愿搬迁的老夫妇的迫害，对于资本主义发展过程中血腥的原始积累以及海外殖民扩张的强盗政策也进行了深刻揭露。

三、"浮士德难题"——对人类生存状态的反思与寻求

（一）"灵"与"肉"的矛盾

"怎样谋求个人幸福而不出卖个人自由"，浮士德在追求的过程中正是面临这样两难的境地。这种两难境地预示着探索的结果可能是一无所获，导致了浮士德在不断追求的过程中时常也会产生对自身追求的怀疑。这是不断追求的人们共同面临的最终命运，人类想要以有限的生命去把握无限的宇宙并不是一件容易的事。

（二）自然欲求和道德律令、个人幸福与社会责任

作为一个辩证的存在，浮士德是一个善与恶两方面对立的统一体，在他不断追求的过程中，既有造善的做法，也有作恶的行为，就是因为他的内心时刻在进行着自然欲望与道德律令的矛盾斗争。

（三）有限人生和无限追求的矛盾

"贴紧凡尘的爱欲"与"飞向仙人的灵境"的斗争，是人类面临的现代性生存危机的真实写照。

在《浮士德》中，通过"人造人"荷蒙库路斯这个形象，作者试图说明，人类在精神领域可以任由自己的想象力驰骋，但是到了真正实践的时候，就不得不受到外界的约束，而无法实现真正的自由。而欧福良这个浮士德在追求古典美的过程中与海伦生下的孩子，是一个不顾一切追求自由的形象，他的最终灭亡是歌德在告诫人们，无限制地追求自由最终只会遭到毁灭。

第十九章 《美育书简》*导读

弗里德里希·席勒是德国启蒙运动时期的剧作家、历史学家和美学家，其有影响的美学著作主要有《论秀美与尊严》《美育书简》《论崇高》《论素朴的诗和感伤的诗》等。

《美育书简》（又译为《审美教育书简》）是席勒写给丹麦奥古斯滕堡公爵的27封信。在法国大革命背景下，席勒以康德的原则为依据，深刻分析了人的感性与理性同审美与艺术的关系，认为人类发展的道路是从被感性支配的自然人走向精神能控制物质的理性人，并且只有当两种冲动同时发展，人才有自由，而美能将二者联结、统一起来。席勒以美学为依托，思考了人性完善和社会改良的途径，照见其对人类命运的深刻关怀。席勒十分重视《美育书简》，称其为自己"有生以来做过的最心满意足的事情"。该书是德国哲学史上最重要的著作之一。

第一节 美的根源在人性中

在席勒看来，美的本性是与人的本性直接相关的，因此他从人的活动和需要中来寻求美的根源。

首先，席勒对人性作了先验的分析，把人加以抽象，在人身上区分出

---

*　席勒.美育书简［M］.徐恒醇，译.北京：中国文联出版公司，1984.

一种持久的和另一种不断变化的因素。前者他称为人格（人的自我），后者他称为状态（人的自我规定性）。他认为，在理想的人性或神性中这两者是统一的；而在有限的存在即一般人身上，这两者是割裂的。

在人格现实化的形成过程中，人存在两种不同的趋向，前者是感性冲动，后者是理性冲动。只有在人的完美存在中，这两种冲动才能达到一致。也就是说，人性的完美在于感性冲动和理性冲动的统一，两种冲动的结合称为游戏冲动。游戏，指人在摆脱了物质欲望的束缚和道德必然性的强制之后，所从事的真正自由的活动，体现了人所取得的精神自由。

人的感性冲动的对象是最广义的生活，理性冲动的对象是形象，游戏冲动的对象则是活的形象，它是指充满生活内容的形象或取得形象直观的生活内容，也就是最广义的美。通过游戏冲动，人的感性要求和理性要求结合在一起，物质过程和精神过程统一起来。在席勒看来，审美是摆脱了物质需求的束缚而达到外在和内在自由统一的一种状态。通过感受美，使人在有限的事物中见出无限性。

第二节　对人的"断片"化存在的警醒

人成了一个个"断片"化存在，即过分的劳动分工使人成为职业化的奴隶，从而丧失了个人全面发展的可能。同时，对于感性、知性和理性的过分区分，也造成人的精神能力的分割，以致直观知性（感性认识）与思辨知性（理性认识）分别占据了不同的领域。人的活动就局限在某一个领域，人就只能被动地受人的支配，使他多方面的素质无从发挥。因此，感性和理性的协调，才能确保人性的完整。这就需要通过美育恢复人性的完整和提高道德水准，以便达到政治上的自由。"要让美在自由之前先行……人们在经验中要解决的政治问题，就必须通过审美教育的途径，因为正是通过美，人们才可以达到自由"，"每一次都得通过审美生活重新把这种人性还给他……美只是使我们能够具有人性"。

第三节　审美可以使人提升

人的发展（既包括个体的发展又包括类的发展）经过三个阶段，即自然阶段、审美阶段和道德阶段。不能从自然阶段直接到道德阶段（强升的结果或者是欲望无限放大，或者是成为抽象的人），需要经过审美阶段，对世界以"外观"："事物的外观，是人的作品。一个以外观为乐的人，不会再以他得到什么为乐，而会以制作什么为乐。"也就是说人只有摆脱自然欲望，才可能成为人。

精神自由是美的规律，审美的国度是最高的人生境界。力量的国度具有暴力的强制性，道德的国度要求无条件服从于集体利益和意志，而审美的国度则是主体的受动性和能动性的统一，使人取得内在和外在的自由。

所以席勒说："在人的所有状态中，正是游戏而且仅仅是游戏才让人成为完全的人。"

第四节　美育的效果

在席勒看来，美育的效果在于发达的美感可以改良习俗和提高鉴赏力。

在任何一个民族中，审美文化的发展高度和极大普遍性与政治的自由和公民的道德、美的习俗与善的习俗、行为的优雅与行为的率真都是并肩而行的。当然，也有相反的例证，但"谁若不敢超越现实，谁就永远得不到真理"。

美育的实施是一种潜移默化的过程，经过教养的鉴赏力通常是同知性的明晰、情感的活跃、思想的自由以及行为的庄重联结在一起。

席勒在教育发展史和美学思想史上第一次完整地提出了美育的理论。

他指出：有促进健康的教育，有促进知识的教育，有促进道德的教育，有促进鉴赏力和美的教育。这最后一种教育的目的在于，培养我们的感性和精神力量的整体达到尽可能的和谐。在这里，席勒把体、智、德、美四项教育并列，就不仅是作为德育或智育的一种手段，而是已经把美育作为具有独立目标的一项专门教育。质言之，席勒的美育理论，绝不仅仅是一般意义上的艺术教育（尤其是艺术知识教育），而是人性的培育。

《美育书简》在西方美学史中也占有重要地位。促使席勒写《美育书简》的动力，主要是法国大革命及其所引起的问题。席勒认为改革社会、实现自由不应当采取革命的暴力手段，而应当"让美走在自由的前面"，采取审美教育的手段，也就是说，他把审美教育当成是人的精神解放和完善人格形成的理想和目的。

第二十章 《美学》*导读

　　黑格尔是德国古典哲学的集大成者，构建了一个百科全书式的世界史上前所未有的庞大的哲学体系。黑格尔生前正式出版《精神现象学》《逻辑学》《哲学全书》《法哲学原理》等著作；去世后由学生整理出版《历史哲学》《宗教哲学》《哲学史讲演录》《美学》等著作。

　　《美学》主要由他的学生霍托根据听课笔记和黑格尔亲自写的讲课提纲整理、编辑而成（黑格尔在海德堡大学、柏林大学共讲过6次美学），《美学》于1835年首次出版。

　　按照黑格尔的理论逻辑系统，《美学》由一个绪论和三卷，共四大部分组成。

　　绪论部分，概括地讲美学的范围和地位、美和艺术的科学研究方式、艺术美的概念、题材的划分。

　　第一卷主要讲艺术美的基本原理，即艺术美的理念或理想，自然美和艺术美的关系，艺术理想的本质特征和艺术家的想象，天才和灵感、作风、风格与独创性等问题。

　　第二卷主要讲艺术史，即理想发展为各种特殊类型的艺术美，象征型艺术、古典型艺术和浪漫型艺术的特点和发展演变。

---

　　*　黑格尔.美学［M］.朱光潜，译.北京：商务印书馆，1979.

第三卷主要讲建筑、雕刻、绘画、音乐、诗、戏剧等艺术门类和特征的历史发展。

第一节　美是理念的感性显现

一、理念是概念与客观存在的统一

美和艺术美的本质是理念，这是最高的真，指的是美的内容。概念是指哲学逻辑里的那种纯理性的理念，而美或艺术的理念，则是概念与实在的统一体。

黑格尔所说的美的理念，既不是柏拉图式的、抽象的形而上学定义，也不同于康德的先验主义、形式主义和不可知论。在黑格尔看来，美的理念不仅是概念与实在的统一，也是普遍与个别、本质与现象的统一。

二、理念与感性显现的统一

"显现"有"现外形"和"放光辉"的意思。黑格尔说："美的生命在于显现（外形）。"这个显现，是理念的自我显现。理念要显现自己，就必须与具体的、感性的、个别的事物联系起来，就必须找到表现自己的最恰当的形式，并且显示出自己是一个生命灌注的整体。

在理性与感性、内容与形式的关系中，理性、内容，也就是理念，起着主导作用，是美的本原、基础和灵魂。

黑格尔说："艺术的内容就是理念，艺术的形式就是诉诸感官的形象。艺术要把这两方面调和成为一种自由的统一的整体。"

美的本质、艺术美的本质，就是理念与感性显现的统一，理性与感性的统一、内容与形式的统一。

第二节　艺术美

一、艺术美的理想

（一）人是艺术的中心

黑格尔一再强调："只有受到生气灌注的东西，即心灵的生命，才有自由的无限性。"因此，只有有心灵的生命才有灵魂。心灵是人所特有的，因此只有人的生命才是有灵魂的生命，才是可以体现自由的无限性的生命，才是艺术表现的内容。

（二）现象应该表现普遍性

外在现象应当经过"清洗"，把不符合概念的东西一齐抛开，也就是把一切被偶然性和外在形状玷污的东西一齐抛开："只有通过这种清洗，它才能把理想表现出来。"

（三）内容与形式的一致性

理想的内容和它的表现形式，要达到高度的统一。艺术美的核心是艺术家赋予作品的理想。自然无法完全满足无限理性的自觉的灵魂，人需要通过"清洗"来创造属于自己的美。这体现了艺术的生命力，艺术家的灵魂必须力图达到理念的高度。只有符合理念的东西才能够称为理想，理想是人的精神自由的表现，是人的理性的自由想象力的产物。理想需要诉诸感性材料，也就是它的表现形式而实现美，所以艺术美要求理想的内容通过扬弃自身而与其表现形式达到高度的统一。

二、理想性格说

黑格尔继承了莱辛、康德、歌德对于艺术理想和典型的一些有价值的观点，辩证地论述了理想性格的基本特征，理想性格应该具有丰富性（整体性）、明确性（个性）、坚定性等特征。理想性格"必须是一个得到定性的形象，而在这种具有定性的状况里具有一种一贯忠实于它自己的情致所显现的力量和坚定性。如果一个人不是这样本身整一的，他的复杂性格的种种不同的方面就会是一盘散沙，毫无意义。和本身处于统一体，艺术里的个性的无限和神圣就在于此。从这方面看，对于性格的理想表现，坚定性和决断性是一种重要的定性"。

三、艺术发展的历史类型及其特征

与不同历史阶段艺术的内容与形式的关系相适应，黑格尔把世界艺术发展的类型分为象征型艺术、古典型艺术、浪漫型艺术三种。象征型艺术的主要特征，是物质的表现形式压倒精神的内容，形式和内容的关系仅是一种象征的关系；古典型艺术最主要的特点是内容与形式构成了一个有机的活的整体；浪漫型艺术的主要特征是精神内容压倒物质形式，内容与形式出现了新的不协调。

第三节　史诗和悲剧理论

诗论在黑格尔《美学》中占了近四分之一的篇幅，他的诗论实际就是他的文学理论。

一、诗

黑格尔把诗分为三类：史诗、抒情诗、戏剧体诗。史诗的主要特点是反映和描写现实生活的客观性，它像其他诗作一样，也需构成一个本身完满的有机体。抒情诗的出发点是诗人的内心和灵魂，它所依据的是诗的主体性原则，其基本特点是主观抒情性。戏剧体诗是诗和一般艺术的最高层。它的基本特点是将史诗的客观性原则与抒情诗的主观性原则统一起来，一方面要客观地展开动作和情节，另一方面又要通过动作和情节展示人物的内心世界，刻画人物的性格。

二、悲剧论

悲剧在黑格尔的整个艺术体系中占有最高的地位。黑格尔认为，诗在各类艺术中处于最高层，戏剧体诗又站在诗的最高层，悲剧则是戏剧体诗的最高形式。

黑格尔运用对立统一的矛盾法则解释悲剧冲突，揭示悲剧的实质，这是黑格尔悲剧理论的最大特点。他把冲突看作戏剧的最高情境，而精神冲突是形成悲剧的真正的冲突。悲剧冲突是伦理性实体的自我分裂和内部斗争，矛盾的双方都有其合理性，也有其片面性，处于同等的地位；冲突的结果，不是真的、善的、美的东西的毁灭，而是理性、"永恒正义"的胜利，是矛盾双方各自克服其片面性，达到矛盾的和解。他说："通过毁灭，永恒正义就把伦理的实体和统一恢复过来了。"

三、喜剧

在黑格尔看来，喜剧中的人物，缺乏真实的内容，缺乏"独立自足性"，但他们认识不到这一点，而自以为有真实的内容，自以为有"独立自足性"。就在这种本质和现象、目的和手段之间的矛盾中，剧作者揭穿了喜剧中人物的虚伪性，从而使他们变得滑稽可笑。

第四节　艺术的终结问题

在此部分，黑格尔主要表达了三层意思：第一，散文的时代对艺术是不利的；第二，古希腊美的艺术已经成了过去的东西；第三，近代艺术是解体了的艺术。

艺术哲学的主要任务是从思维上来讲富有内容的东西和它的美的现象的方式，艺术在散文式的、贫乏的现实中，坚持自己的理想性，是对实在性的扬弃。

总之，《美学》集西方美学理论之大成，把德国古典美学推向其发展的顶峰。黑格尔在书中全面联系人类艺术发展的历史，建立了完整的唯心主义美学理论体系。

第二十一章 《悲剧的诞生》*导读

　　弗里德里希·威廉·尼采，是德国哲学家，西方现代唯意志主义哲学的开创者之一。其代表作有《查拉图斯特拉如是说》《权力意志》《悲剧的诞生》等。

　　《悲剧的诞生》写于1870—1871年，首次出版于1872年。

　　该书以"致瓦格纳"为序言，下分25节，从论述希腊悲剧的诞生入手，展开对艺术和美学的看法。尼采的思想深受叔本华和瓦格纳的影响，但克服了悲观主义，认为艺术不是对人生的解脱，而是对人生的征服。这在该书中也深有体现。希腊悲剧是由于日神阿波罗精神与酒神狄俄尼索斯精神的对抗与调和而产生的，并以酒神精神为主导。《悲剧的诞生》中已表现出尼采将叔本华的生命意志转向权力意志的倾向，主张在悲剧的痛苦中感到一种更高的、征服的欢乐，看到生命是永恒的美。

　　在《悲剧的诞生》一书中，尼采所表达的悲剧艺术观念大体可分为四种。第一，艺术是对梦境的模仿，悲剧艺术代表希腊人对生活的理解和体验。第二，艺术欢乐源于酒神狂醉的忘我体验。人们在悲剧合唱队里获得个体生命消失的体验，实现了对终极命运的消解。第三，希腊悲剧是阿波罗形象与狄俄尼索斯精神的结合物，阿波罗形象是希腊悲剧的舞台形式，

---

　　*　尼采.悲剧的诞生［M］.孙周兴，译.北京：商务印书馆，2019.

狄俄尼索斯精神则是希腊悲剧要表现的思想内容。第四，悲剧的功能在于以审美的态度对待人生，获得暂时的解脱。

全书围绕日神和酒神的激烈斗争而展开，认为古希腊艺术产生于日神冲动和酒神冲突。日神阿波罗是光明之神，在其光辉中，万物显示出美的外观，而酒神则象征情欲的放纵，是一种痛苦与狂欢交织着的癫狂状态。日神产生了造型艺术，如诗歌和雕塑，而酒神冲动产生了音乐艺术。人生处于痛苦与悲惨的状态中，日神艺术将这种状态遮蔽，使其呈现出美的外观，使人能活得下去。希腊神话就是这样产生的。酒神冲动则把人生悲惨的现实真实地揭示出来，揭示出日神艺术的根基，使个体在痛苦与消亡中回归世界的本体。尼采认为，悲剧产生于二者的结合。尼采更强调悲剧世界观，认为只有在酒神状态中，人们才能认识到个体生命的欲火和整体生命的坚不可摧，由此产生出一种快感，一种形而上的慰藉。在悲剧中体现出的一种非科学的、非功利的人生态度，是对西方自苏格拉底以来的西方理性主义思想传统的反叛。尼采一再强调，该书的主旨在于为人生创造一种纯粹的审美价值，即"全然非思辨、非道德的艺术家之神"。因而，必须"重估一切价值"。因为"我们的宗教、道德和哲学是人的颓废形式"，因此必须把"我们今日称作文化、教育、文明的一切，终有一天要带到公正的法官酒神面前"，接受"艺术"的审判。

第一节　以叔本华的悲观主义为解释方式

尼采是以叔本华的悲观主义世界观为依托，去解释希腊人的天性和希腊文化的本质。叔本华是以谢林、费希特关于非理性意志的和意志的直观性为存根，确定自己非理性的生命意志哲学。叔本华认为，康德的现象和物自体之间所持的区分观是合理的，对同时代的费希特、谢林、黑格尔取消物自体持不同的观点，叔本华认为物自体可以通过直观被认识，他将之视为独立于时间和空间的，理性和知识都是属从，即意志。人们一旦进入审美的沉思时，意志便逃离了这一审美的过程中。而人生本来是与痛苦相伴的，受意志支配的人们在意志被审美所抛却时又是多么痛苦和空虚。而原本尊重叔本华生命意志说的尼采却说："个人所遭受的巨大痛苦，人类认识的不一致，最终认识的不可靠，能力的不平等，这一切使个人需要艺术。"尤其是悲剧艺术能够使人忘记死亡和时间，以个体的生命意志力为主体，使一切现象和客体从其所出并被其支配。而悲剧艺术的本质，也是最内在的核心，是使人感知到某种神圣的东西，去化解掉人类所要经历的苦难，给自己带来除却痛苦后的欢乐，唯有艺术能化苦难为欢乐。尼采已经在很大程度上背离了叔本华悲观主义的思想本义。

第二节　追求真理和审美之间的关系

在《悲剧的诞生》中，尼采以艺术，特别是悲剧艺术，对世界与人生作了审美的辩护，他对当时德国社会中普遍存在的对于科学理性的高度崇尚和狂热追求不置可否，认为这种科学精神是毁坏我们社会的病菌，况且科学追求的极限是人所不能达到的，当人们被贪得无厌的乐观主义求知欲所驱使在逻辑推理中不断循环往复，最终咬住自己的尾巴时，他才能意识到若要忍受人生就需要艺术的保护和治疗。为了掌握人生的真谛，不应像科学家那样一味沉溺于理性的深渊，而应该学习艺术家，超越知识，用审美的面纱去把握世界。

在尼采看来，过于执着追求真理会导致不可知论与怀疑主义的盛行，陷入惶惶不可终日的迷惘之中，丧失生活的渴望和热情。因此，为了活下去，人们需要以艺术为面纱来掩盖人生的真理；为了热爱生命，人们需要悲剧世界观，以审美的态度来面对客观世界的生成、变化，把人生的无常艺术化为审美的愉悦，使得个人的悲剧转化为整体的喜剧。正如尼采在书中所提到的"只有作为一种审美现象，人生和世界才显得是有充足理由的"，人生的真相是有缺陷的、不尽如人意的，生存本身没有充足理由，若要把悲观厌世转化为充盈的、有意义的生活，也只有通过艺术才可以，因此，为人生作审美的辩护是实现人生唯一可取的选择。

此外，尼采也以古希腊的悲剧艺术为例进一步证明了艺术如何掩盖真理来拯救人生。希腊艺术的繁荣并不是传统学院派所坚持的观点，即源于希腊人内心的和谐，与此相反，尼采认为恰恰是希腊人内心的痛苦和冲突带来了伟大辉煌的希腊文化。希腊人内心的痛苦和冲突源于他们深刻认识到世界意志的永恒痛苦和冲突，也正是因为他们看清了人生的悲剧本质，才迫切地要用艺术来拯救人生，赋予生活以价值和意义，以痛苦为源泉创造出新的欢乐，从而继续忍受生活。

第三节　日神和酒神的对立

悲剧的诞生由日神精神和酒神精神的交融下形成的，但是两者发生的作用和所处的地位不同。酒神精神代表了原始痛苦，日神精神通过主动性假象完成了把酒神精神代表的原始痛苦上升为悲剧的关键一步；悲剧作为一种艺术，需要具备艺术所具有的特点，所以悲剧诞生离不开作为艺术化进程的阿波罗精神这个关键因素；酒神精神代表的形而上的慰藉并不能产生艺术冲动，艺术冲动源于日神精神所代表的个体化原理，个体化原理表现为时间性和反复性，最后日神精神就是通过时间与永恒的并存成了悲剧诞生的关键因素。因此，可以说日神精神是悲剧诞生的关键因素。

尼采在书中以探讨古希腊悲剧的起源为线索，阐述了以苏格拉底为转折标志的古希腊前后期文化的根本区别，对弘扬人的自然生命，以勇士般的、审美的态度对待个体生命根本性悲剧命运的前期古希腊文明大加推崇，指出人具有日神精神与酒神精神两种根本性的对立冲动。前者以理性的静观创造外观的幻境，维护个体以获得生存的意义；后者以个体化的毁灭为手段，返归作为世界本原的原始生命冲动，从而获得最高的审美愉悦和生存意义。两者的统一产生了古希腊悲剧；审美是人赖以生存的唯一价值。

《悲剧的诞生》是尼采出版的第一部著作，也是他的美学代表作。在此书中，尼采的唯意志论、超人哲学、非理性主义已初见端倪。《悲剧的诞生》在美学上有重要的创见，更重要的是显露了后来尼采哲学许多关键性的主题和倾向，因而具有特殊的重要性。该书在尼采生前没有产生影响，但为后人所重视，对西方现代美学产生重要影响。

第二十二章 《艺术》*导读

克莱夫·贝尔是英国形式主义美学家，当代西方形式主义艺术的理论代言人。贝尔的主要著作有《艺术》《自塞尚以来的绘画》《法国绘画简介》《19世纪绘画的里程碑》《欣赏绘画》等。其中《艺术》一书集中体现了他的形式主义理论，该书中提出的艺术乃"有意味的形式"说，早已经成为美学艺术界的口头禅。

第一节 艺术与"意味"

贝尔提出艺术乃"有意味的形式"，这是有其现实针对性的，即他极力贬低再现写实性艺术，并为以塞尚为代表的"后印象派"的艺术实践作直接的理论论证。

在他看来，一切艺术的基本特点绝不在于对现实的再现，而必须是对某种特殊感情的亲身感受。只要我们能够找到在一切艺术中唤起我们审美情感的普遍性质，也就解决了艺术的基本性质，这性质即"有意味的形式"，"离开它，艺术品就不成其为艺术品；有了它，任何作品至少不会一点价值没有"，贝尔是由情感出发来探讨审美和艺术本质的。"有意味的

* 贝尔.艺术 [M].周金环，马钟元，译.北京：中国文联出版公司，1984.

形式是对某种特殊的现实之感情的表现。""艺术家的感情只有通过形式来表现，因为唯有形式才能调动审美感情。""有意味的形式是艺术之基本性质。"这样，贝尔就将情感与表现联系在一起。立足于情感去讲形式，是贝尔形式主义理论的特点。

那么，这个"有意味的形式"究竟是什么？从贝尔的有关论述来看，这一命题是由"纯形式"和"审美感情"两部分组成的。具体说来，即人们以对象本身为目的而产生审美感情的纯形式，形式须是"纯的"，是排除了现实生活的全部内容的，因而是与再现艺术相对立的；而以对象本身为目的，也就是对"终极实在"的感受："在我们剥光某物品的一切关联物以及它作为手段的全部意义之后剩下来的是什么呢？留下来的能够激起我们审美感情的东西又是什么呢？如果不是哲学家以前称作'物自体'，而现在称为'终极现实'的东西又是什么呢？""所谓有意味的形式，就是我们可以得到某种对'终极实在'之感受的形式。"并且，正是由于对"终极实在"的感受，"对纯形式的观赏使我们产生了一种如痴如狂的快感，并感到自己完全超脱了与生活有关的一切观念"。

什么是"终极实在"？我们不否认贝尔受到英国新实在论的影响，把美看作一种内在价值，主张审美价值的独特的非自然的性质。而且，即便仅仅从用语上看，贝尔从康德那里也得到过许多滋养，强调艺术（审美）的非功利性、独立性及形式因素，又看到美及艺术与道德、与善的联系。然而，我们不能仅仅凭借指出贝尔的理论来源就来判定其观点的正误，而要继续追问下去，看看贝尔赋予这一术语的新义。在贝尔看来，"终极实在"乃是艺术之有意味的根据所在。也正因为有了它，真正的艺术才与"手段"类艺术相区别，而这也正是"整个事情的结论"。

"当我们把任何一件物品本身看作它的目的的时刻，正是我们开始认识到从这个物品中可以获得比把它看作一件与人类利害相关的物品更多的审美性质的时候，我们没有认识到它的偶然的和局限的重要性，却认识到了它的基本的现实性，认识到了一切物品中的主宰，认识到了特殊中的一般，认识到充斥了一切事物中的节奏。不论你怎样称呼它，我现在谈的隐藏在事物表象后面的并赋予不同事物以不同意味的某种东西，这种东西就是终极实在本身。"

我们以为，审美和艺术的最大意义就在于它对于人的提升，在于它使人不滞留于现实利害，而保持开阔的胸襟和积极的人生态度。审美和艺术为我们打开了另一个世界，它使人超脱一切自然和社会的束缚，仿佛自己的整个生命都被提升了。在这一瞬间，我们几乎洞悉了宇宙和人生的全部奥秘，被一种巨大的、不可抗拒的强烈意识所充满。这样一种情感的迷狂状态，当然不可能来自物质生活和伦理道德的满足，而只能是人的整个生命与宇宙的合一，也许可以用"天人合一"来概括。

第二节　艺术与生活

基于以上认识，贝尔以"艺术与生活"为题对其美学思想进行进一步展开。在笔者看来，在这部分尤以他关于艺术与宗教关系的观点最富启发性。他认为，就艺术与宗教来说："艺术与宗教属于同一个世界，只不过它们是两个体系。人们试图从中捕捉住它们最审慎的与最脱俗的观念。这两个王国都不是我们生活于其中的世俗世界。因此，我们把艺术和宗教看作一对双胞胎的说法是恰如其分的。""艺术和宗教都是人类宗教感的宣言"，而艺术是宗教精神的一种最普遍也最永恒的表现形式。

什么是宗教精神或宗教感？宗教精神或宗教感实际上是"人的基本现实感"。它使人们"置正义于法律之上，置情感于原则之上，置感觉于文化之上，置智力于知识上，置直觉于经验上，置理想于现实之上"。也就是说，贝尔所讲的宗教其实相当于一种人生信仰，联系于他的"形而上学假设"，宗教感实与"终极实在"异曲同工，它们都是对超验世界的信仰、对当下现实世界的超脱和对物欲的解脱:"审美价值与宗教狂喜的价值绝不依它所能给予的物质上的满足而定","艺术和宗教是人们摆脱现实环境达到迷狂境界的两个途径。审美的狂喜和宗教的狂热是联合在一起的两个派别。艺术与宗教都是达到同一类心理状态的手段"。很明显,正因为艺术在某种意味上与宗教相通,它才获得了其独有的价值。也正因为如此,"一切艺术家都属于宗教型","在人们虔诚地信奉宗教的年代中……人们感到宇宙的感情意味,人们才超脱尘世,如饥似渴地倾听种种游记故事。正因为如此,宗教信仰的伟大时期通常也就成了伟大艺术兴盛的时期"。

第三节　艺术与人的解放

在《艺术》一书的第五章"未来"中,贝尔将艺术抬高到近乎救世主的地位:"艺术能为社会做些什么呢?给它以潜移默化的影响,甚至可以补救它。因为社会是极需补救的。"

这种补救首先在于把人从日常存在中解脱出来,使人的生活变得充实:"伟大艺术的价值不在于它能否变成日常存在的一部分,而在于它能把我们从日常存在中解脱出来的能力","男男女女都……可以暂时离开这世界,到艺术的庙堂去体验一下另外一种类型的情感"。

其次,艺术可以使人们从理性的教条中解脱出来,获得情感的解放。贝尔认为,教条式的宗教使现代社会失去了它应有的趣味,"世界变得面无血色",并且,教条主义者的本来罪恶是他们不满足于感觉和表现,而要捏造一种理性的概念来代替他们亲身的情感感受。他们总是从自己的感情之中推理出一个客体,然后又不得不通过一系列复杂的、虚伪的、形而上学的观点去证明这个客体的存在。

在这种情况下,艺术就可以起一种解放情感、增加社会情趣的作用:"有一种宗教可以比其他宗教更容易和更漫不经心地把这些缠身的外衣脱掉，这种宗教即艺术……它是思想的表现和表现思想的手段，它和人们能够经历的任何思想同样神圣，现代的思想不仅是为了追求最直觉的感情的完美表现，而且是为了追求生活的灵感才转向艺术的。"在艺术中，人们可以解脱这些教条，使情感得以解放和完美表现，而且"再没有别的表现情感的方式和引起心醉神迷的手段像艺术这样好地为人类服务了"，"任何一种精神的洪流都可以在艺术中找到一条疏泄的渠道"，"艺术是一种总是在改变其形式以适应精神的宗教；是一种绝不会长期被教理所桎梏的宗教；是没有牧师的宗教"。

再次，让艺术进入生活，成为艺术化的生活。"如果艺术要去代替宗教，就必须把它带到需要宗教的人们身旁。达到此目的的明显手段就是要把创作的激情带到日常生活中去。"

因此，艺术不是外在于生活的，也不是只供少数人观赏的展览品，更不是一种有组织的活动。"让每一个人都成为一个业余工作者，并取消那种认为艺术只存在于博物馆里，只有有学问的人才能欣赏的观念吧。""人为地组织好的参观所产生的唯一可能效果，是确切地告诉那些抱有怀疑态度的牺牲者，艺术是某种无限渺茫的东西，是无限神圣的东西，也是无限乏味的东西。"所以，"重要的是要有富有活力的艺术和敏感"。"一旦人们懂得艺术不适于公开的展览会，而是为了私人的娱乐而创作的话，那么没有人会因为被称为业余艺术家而感到不光彩。"因为，"对于那些能感受到形式重要性的人来说……他们有使生活变成一个重要的、和谐的和富有感性的整体的信念，一种知道什么是绝对善的东西的信念。因为审美情感是置于生活之外和之上的，（而）当每日步入审美情感的世界的人回到人情事物的世界时，他已准备好了要勇敢地，甚至是略带有一点蔑视态度地面对这个世界"。因为，在他的心目中存有一个更高的信仰，一种对理想生活的信念，一种对"终极实在"的期望。因而，在艺术化的人生中，人被提升，世界变得美好。

　　总之，在这里，贝尔是站在一种未来或理想的角度来谈论"应当如此"的生活，这种未来或理想的生活就是"生活艺术化"，借用海德格尔所常引用的荷尔德林的诗句是"人，诗意地栖居"。这对我们理解审美和艺术的本质和功能，实有深刻启发。对美和艺术的理解必须深入人的活动、人的生存状态中，只有与人生相联系，艺术才放射出它应有的光芒。艺术作为宗教感的宣言，作为一种宇宙意味的信仰，作为一种人生的理想及理想境界之揭示，本身就是生命之流。我们在艺术中领悟着生命的"本真"，或与"终极实在"相遇，因这领悟和相遇，我们在生活中保持着开阔的胸襟和坦荡的心灵，不再因一己之小利而烦恼，不再因抽象的教条而束缚自己的生命。这样，生活不仅不缺少美，而且也不再缺少灵性和发现。"群籁虽参差，适我无非新。"因而，我们每个人都成为业余艺术家，使生活本身成为一条奔腾不息的艺术之河，这既是艺术的理想，更是理想的人生。艺术之所以要与永恒、绝对的"终极实在"相连，道理就在这里，贝尔美学的核心和启发意义也在这里。

第二十三章 《西方美学史》*导读

朱光潜是我国著名美学家，其主要著作有《文艺心理学》《悲剧心理学》《谈美》《诗论》《西方美学史》等，其主要译作有黑格尔《美学》、莱辛《拉奥孔》、维科《新科学》等。其中《文艺心理学》是中国美学史上不可或缺的经典名著之一。

第一节 《西方美学史》主要内容

《西方美学史》主要由三部分组成，可谓是贯通古今的简要通史。

第一部分是从古希腊罗马时期到文艺复兴，古希腊部分涉及毕达哥拉斯学派、赫拉克利特、德谟克利特和苏格拉底的美学思想，着重介绍了柏拉图和亚里士多德的文艺理论。该书在亚历山大里亚和罗马时代部分讲述了贺拉斯、朗吉弩斯、普洛丁的美学思想，在中世纪时期部分着重介绍了圣奥古斯丁、圣托马斯·亚昆那、但丁的艺术理论，在文艺复兴时代部分着重介绍了意大利的文艺理论和美学思想。关于法国新古典主义的发展，该书重点提及了笛卡尔和布瓦罗的思想。该书英国经验主义部分介绍了培根、霍布斯、夏夫兹博里、休谟和伯克的文艺理论。

---

* 朱光潜.西方美学史（上下册）[M].北京：人民文学出版社，1963-1964.

第二部分是17、18世纪和启蒙运动，法国启蒙运动部分主要介绍狄德罗、卢梭和伏尔泰的理论。德国启蒙运动部分主要介绍了高特雪特、温克尔克和莱辛，梳理了从洛克到笛卡尔、莱布尼兹、伍尔夫，再到鲍姆加通的思想发展。意大利历史哲学派一章主要介绍了维柯的思想体系和美学观点。

第三部分是以18世纪末到20世纪初，从前苏格拉底时期一直贯穿到克罗齐时代，主要介绍了康德、歌德、席勒、黑格尔、别林斯基、车尔尼雪夫斯基、克罗齐等人的主要美学思想。其中还介绍了"审美移情说"的主要代表，费肖尔父子、立普斯、谷鲁斯、浮龙·李（巴格特）、巴希等人。

第二节 《西方美学史》主要特色

作为国内第一部西方美学史著作，《西方美学史》在很多方面影响了国内的西方美学史研究，也提供了可资吸取的经验教训。

一、"时代背景—人物简介—著述介绍—思想呈现"的结构方式

《西方美学史》在撰写模式上采取了"时代背景—人物简介—著述介绍—思想呈现"的结构方式，在当时中外文学史都按照这种模式进行了重新书写。由此形成的所谓的"朱光潜模式"，对中国化的西方美学史的撰写产生了长达半个世纪的影响。以世界范围内的美学史撰写作为比照，由《西方美学史》这种历史叙述可以看到，朱光潜的撰写模式既同于又不同于西方的美学史梳理，相同是因为叙述的线索基本就是按照从古希腊、中世纪、文艺复兴、启蒙运动到德国古典美学的顺序，而且又接上西方审美心理学诸派和克罗齐思想。而且，朱光潜对主要美学流派中的主要代表的选

择标准，即"代表性较大""影响较深远""公认为经典性权威""可说明历史发展线索""有积极意义""足资借鉴"，也符合一般认知。①

二、美学研究必须以历史唯物主义为指导原则

朱光潜认为，美学包括美学史研究，必须以历史唯物主义为指导原则，《西方美学史》就是这一原则在西方美学史研究中的奠定与应用。这是时代的要求，但究竟怎么样才能把历史唯物主义原则与西方美学史研究结合起来，在当时却是一个全新的课题。朱光潜首先进行了这样的尝试，之后中国的美学界所进行的西方美学史研究，基本上都是在这条道路上前进的。

三、美学思想史与美学问题史之间的统一

《西方美学史》力求把美学史的发展落实到关键问题与重要范畴的发展演变上去，抓住具有现实意义与普遍意义的问题。尽管对这些问题的选择朱光潜不可能超越他的时代，他所选的问题基本上是从唯物主义反映论的角度展开的，如世界观与创作方法、文艺的社会功能、文艺与现实的关系、感性与理性、形象思维、内容与形式、理论的意识形态性及其与社会背景之间的关系等，尤其在结束语中对于四个关键问题的历史小结，这四个关键词分别是"美的本质""形象思维""典型人物""浪漫主义和现实主义"。事实也证明，用后三个关键词来统摄西方美学史是不可能的，那只会得出局限于唯物主义理论的陋论，但是用"美的本质"来统合从古希腊到20世纪前叶的"西方的"美学史还是基本可行的。但要对如此庞大的西方美学思想进行历史梳理并且要做到简明，就必须以几个确定的问题为核心，看看不同时代的思想家如何看待这些问题，从而显示出美学思想发展的历史性与它的时代性之间的统一。

---

① 参见刘悦笛，李修建.当代中国美学研究［M］.北京：中国社会科学出版社，2019：234-235.

四、属于美学思想自身发展的线索

朱光潜努力找出一条属于美学思想自身发展的线索去追求历史和逻辑之间的统一，不单单把美学的历史看作社会生活的决定史，更是把它理解为问题史。朱光潜在《西方美学史》这部著作中所找到的历史线索是美学问题的继承与革新的辩证关系。这就初步形成了历史和逻辑之间的统一，体现出了"史"的力量。比如朱光潜在讨论柏拉图的灵感说时，一下子就牵出了普洛丁、康德、尼采、柏格森、克罗齐、萨特这样一条线。可以说全书就是由许多条这样的"起源与历史流变"之线索构成的。而且，在介绍完每一个重要时代或者重要人物之后，都会有一个结束语，从自己的理论立场对所介绍对象的影响、意义、性质作一个评价。尽管这种评价具有历史和个人的局限，但却是历史写作的必要环节。

总之，朱光潜的《西方美学史》是一部对中国的西方美学史研究的奠基之作，其影响是深远的。

第二十四章 《美学散步》*导读

宗白华是中国现代新道家代表人物、哲学家、美学家、诗人，其主要著作有《美学与意境》《美学散步》《歌德研究》《宗白华美学文学译文选》等。

《美学散步》是宗白华一生主要的美学论集，总共22篇，可分为四个部分：第一部分，讲美学和文艺一般原理；第二部分，讲中国美学史和中国艺术论；第三部分，讲西方美学史和西方艺术的论述；第四部分，讲诗论。在该书中，作者凭着深厚的中国古典文化和西方文化的良好素养，以比较的眼光，对中国古典美学思想的几个重要范畴加以阐释，渗透着自己的生命体验和审美取向。

该书中出现频率最多的词就是：宇宙、人生、艺术、美、心灵、节奏、旋律、飞舞、音乐化、体验等。这些词语既解释了中国艺术的至境，也显现出揭示者的人生至境。中国哲学、中国诗画中的空间意识和中国艺术中的典型精神，被作者融成了一个三位一体的问题：一阴一阳谓之道趋向音乐境界，渗透时间节奏书法中的飞舞，其实都体现着一种精神，即人的悟道、道合人生，个体生命与无穷宇宙的相应相生。

本书几乎汇集了宗白华一生最精要的美学篇章，尤其《论文艺的空灵

---

*　宗白华.美学散步［M］.上海：上海人民出版社，1981.

与充实》《中国艺术意境之诞生》《中国艺术表现里的虚和实》《论〈世说新语〉和晋人的美》等，是美学的名篇佳作。

全书文辞典雅，富于诗情画意，将中华传统文化的独特魅力娓娓道来，让收藏在禁宫里的文物、陈列在广阔大地上的遗产、书写在古籍里的文字都鲜活起来；每一位读者，都能在作者灵动的文字里，充分感受人间的诗意和对生命的憧憬。

第二十五章 《美的历程》*导读

　　李泽厚，曾为中国社科院哲学所研究员，主要从事中国近代思想史和哲学、美学研究，代表作有《中国近代思想史论》《哲学纲要》《批判哲学的批判》《美的历程》《美学论集》等。

　　《美的历程》全书共分十章，每一章评述一个重要时期的艺术风格或某一艺术门类的发展。它并不是一部一般意义上的艺术史著作，重点不在于具体艺术作品的细部赏析，而是以人类学本体论的美学观把审美、艺术与整个历史进程有机联系起来，点面结合，揭示出各种社会因素对于审美和艺术的作用和影响，对中国古典文艺的发展作出了概括性的分析与说明。在本书中，李泽厚以细密的考察论述了绘画、雕塑、建筑、文学、书法等艺术门类在各个时代的兴起与演变。在充足的个例分析之下，李泽厚以高度凝练的语言指出了各个重要对代的艺术精神：汉代文艺反映了事功、行动，魏晋风度、北朝雕塑表现了精神、思辨，唐诗宋词、宋元山水展示了襟怀、意绪，以小说戏曲为代表的明清文艺所描绘的则是世俗人情。

　　《美的历程》描绘了十个历史时期。龙飞凤舞，通过对原始巫术礼仪等图腾活动、原始歌舞等的研究，探讨远古时期中国人的审美意识；从陶器的几何纹样看新石器时代的美学萌芽。青铜饕餮，显现出人类早期的童

---

　　*　　李泽厚.美的历程［M］.北京：生活·读书·新知三联书店，1981.

年气质，甲骨文、金文开始了汉字美的历程，形成了中国特有的线的艺术，即书法。先秦理性精神，儒道互补是中国思想文化的一条基本线索，《诗经》奠定了中国诗的基础和以抒情为主的基本美学特征。楚汉浪漫主义中，屈原代表了充满浪漫激情的根底深沉的南方神话——巫术的文化体系，原始图腾、儒家教义和谶纬迷信在两汉交织共存，汉赋、画像石、壁画和汉代精美的工艺品体现了时代精神，力量、运动与速度构成了汉代艺术的气势与古拙的基本美学风貌。楚汉浪漫主义是继先秦理性精神之后中国古代又一伟大艺术传统，它是主宰两汉艺术的美学思潮。魏晋时期门阀士族阶级的世界观、人生观形成新思潮，其特征就是人的觉醒，文的自觉是这一时期文艺的新形式，以五言诗、骈体、书法为代表。陶潜和阮籍分别创造了两种艺术境界：一种是超然世外，冲淡平和；一种是忧愤无端，慷慨任气。他们以深刻的形态表现了魏晋风度。佛陀世容则是讲从南北朝到宋朝的佛教艺术。其后的盛唐之音，主要介绍盛唐诗歌和书法的审美实质和艺术核心，即一种音乐性的美。这种音乐性的表现力量渗透了盛唐各艺术门类，成为它们美的灵魂。以李白、张旭等人为代表的盛唐，其艺术特征是内容不受形式的任何拘束，是无可仿效的天才抒发，而以杜（甫）韩（愈）文为代表的盛唐，则是对新的艺术规范、美学标准的确定和建立，其特征是要求形式和内容的严格结合和统一，以树立可供学习和仿效的格式与范本。韵外之致，一方面是文以载道的倡导，另一方面人的心情意绪成了艺术和美学的主题。在美学理论上，文艺中韵味、意境、情趣的讲究，成了美学的中心。宋元山水意境主要体现在北宋时期形成的整个中国画的美学特色：不满足于追求事物的外在形似，而要表达出内在风格神韵，这又要建立在对对象真实而又概括的观察把握基础上。无我之境和有我之境相得益彰。以小说戏曲为代表的明清文艺描绘的是世俗人情，是近代市井风习图画。明清之际形成了巨大的启蒙思潮，李贽的童心说，从《西游记》《牡丹亭》《桃花扇》到《红楼梦》，渗透了浓厚的人生空幻感，反射出封建末世的声响。

总之，李泽厚的《美的历程》从宏观角度鸟瞰中国数千年的艺术、文学，并作了描述概括和整体美学把握。冯友兰评价《美的历程》时说："它是一部大书，是一部中国美学和美术史，一部中国文学史，一部中国哲学史，一部中国文化史。这些不同的部门，你讲通了。死的历史，你讲活了。"

后 记

　　笔者长期在高校哲学系和艺术系主讲本科生必修课"美学原理"，除了教案，也积累了一些教学资料，本书就是在这些材料的基础上写成的。

　　笔者在写作过程中，充分考虑到本丛书的特点和要求，在系统论述美学基本原理基础上，从大学生的特点出发，有意识地增加了美育和艺术种类的知识，以强化大学生审美修养的培育。

　　除了主编，北京师范大学艺术与传媒学院2021级师资博士后王娅姝，2020级博士生史之辰、硕士生朱金琪，2022级博士生王籹果等也参与了本书的编写工作。

　　本书参考了国内外的研究成果，一并致谢！

　　期待方家指正。

史可扬

2023年7月于北京师范大学

图书在版编目（CIP）数据

美育与大学生审美修养 / 史可扬编. —北京：中国国际广播出版社，2024.3

（京师艺术教育丛书）

ISBN 978-7-5078-5300-1

Ⅰ.①美⋯　Ⅱ.①史⋯　Ⅲ.①大学生－审美教育　Ⅳ.①G40-014

中国版本图书馆CIP数据核字（2022）第248908号

美育与大学生审美修养

编　　者	史可扬
责任编辑	笈学婧
校　　对	张　娜
版式设计	陈学兰
封面设计	邱爱艳　赵冰波

出版发行	中国国际广播出版社有限公司 ［010-89508207（传真）］
社　　址	北京市丰台区榴乡路88号石榴中心2号楼1701
	邮编：100079
印　　刷	北京汇瑞嘉合文化发展有限公司

开　　本	710×1000　1/16
字　　数	360千字
印　　张	26.25
版　　次	2024 年 4 月 北京第一版
印　　次	2024 年 4 月 第一次印刷
定　　价	68.00 元